Zur Bedeutung des Shareholder Value
bei der Konkretisierung von Organpflichten
in börsennotierten Aktiengesellschaften

Europäische Hochschulschriften
Publications Universitaires Européennes
European University Studies

Reihe V
Volks- und Betriebswirtschaft

Série V Series V
Sciences économiques, gestion d'entreprise
Economics and Management

Bd./Vol. 3088

PETER LANG
Frankfurt am Main · Berlin · Bern · Bruxelles · New York · Oxford · Wien

Andreas Dalchow

Zur Bedeutung des Shareholder Value bei der Konkretisierung von Organpflichten in börsennotierten Aktiengesellschaften

Eine ökonomische und juristische Analyse

PETER LANG
Europäischer Verlag der Wissenschaften

Bibliografische Information Der Deutschen Bibliothek
Die Deutsche Bibliothek verzeichnet diese Publikation in der Deutschen Nationalbibliografie; detaillierte bibliografische Daten sind im Internet über <http://dnb.ddb.de> abrufbar.

Zugl.: Berlin, Techn. Univ., Diss., 2002

D 83
ISSN 0531-7339
ISBN 3-631-50371-7

www.peterlang.de

Geleitwort

Bei diesem Buch handelt es sich, abgesehen von dem grundlegenden Werk von *Rappaport*, um die erste größere deutschsprachige Monographie zum Shareholder-Value-Gedanken, in der aus ökonomischer und juristischer Sicht die Begrifflichkeit dieses Konzepts untersucht und seine Bedeutung in der börsennotierten Aktiengesellschaft herausgearbeitet wird. Angesichts der wachsenden Renditebedeutung börsennotierter Aktiengesellschaften unternimmt es der Verfasser, die Bedeutung des Shareholder-Value-Gedankens sowohl aus der Sicht des Kapitalmarkts als auch unter dem Gesichtspunkt der wohlverstandenen Interessen der unter dem Begriff „Stakeholder" zusammengefassten anderen Beteiligten zu analysieren und im Rahmen der Rechtsordnung zu würdigen.

Im ersten Kapitel werden die einzelnen Verfahren charakterisiert, die eine am Cash-flow ausgerichtete Performanceanalyse börsennotierter Aktiengesellschaften ermöglichen. Hierbei wird deutlich gemacht, dass die hieraus fließenden Kennzahlen die Grundlage für einen Zusammenlauf der Wertvorstellungen der externen Kapitalmarktakteure mit den unternehmerischen Entscheidungen des Managements in Bezug auf die Wertsteigerungspotentiale der Unternehmung schaffen.

Im Mittelpunkt der im deutschen Rechtsraum geführten Diskussion über Aufgabe und Ziele der Unternehmensführung und den Zweck des Unternehmens als solchem steht ein Stakeholder-Gedanke, der bislang von allen Interessengruppen die Belange des Eigenkapitalgebers am geringsten gewürdigt hat. Der Verfasser zeigt hingegen in eindrucksvoller Weise auf, dass zwischen dem Stakeholder Value und dem Shareholder Value bei vernünftiger Betrachtung nicht nur kein

Interessengegensatz besteht, sondern die vermehrte Beachtung der Interessen der Anteilseigner dem Interesse aller anderen Beteiligten gleichermaßen förderlich ist. Erst eine Symbiose beider Philosophien ermöglicht nach *Dalchow* eine effiziente Allokation der Ressourcen und damit höchstmöglichen Nutzen für alle Beteiligten.

Auch aus rechtlicher Sicht kann nicht davon ausgegangen werden, dass die Interessen der Eigenkapitalgeber im Gegensatz zu den „Interessen des Unternehmens an sich" stehen. Im Rahmen der Untersuchung zum Zusammenhang zwischen der Corporate-Governance-Diskussion und der Forderung nach einer wertorientierten Unternehmensführung betont der Verfasser, dass die am Shareholder Value orientierte Unternehmensführung im Rahmen der Corporate-Governance-Diskussion eine herausragende Rolle spielt.

Das in diesem Kontext stehende KonTraG, TransPuG sowie WpHG lassen die Bereitschaft des Gesetzgebers erkennen, in verstärktem Maße der Notwendigkeit einer Verbesserung des Erscheinungsbildes einer Aktiengesellschaft im Urteil des Kapitalmarkts Rechnung zu tragen. So ist es insbesondere das Anliegen gesetzgeberischer Aktivitäten, die Funktionsfähigkeit des Aufsichtsorgans zu stärken sowie die Verantwortlichkeit des Vorstands zu verdeutlichen und damit dem Zusammenwirken von Vorstand und Aufsichtsrat einen höheren Stellenwert für die Beurteilung der Aktiengesellschaft aus der Sicht des Kapitalmarkts zu geben. Vor diesem Hintergrund untersucht der Verfasser die unter dem Shareholder-Value-Aspekt gewandelte Bedeutung und Funktion der Organe der Aktiengesellschaft. Unter diesem Gesichtspunkt kommt der Hauptversammlung nur wenig Bedeutung zu, weil die Kräfte, die eine börsenwertorientierte Unternehmenspolitik fördern und nähren, außerhalb der Hauptversammlung am Kapitalmarktmarkt wirken. Unter Auswertung vorwiegend anglo-amerikanischer Literatur zeigt der Verfasser auf, dass das Management diesen Kräften nicht nur ausgesetzt ist, sondern sich ihnen aktiv stellt und sich ihrer als Ressource seiner strategischen Entscheidungen bedient.

Im Rahmen der Bewertung der Rechte und Pflichten des Vorstandes unternimmt es der Verfasser, die wesentlichen handels- und aktienrechtlichen Vorschriften sowie die grundgesetzlichen Vorgaben daraufhin zu untersuchen, ob und wie sie sich mit dem Shareholder-Value-Gedanken vertragen, eventuell sogar die Beachtung entsprechender Handlungsmaximen vorschreiben. Dabei arbeitet der Verfasser unter anderem heraus, dass der Vorstand zwecks Wahrnehmung seiner Pflichten zur Einrichtung eines Risikomanagement-Systems gerade auf solche Kennziffern angewiesen ist, wie sie auf der Grundlage einer am Cash-flow ausgerichteten Performanceanalyse gewonnen werden. Ein erfolgreiches Risikomanagement kann sich damit zugleich als „Chancen-Management" erweisen.

Im Hinblick auf die Verwirklichung einer auf Wertsteigerung ausgerichteten Unternehmenspolitik betont der Verfasser die Bedeutung einer umfassenden und kritischen Zusammenarbeit des Aufsichtsrates mit dem Vorstand für das Erscheinungsbild der Aktiengesellschaft am Kapitalmarkt. Er zielt darauf hin, dass sich die Mitglieder des Aufsichtsrats als „value-adding-Board" begreifen und im Verhältnis zum Vorstand sich als dessen Coach verstehen. Er fordert darüber hinaus, dass auch den Aufsichtsratsmitgliedern Motivationsanreize zuteil werden sollten; dies allerdings unter sorgfältiger Beachtung von „Inkompatibilitätsgesichtspunkten" und der dem Shareholder-Value-Gedanken entsprechenden Langfristigkeit.

Schließlich hebt der Verfasser hervor, dass der Shareholder-Value-Ansatz ein Instrumentarium direkter Eigentümerkontrolle bildet, und betont, dass eine marktwertorientierte Unternehmenspolitik zu einer optimalen Allokation im Interesse aller Stakeholder führt. Er macht weiterhin deutlich, dass die damit verbundene Förderung der Anlageform Aktie zu einer Optimierung der Eigenkapitalversorgung der Aktienunternehmen beiträgt. Zwischen beiden Tendenzen besteht Wechselbezüglichkeit.

Es handelt sich um eine umfassende und gründliche Analyse, die zu wohlbegründeten und überzeugenden Aussagen führt. Die einschlägige Literatur, deutsch- wie englischsprachig, ist vollständig verarbeitet. Die Einarbeitung zahlreicher tagespolitischer Äußerungen von Experten in renommierten Zeitungen und Magazinen unterstreicht die Praxisrelevanz und Aktualität der vom Verfasser behandelten Thematik.

Das Werk ist übersichtlich gegliedert und flüssig formuliert, sprachlich auf hohem Niveau. Es verrät Engagement und Professionalität und fesselt den Leser von Anfang bis Ende.

Prof. Dr. Axel Hunscha

Prof. Dr. Klaus Pohle

Vorwort

Die Ausrichtung am Shareholder-Value-Ansatz stellt für die Organe der börsennotierten Aktiengesellschaft angesichts steigender Renditeforderungen institutioneller Aktionäre einen wesentlichen Handlungsmaßstab dar. Die aufsehenerregenden Entwicklungen an den Kapitalmärkten demonstrieren die Tagesaktualität des Wertsteigerungsgedankens. Moderne, Cash-flow-basierte Kennzahlen stellen dem Management auch unter Risikomanagementgesichtspunkten Steuerungsinstrumente zur Verfügung, auf deren Grundlage sich eine Kompatibilität zwischen unternehmensinternen Entscheidungen und den Wertvorstellungen externer Finanzakteure herstellen lässt. Die gestiegenen Interaktionsbedürfnisse institutioneller Investoren hat das Management börsennotierter Aktiengesellschaft anzuerkennen und zugleich als Chance anzusehen.

Im Lichte der in Deutschland bislang vergleichsweise vernachlässigten Bedürfnisse der Eigenkapitalgeber kann verdeutlicht werden, dass konsequente, langfristige Unternehmenswertsteigerung für alle Unternehmensbeteiligten positive Effekte generiert und mithin der vermeintliche Stakeholder-Shareholder-Gegensatz nicht besteht.

Ein wesentlicher Parameter guter Corporate Governance ist die Bekenntnis zum Shareholder Value – US-amerikanische und europäische Investoren würdigen Aktiengesellschaften mit guter Corporate Governance mit einem Bewertungsaufschlag. Da Investoren bei ihrer Entscheidung sich an der jeweiligen Effizienz der Corporate-Governance-Strukturen und der Ausgestaltung der Rechtsordnung orientieren, sind deren relevante Charakteristika im Sinne einer Aktionärsorientierung zu analysieren. Unter Berücksichtigung der Reformen des KonTraG, des

TransPuG und des WpHG werden gesellschaftsrechtliche und verfassungsrechtliche Normen auf ihre Konformität gegenüber dem Wertsteigerungsgedanken beleuchtet und untersucht, inwieweit sie gar eine Pflicht zur Unternehmenswertsteigerung beinhalten.

Die im Gesetz zu Tage tretenden Erfolgsgrößen als Pflichtmaßstab für den verantwortlich handelnden Vorstand stellen eine Komponente zur Steigerung des Shareholder Value dar und verankern wie das Erfordernis einer transparenten Wertkommunikation implizit den Wertsteigerungsgedanken. Wie die juristische Analyse zur Konkretisierung der Unternehmenswertsteigerung offenbart, steht die Rechtsordnung der am Shareholder-Value-Gedanken orientierten Unternehmensführung nicht entgegen.

Zur Gewährleistung der Zukunftsfähigkeit einer börsennotierten Aktiengesellschaft besteht hinsichtlich der Effizienzsteigerung der Überwachungsfunktion des Aufsichtsrats deutliches Nachholpotential. Hierzu werden Möglichkeiten der Qualitätssteigerung diskutiert und der Nachweis erbracht, dass der Aufsichtsrat als Wertgenerator und elementare Komponente eines „value-adding-Board“ signifikant zur Unternehmensperformance beitragen kann.

Inhaltsübersicht

Inhaltsverzeichnis 13

Abbildungverzeichnis 21

Abkürzungsverzeichnis 23

1 Einleitung 31

2 Konzeption und Relevanz des Shareholder-Value-Gedankens im Kontext internationaler Kapitalmarkterfordernisse 41

3 Der Konflikt zwischen aktionärsorientierter Unternehmensführung und Unternehmensinteresse 75

4 Die Corporate-Governance-Diskussion im Kontext wertorientierter Unternehmensführung 119

5 Anteilseigner ohne Eigentümerposition? 135

6 Vorstand: Geschäftsführendes Organ mit Unternehmerfunktion 163

7 Ökonomische Effizienz des Überwachungsorgans – Aufsichtsrat: Überwachung ohne Gegenwert 235

8 Resümee 265

Literaturverzeichnis 271

Inhaltsverzeichnis

Abbildungverzeichnis 21

Abkürzungsverzeichnis 23

1 Einleitung 31

1.1 Problemstellung 31

1.2 Untersuchungsverlauf 37

1.3 Terminologische Abgrenzungen 40

2 Konzeption und Relevanz des Shareholder-Value-Gedankens im Kontext internationaler Kapitalmarkterfordernisse 41

2.1 Interpretation der Begrifflichkeit 41

2.2 Wertsteigerungsanalyse: Verfahren zur Performancebewertung börsennotierter Aktiengesellschaften 45

2.2.1 Aktienrendite als Indikator für den Shareholder Value 45

2.2.2 Marktwert des Eigenkapitals nach der Discounted-Cash-flow-Analyse (DCF) 51

2.2.2.1 Zahlungsstromorientierter Erfolgsmaßstab – Free Cash-flow (FCF) 52

2.2.2.2 Ermittlung der risikoadäquaten Eigenkapitalkosten mit Hilfe des Capital-Asset-Pricing-Modells (CAPM) 57

2.2.2.3 Cash-Value-Added-Konzept (CVA) anhand des Cash-flow Return on Investment (CFROI) 61

2.2.2.4 Ermittlung der Kenngrößen Economic Value Added (EVA) und Market Value Added (MVA) 65

2.3 Börsenwert als Parameter der Zukunftsperspektive 70

3 Der Konflikt zwischen aktionärsorientierter Unternehmensführung und Unternehmensinteresse 75

3.1 Die Residualrechte der Anspruchsgruppen nach dem Stakeholder-Konzept 76

3.2 Die Wahrung der Stakeholder-Interessen durch die Leitidee des „Handelns im Unternehmensinteresse“ 83

3.2.1 Konzept der „Unternehmenskoalition“ 83

3.2.2 Zielnorm: Unternehmensinteresse 84

3.2.2.1 Die Idee des „Unternehmens an sich“ 84

3.2.2.2 Fortgeltung des § 70 Abs. 1 AktG 1937? 86

3.3 Werthaltigkeit des Stakeholder-Konzepts 89

3.3.1 Willkürgeprägtes Vorstandshandeln aufgrund unbestimmter Zielvorgabe 89

3.3.2 Unternehmensperformance auf Basis langfristiger Zukunftsorientierung 92

3.3.2.1 Shareholder Value ungleich Börsenkurs 94

3.3.2.2 Shareholder Value – Erfolgsgröße für Trading- und Investor-Aktionäre 95

3.3.3 Stakeholder: Arbeitnehmer 101

3.3.3.1 Entscheidungsrechte versus Marktwert 101

3.3.3.2 Aktienkurse und Arbeitslosigkeit 104

3.3.4 Schlussfolgerung – Handeln in Wertsteigerungskategorien als Grundlage der Stakeholder-Interessensicherung 107

4 Die Corporate-Governance-Diskussion im Kontext wertorientierter Unternehmensführung 119

4.1 Begriff der Corporate Governance 119

4.2 KonTraG – Kapitalmarktorientierte Novellierung des Gesellschaftsrechts 125

4.2.1 Ausgangslage: Kapitalmarkt und Kapitalmarktrecht im Wandel 125

4.2.2 Gesellschaftsrechtliche Normen in Ergänzung zum Kapitalmarktrecht 129

4.3 Die börsennotierte Aktiengesellschaft 131

4.3.1 Begriffliche Abgrenzung im Sinne des Aktiengesetzes 131

4.3.2 Ownership and Control 132

5 Anteilseigner ohne Eigentümerposition? 135

5.1 Hauptversammlung 135

5.2 Aktionärsstruktur und Unternehmenswertentwicklung 139

5.2.1 Shareholder Activism – Interessenidentifizierung weltweit agierender institutioneller Investoraktionäre 139

5.2.2 Aktive Beteiligung als Verantwortlichkeitskriterium 143

5.2.3 Interessenkonflikte aufgrund differierender Investmentstrategien 146

5.2.3.1 Aktionärsspezifische Abhängigkeitssensitivität 146

5.2.3.2 Free-Rider-Problem 147

5.2.4 Shareholder-Intervention versus Marktliquidität 151

5.3 Schlussfolgerung: Bestimmende Einflussnahme globaler Kapitalmarktakteure jenseits aktienrechtlicher Leitgedanken 157

6 Vorstand: Geschäftsführendes Organ mit Unternehmerfunktion 163

6.1 Der Leitungsbegriff des § 76 AktG 163

6.2 Funktionaler Leitungsbegriff als Synonym für „Führungsentscheidungen“ 165

6.3 Gegenstand der Leitung 166

6.3.1 Aktienunternehmen als Netzwerk der Vertragsbeziehungen 166

6.3.2 Aktionärsorientierung als positive Zielvorgabe 168

6.4 Anhaltspunkte für die rechtliche Relevanz des Aktionärsanspruchs auf Wertsteigerung 169

6.4.1 Aktienrechtliche Fixierung des Unternehmensziels 169

6.4.2 Bestimmung des gesetzlichen Normalziels „Gewinnerzielung“ 171

6.4.2.1 § 58 Abs. 4 AktG als Gewinnanspruch 173

6.4.2.2 Beschränkung des Gewinnverteilungsanspruchs durch den Vorstand 175

6.4.3 Gewinnmaximierung als verbandsrechtliches Formalziel aus § 3 AktG 178

6.4.4 Gewinnmaximierung versus Gewinnoptimierung 180

6.4.5 Rentabilität des Eigenkapitals 183

6.4.5.1 Ableitung des Rentabilitätsgebots aus § 90 Abs. 1 Nr. 2, Nr. 4 AktG 183

6.4.5.2 Divergenz der relativen Wertsteigerung des Unternehmenswerts zur Rentabilität des Gesellschaftskapitals 184

6.4.6 Anteilseigentum – Anspruch auf Börsenkurssteigerung nach Artikel 14 GG 186

6.4.6.1 Grundgesetz und Aktieneigentum 186

6.4.6.2 Artikel 14 GG als Schutz des Zukunftserfolgswerts des Unternehmens? 189

6.4.6.3 Wohlfahrtsökonomische Gemeinwohlbelange des Anteilseigentums 193

6.4.6.4 Volkswirtschaftliche Wirkungen positiver Kapitalmarktrenditen 194

6.4.6.5 Wertsteigerung kraft ökonomischer Verwertungsmöglichkeit 198

6.4.6.6 Zwischenergebnis 201

6.5 Pflicht zur Sicherung des Unternehmensfortbestands – Einführung von Risikomanagementsystemen als Wertschöpfungsaufgabe 202

6.5.1 Bedeutung und Intention der Risikoüberwachung im Sinne des KonTraG 202

6.5.1.1 Risikobezogenheit wertorientierter Unternehmensführung 203

6.5.1.2 Kapitalmarktorientierte Risikoidentifizierung 205

6.5.2 Konsequenzen für den Vorstand 211

6.5.3 Rechtspflicht Risikomanagement: Präzisierung des § 93 AktG 215

6.5.4 Business Judgement Rule 218

6.5.4.1 Auslegung der Business Judgement Rule 219

6.5.4.2 Bedeutung und Ziel der Business Judgement Rule 221

6.5.4.3 Risikoberücksichtigung bei Wertsteigerungschancen 225

6.5.5 Wertkommunikation 228

6.5.6 Zwischenergebnis – Unternehmenserfolg als Sorgfaltspflichtmaßstab 233

7 Ökonomische Effizienz des Überwachungsorgans – Aufsichtsrat: Überwachung ohne Gegenwert 235

7.1 Unternehmensüberwachung: Deutschland versus USA 235

7.2 Gegenstand und Reichweite 237

7.3 Effiziente Aufsichtsräte als internationales Qualitätserfordernis 238

7.3.1 Problematik der eignerziel-konformen Überwachungsaufgabe 238

7.3.2 Aufsichtsratsperformance auf Basis unternehmerischen Entscheidungsermessen 239

7.3.3 Verflechtungsbeziehungen und Unternehmenserfolg 241

7.3.4 Verringerung der Aufsichtsratsgröße 243

7.4 Aktive Überwachung versus Haftung – erhöhter Sorgfaltsmaßstab 247

7.4.1 Umfang und Grenzen 247

7.4.2 Sitzungsfrequenz- und Effizienzsteigerung 248

7.4.3 Regressansprüche gegen Überwachungsorgane: Aufsichtsräte im Zwiespalt 250

7.5 Erfolgswertkonforme Anreizmechanismen der Überwachungsorgane 253

7.5.1 Ausgangslage 253

7.5.2 Unternehmenswertorientierte Vergütungsbestandteile 255

7.5.3 Zwischenergebnis – Aufsichtsorgan als interaktiver Wertsteigerungsgenerator 260

8 Resümee 265

Literaturverzeichnis 271

Abbildungsverzeichnis

Abbildung 1: Wachstumsfaktoren des Unternehmenswerts 49

Abbildung 2: Ermittlung des freien Cash-flows 53

Abbildung 3: Unternehmensbewertung mittels EVA und MVA 67

Abbildung 4: Korrelation von Rentabilitätskennzahlen zum Unternehmenswert 69

Abbildung 5: Das Umsystem des Unternehmens 79

Abbildung 6: Börsengänge an der deutschen Börse 128

Abbildung 7: Empirische Relevanz des Shareholder-Value-Konzepts 141

Abbildung 8: Modelle der Unternehmensführungs-Aktionärs-Beziehung 159

Abbildung 9: Börsenkapitalisierung in Prozent des Bruttoinlandsprodukts 195

Abbildung 10: Verlauf einer schematischen Unternehmenskrise 210

Abkürzungsverzeichnis

A. 2d	Atlantic Reporter, Second Series
A. Man. E.	Academy Management Executive (Zeitschrift)
A. Man. J.	Academy of Management Journal (Zeitschrift)
A. Man. Rev.	Academy of Management Review (Zeitschrift)
Abs.	Absatz
AfA	Absetzung für Abnutzung
AG	Aktiengesellschaft, Die Aktiengesellschaft (Zeitschrift)
AGR	AG Report
AktG	Aktiengesetz
Ann.	Annotated, Annotation
Art.	Artikel
Aufl.	Auflage
B & B	Bilanz & Buchhaltung (Zeitschrift)
BayObLG	Bayerisches Oberstes Landesgericht
BB	Betriebs-Berater (Zeitschrift)
BCG	The Boston Consulting Group
Bd.	Band
Beschl.	Beschluss
BFuP	Betriebswirtschaftliche Forschung und Praxis (Zeitschrift)
BGB	Bürgerliches Gesetzbuch
BGH	Bundesgerichtshof
BGHZ	Entscheidungen des Bundesgerichtshofes in Zivilsachen

BIP	Bruttoinlandsprodukt
BM	Berliner Morgenpost
BT	Deutscher Bundestag
Bus. Strat. Rev.	Business Strategy Review (Zeitschrift)
BVerfG	Bundesverfassungsgericht
BVerfGE	Entscheidungen des Bundesverfassungsgerichts
bzw.	beziehungsweise
C. A.	Court of Appeal(s)
CAPM	Capital-Asset-Pricing-Modell
CCH	Commerce Clearing House
CFROGI	Cash-flow Return on Gross Investment
CFROI	Cash-flow Return on Investment
Ch. C.	Chancery Court
Cir.	Circuit
Co.	Company
Corp.	Corporation
CVA	Cash Value Added
D. C.	District of Columbia
DAI	Deutsches Aktieninstitut
DAX	Deutscher Aktienindex
DB	Der Betrieb (Zeitschrift)
DBW	Die Betriebswirtschaft (Zeitschrift)
DCF	Discounted Cash-flow
Del. Code Ann.	Delaware Code Annotated
Del. J. Corp. L.	Delaware Journal of Corporate Law (Zeitschrift)

Del. Supr. C.	Delaware Supreme Court
Del.	Delaware
DM	Deutsche Mark, DM (Zeitschrift)
DStR	Deutsches Steuerrecht (Zeitschrift)
DSW	Deutsche Schutzvereinigung für Wertpapierbesitz e. V.
DVFA	Deutsche Vereinigung für Finanzanalyse und Anlageberatung GmbH
DZWir	Deutsche Zeitschrift für Wirtschaftsrecht
E. Fin. Rev.	European Finance Review (Zeitschrift)
e. V.	eingetragener Verein
EASDAQ	European Association of Securities Dealers for Automated Quotation
EVA	Economic Value Added
EK	Marktwert des Eigenkapitals
etc.	et cetera
European Econ. Rev.	European Economic Review (Zeitschrift)
EWG	Europäische Wirtschaftsgemeinschaft
EwiR	Entscheidungen zum Wirtschaftsrecht (Zeitschrift)
F. 2d	Federal Reporter, Second Series
FCF	Free Cash-flow
Fed. Sec. L. Rep.	Federal Securities Law Report
Fin. Serv. Rev.	Financial Services Review (Zeitschrift)
FK	Marktwert des Fremdkapitals
Fn.	Fußnote
f.	folgende [Seite]

ff.	fortfolgende [Seiten]
GCCG	German Code of Corporate Governance
GG	Grundgesetz
GK	Marktwert des Gesamtkapitals
GmbH	Gesellschaft mit beschränkter Haftung
GmbHR	GmbHRundschau
GoU	Grundsätze ordnungsmäßiger Unternehmensführung
Harv. Bus. Man.	Harvard Business Manager (Zeitschrift)
Harv. Bus. Rev.	Harvard Business Review (Zeitschrift)
HGB	Handelsgesetzbuch
Hrsg.	Herausgeber
IAS	International Accounting Standards
I_b	Bruttoinvestition
Inc.	Incorporation
IPO	Initial Public Offering
J.	Journal
J. Bus. Strat.	Journal of Business Strategy
J. L. Econ.	Journal of Law and Economics
J. Econ. Lit.	Journal of Economic Literature
J. Fin.	The Journal of Finance
JNS	Jahrbücher für Nationalökonomie und Statistik
JZ	Juristenzeitung
k_{EK}	Eigenkapitalkosten

k_{FK}	Fremdkapitalkosten
KonTraG	Gesetz zur Kontrolle und Transparenz im Unternehmensbereich
KPMG	Klynfeld Peat Marwick und Goerdeler
kum.	kumuliert(e)
KWG	Kreditwesengesetz
M&A	Mergers & Acquisitions
Mich. L. Rev.	Michigan Law Review (Zeitschrift)
Mio.	Million(en)
MitbestG	Mitbestimmungsgesetz
MVA	Market Value Added
N. Y. U. L. Rev.	New York University Law Review (Zeitschrift)
n. F.	neue Fassung
NASDAQ	National Association of Securities Dealers for Automated Quotation
NJW	Neue Juristische Wochenschrift
No.	Number
Nr.	Nummer
NZG	Neue Zeitschrift für Gesellschaftsrecht
NZZ	Neue Zürcher Zeitung
o. V.	ohne Verfasser
OECD	Organization for Economic Cooperation and Development
R I W	Recht der Internationalen Wirtschaft

R.M.B.C.A	Revised Model Business Corporation Act
r_i	Rendite quasi risikofreier Anlagen
r_M	Marktpreis des Risikos
ROE	Return on Equity
ROI	Return on Investment
ROIC	Return on Invested Capital
ROS	Return on Sales
RTSR	Relative Total Shareholder Return
RW	Residualwert
s	Unternehmenssteuersatz
S.	Seite(n), im Zusammenhang mit Rechtsvorschriften auch: Satz
Scandinavian J. Econ.	Scandinavian Journal of Economics
SdK	Schutzgemeinschaft der Kleinaktionäre
Strat. Man. J.	Strategic Management Journal
T & M	Technologie & Management (Zeitschrift)
T	Planungszeitraum
t	Zeit
tit.	Title(s)
TSR	Total Shareholder Return
u. a.	und andere; unter anderem; unter anderen
UmwG	Umwandlungsrecht
US-GAAP	United States Generally Accepted Accounting Principles
v.	von, vom

VaR	Value-at-Risk
vgl.	vergleiche
Vol.	Volume
vs.	versus
WACC	Weighted Average Cost of Capital
WDRL	Wertpapierdienstleistungsrichtlinie
WiSt	Wirtschaftswissenschaftliches Studium (Zeitschrift)
WISU	Das Wirtschaftsstudium (Zeitschrift)
WM	Wertpapier-Mitteilungen
WPG	Die Wirtschaftsprüfung (Zeitschrift)
WpHG	Wertpapierhandelsgesetz
z. B.	zum Beispiel
ZfB	Zeitschrift für Betriebswirtschaft
zfbf	Schmalenbachs Zeitschrift für betriebswirtschaftliche Forschung
ZGR	Zeitschrift für Unternehmens- und Gesellschaftsrecht
ZHR	Zeitschrift für das gesamte Handelsrecht und Wirtschaftsrecht
ZIP	Zeitschrift für Wirtschaftsrecht
ZP	Zeitschrift für Planung
β	unternehmensspezifisches Risiko
§, §§	Paragraph, Paragraphen

1 Einleitung

1.1 Problemstellung

Als eine der meist und ebenso kontrovers diskutierten Managementphilosophien erfährt der Shareholder-Value-Ansatz in der Öffentlichkeit gegenwärtig große Beachtung. Eine Shareholder-Value-orientierte Unternehmenspolitik steht unter dem Leitgedanken, für das im Unternehmen eingesetzte Kapital eine angemessene Rendite zu erwirtschaften.[1] Während sich in Deutschland die Wissenschaft und Praxis in der Vergangenheit vornehmlich auf den theoretischen Ansatz des Shareholder Value beschränkt hat, ist seit Anfang der 1990er Jahre ausgehend von der US-amerikanischen Unternehmenspraxis das Verständnis gegenüber marktwertorientierter Unternehmensführung[2] auch in Deutschland zunehmend populärer geworden[3].

Angesichts der zunehmenden Globalisierung[4] der Märkte,[5] des damit forcierten Wettbewerbsdrucks um die knappe Ressource Kapital sowie der steigenden Per-

---

1 Zur definitorischen Erfassung des Shareholder-Value-Ansatzes vgl. Kapitel 2.1, Interpretation der Begrifflichkeit, S. 41.

2 So Bühner R., Shareholder Value, DBW, 1993, S. 749.

3 Ersichtlich wird dies an der wachsenden Bedeutung einer an den Interessen der Eigner orientierten Rechnungslegung nach IAS beziehungsweise US-GAAP, siehe hierzu Coenenberg, A. G.; Pohle, K., Internationale Rechnungslegung, 2001, S. VII; exemplarisch sei auch hingewiesen auf den gestiegenen Stellenwert wertorientierter Vergütungssysteme für Mitglieder der Unternehmensführung, siehe auch zur Gestaltung der erfolgs- beziehungsweise leistungsgerechten Vergütungssysteme in Deutschland, Elkart, W.; Schmusch, M., Stock Options und Shareholder Value, in: Dörner, D.; Menold, D.; Pfitzer, N., Reform des Aktienrechts, 1999, S. 84 f., 94 f.

4 Vgl. zur Bedeutung des Phänomens, Bea, F. X., Globalisierung, WiSt, 1997, S. 419 ff.

5 Unter Märkten in diesem Zusammenhang werden im engeren Sinne die Kapitalmärkte verstanden. Internationale Anleger sind heute befähigt, in Reaktion auf aktuelle Marktentwicklungen und Nachrichten ihre Positionen schnell zu verändern und binnen Sekunden große Anlagebeträge über sämtliche Landesgrenzen oder in unterschiedliche Aktien zu schicken; zunehmend gewinnt diese *tran-*

formanceansprüche an das Management haben Unternehmen heute die Strategieauswahl maßgeblich anhand von Leitlinien zu beurteilen, die die Steigerung des Unternehmenswerts adäquat erfassen[6]. Unternehmen müssen sich weltweit diesen großen Herausforderungen stellen. Obgleich die Ausrichtung der Unternehmenssteuerung auf das Aktionärsinteresse insofern für immer mehr deutsche Unternehmen an Bedeutung gewinnt und die Intention zu dessen Implementierung weitverbreitet kommuniziert wird[7], ist hier die tatsächliche Verwirklichung von Shareholder-Value-Methoden als vorrangiger Maßstab für strategische Managemententscheidungen erst seit jüngerer Vergangenheit festzustellen.[8] Während die Orientierung an den Aktionärsinteressen inzwischen in das Zentrum der Unternehmenspolitik nicht weniger deutscher börsennotierter Aktiengesellschaften vorgedrungen ist, kann dabei gewiß nicht von einer Selbstverständlichkeit dieses Maßstabs gesprochen werden.[9] Insbesondere weltweit agierende Kapitalanleger registrieren hierzulande einen Nachholbedarf in der Umsetzung investororientierter Unternehmensführung anhand des Shareholder-Value-Konzepts,

---

saction-driven-finance auch in Deutschland an Einfluss, vgl. Tietmeyer, H., Geld und Kapital, Beilage der Süddeutsche Zeitung, 1998, S. 1.

6 Siehe auch Daumke, M.; Keßler, J., Gesellschaftsrecht, 2000, 126 f.; Pohle, K.; v. Werder, A., German Code of Corporate Governance, DB, 2001, S. 1105.

7 Insbesondere ausländische Investoren bringen Ankündigungen, wie „We want to learn from the American way of doing business" des VEBA-Vorstands Ulrich Hartmann beim Wall-Street-Börsengang im Oktober 1997, Capital, 12/1997, S. 8, mitunter Skepsis entgegen, da der Ansatz einer tatsächlichen Ausrichtung am Shareholder Value vielfach noch nicht ersichtlich wird; siehe auch Busch, A.; Henry, A., Wirtschaftswoche, 1997, S. 84; ähnlich Hostettler, S., Führen mit EVA!, Organisator, 1996, S. 36.

8 So offenbarte noch im Jahr 1992 Edzard Reuter, seinerzeit Vorstandsvorsitzender eines der größten deutschen börsennotierten Konzerne, der Daimler-Benz AG, dass es für ihn kein Erfordernis sei, darüber nachzudenken, den Börsenkurs attraktiver zu machen. Im Gegensatz dazu wurde unter seinem Nachfolger, Jürgen E. Schrempp, nunmehr die Steigerung des Shareholder Value als strategisches Unternehmensziel hervorgehoben, vgl. Baden, K., Manager Magazin, 1992, S. 186.

9 Ähnlich auch Hartmann, U., in: Shareholder Value-Konzept in der Kritik?, BFuP, 1997, S. 539. Anderer Auffassung ist hier Bea, F. X., Shareholder Value, WiSt, 1997, S. 541. Siehe zur Geringschätzung der Shareholder-Value-Grundsätze bei Organen des Aufsichtsrats und Vorstands auch die Ausführungen in Kapitel 3 Der Konflikt zwischen aktionärsorientierter Unternehmensführung und Unternehmensinteresse, S. 75.

welche im internationalen Vergleich noch auf wenige Bereiche wie Planung und Investition beschränkt ist.[10]

Vor dem Hintergrund der Reform-[11] und Deregulierungsprozesse[12] im Staatssektor und der Zusammenführung der europäischen Aktienmärkte[13] im Zuge der Einführung des Euro vollzieht die im Vergleich zu den USA bisher unterentwickelte[14] und nunmehr wachsende Aktienkultur in Europa gegenwärtig einen Wandel. Die kollektive Kapitalanlage in Aktien hat in Deutschland seit Mitte der 1990er Jahre einen großen Stellenwert erlangt. Gleichsam werden seitens des Gesetzgebers die Vorteilhaftigkeit der von unterschiedlichen Interessengruppen geforderten Modelle zur Förderung privater Altersvorsorge in Form von Aktiensparplänen vermehrt erkannt, wodurch das Potential der Anlageform Aktie noch lange nicht ausgeschöpft sein dürfte.[15]

---

10 Vgl. o. V., Shareholder Value, Kreditwesen, 19, 1997, S. 5; Michael, B. M., „Unternehmen müssen Marken werden", Capital, 6/1998, S. 289; Keller, R., Aktie wird zum Markenartikel, w&v, 1999, S. 72 ff.; Stelter, D., Wertschaffung in Unternehmen, FAZ, 1998, S. 29.

11 So resultiert gegenwärtig aus der tendenziell abnehmenden Leistungsfähigkeit staatlicher Sozialversicherungssysteme in den Ländern der Europäischen Union die Notwendigkeit der privaten Altersvorsorge, zu deren Realisation im Wesentlichen Finanzinstrumente herangezogen werden, bei denen Transaktionen an den Aktienmärkten vorgenommen werden.

12 Der Grad an Aufmerksamkeit, der der Aktie als Kapitalanlage seit Mitte der 1990er Jahre entgegengebracht wird, ist nicht zuletzt auf die Vielzahl bedeutender publikumswirksamer Börsengänge großer Aktiengesellschaften innerhalb der vier zurückliegenden Jahre zurückzuführen, wie beispielsweise der „Deutsche Telekom AG" oder in Italien der „Credito Italiano S.A."; siehe auch zu Überlegungen bezüglich der Popularisierung der Aktie Gres, J., Aktienförderung in Deutschland, Kreditwesen, 1996, S. 10 ff.

13 Von Betracht ist hier etwa die zukünftige strategische Allianz der beiden wichtigsten europäischen Börsenplätze Frankfurt am Main und London, welche als Grundstein eines einheitlichen europäischen Börsenplatzes angesehen werden kann.

14 Zu Ansätzen der Aktienförderung vgl. beispielsweise v. Rosen, R., Aktienförderung, Kreditwesen, 1996, S. 20 ff.; Laux, M., Pensions-Sondervermögen, Kreditwesen, 1996, S. 12 ff.

15 Siehe beispielsweise Stenzel, S.; Voth, H.-J., Aktiensparpläne, Die Bank, 1997, S. 730 ff.; Klein, H.-D., Börse Online, 1998, S. 20.

Daneben dürften mit der ab 2002 vorgenommenen Einführung des steuerfreien Verkaufs von Industriebeteiligungen durch deutsche Kapitalgesellschaften die Aktienmärkte beflügelt werden[16]. Im Zuge der massiven Liquiditätsströme in den Jahren haussierender Aktienmärkte gerade seitens der Privatanleger in Kapitalfonds von Investment- und Versicherungsgesellschaften können institutionelle, grundsätzlich an Performance[17] – also Kurssteigerung und Dividende – ausgerichtete Investoren gegenwärtig über ein beträchtliches US-Dollar-Billionenvermögen verfügen[18] und so eine intensivere Einflussnahme auf die Unternehmensführung entfalten. Während bislang das Interesse von Investoren vornehmlich von Gegebenheiten des jeweiligen nationalen Markts geleitet wurde, richtet sich die Selektionsstrategie nunmehr nach Branchen aus, die einem über Währungs- und Länderunterschiede stehenden Vergleich ausgesetzt sein werden. Vor diesem Hintergrund darf angenommen werden, dass der Stellenwert und die Effizienz kontinentaleuropäischer Aktienmärkte im internationalen Vergleich zunehmen werden. Dieser Nachholbedarf begründet sich unter anderem aus dem relativ geringen Grad der Marktkapitalisierung börsennotierter Unternehmen im Verhältnis zum Bruttoinlandsprodukt im Euroraum.Ausgehend vom hier bestehenden Entwicklungspotential[19] wächst der Druck auf deutsche Unternehmens-

---

[16] In Betracht gezogen werden muss indes, dass aufgrund des enormen Aktienvolumens, das in den Markt fließt, Kursreduktionen auftreten dürften. Diesem Effekt, der von vorübergehender Dauer sein wird, stehen hingegen langfristige Vorteile gegenüber: die Entflechtung der kaum zeitgemäßen Beteiligungsstrukturen, insbesondere im Zusammenhang mit der Machtposition der Banken, und die zukünftige Erhöhung des Streubesitzes deutscher Aktien sind Signale an internationale Investoren, dem heimischen Kapitalmarkt ein größeres Interesse entgegenzubringen.

[17] Performance aus Aktionärssicht heißt Kurssteigerung und Dividende, vgl. hierzu auch zur Definition des Shareholder-Value-Konzepts Kapitel 2.1 Interpretation der Begrifflichkeit, S. 41.

[18] Das gegenwärtig von institutionellen Investoren verwaltete Vermögen in der Region der OECD wird mit mindestens 30 Billionen US-$ beziffert, vgl. Strenger, C., Large Institutional Investor, in: Schwalbach, J., Corporate Governance, 2001, S. 163.

[19] Dieser Nachholbedarf begründet sich unter anderem aus dem relativ geringen Grad der Marktkapitalisierung börsennotierter Unternehmen im Verhältnis zum Bruttoinlandsprodukt im Euroraum (44 %), insbesondere in den großen EWU-Ländern Deutschland (38 %) und Frankreich (44 %) ge-

leitungen, Entscheidungen vermehrt an den Erwartungen der Investoren auszurichten, so dass der Shareholder-Value-Gedanke offenkundig die Entwicklung der individuellen Börsenkurse und damit auch die Finanzierungsmöglichkeiten der einzelnen Unternehmen in Deutschland verstärkt mitbestimmt.[20]

Zur Ermittlung der Unternehmenswertsteigerung als wichtigster Erfolgsmaßstab des Managements müssen die traditionellen erfolgs- und vergangenheitsorientierten Ziel- und Steuerungsgrößen durch Bewertungsverfahren erweitert werden, welche die Entwicklung zukünftiger Zahlungsströme berücksichtigen. Anstelle des periodenbezogenen Gewinnziels finden zur Messung langfristig erzielbarer Rentabilität zahlungsstromgestützte, realitätsnahe und weniger manipulierbare Techniken wie beispielsweise die Discounted Cash-flow-Methode als Anwendungsvoraussetzung des Shareholder-Value-Ansatzes sowie daraus folgend das Verständnis einer veränderten Wertkommunikation mit den Aktionären immer stärkere Verbreitung.[21]

---

genüber den USA (139 %), vgl. Böer, B. P., Fondsgesellschaften, FAZ, 1998, S. 34. Weitgehend unstrittig ist jedoch, dass von einem großen und liquiden Aktienmarkt positive Sekundärwirkungen auf die Volkswirtschaft zu erwarten sind. Angesichts des zunehmenden Interesses inländischer Unternehmen an der Mittelbeschaffung über die Begebung von Aktien, begünstigen entwickelte Aktienmärkte die Aufnahme von Risikokapital für die weitere Expansion, vgl. Stenzel, S.; Voth, H.-J., Aktiensparpläne, Die Bank, 1997, S. 732.

20 Im Vergleich zu Kontinentaleuropa liegen in den USA diesbezüglich idealere Kapitalmarktbedingungen vor, siehe z. B. Bernhardt, W.; Witt, P., Stock Options, ZfB 1997, S. 85, 94 ff.

21 Traditionelle Größen wie der Gewinn pro Aktie oder der Return on Equity sind hingegen nach wie vor dominierende Kennzahlen in den Unternehmensberichterstattungen. Für die vergleichende Beurteilung in Rahmen der Aktienanalyse sind diese Kennzahlen zudem ins Verhältnis zum Aktienkurs zu setzen, vgl. auch Kapitel 2.2. Wertsteigerungsanalyse: Verfahren zur Performancebewertung börsennotierter Aktiengesellschaften, S. 45.

Angesichts der veränderten Kapitalmarkterfordernisse und den Unzulänglichkeiten externer Marktmechanismen zur Unternehmenskontrolle[22], dem Shareholder-Value-Gedanken vollständig gerecht zu werden, soll untersucht werden, inwiefern die Rechtsordnungen der Bundesrepublik Deutschland und der USA die Würdigung des Aktionärsinteresses zur Effizienzsteigerung von Unternehmensführungen institutionalisieren. Mit Blick auf die international geführte Corporate-Governance-Diskussion stellt sich dabei die Frage, in welcher Weise national Gesetzgeber und Rechtsprechung der Forderung nachkommen, den verstärkten Leistungsgedanken – dem sich im Besonderen US-amerikanische Unternehmensführungen verpflichtet sehen – rechtlich zu legitimieren. In diesem Zusammenhang besteht die Herausforderung an die Judikative darin, gesellschaftsrechtliche Grundlagen zu konstituieren, die dem gesteigerten Stellenwert der Rentabilitätsorientierung Rechnung tragen, um ein stabiles Umfeld für die Leistungsfähigkeit des Finanzplatzes Deutschland zu schaffen.

Um Aktionäre als Eigentümer ernst zu nehmen, sollten seitens des Gesetzgebers Rahmenbedingungen geschaffen werden, unter denen Shareholder Value zum Anliegen fortschrittlicher Vorstände und Aufsichtsräte wird. Unter dem Primat der langfristigen Wertschaffung von Unternehmen ist daher zu analysieren, inwieweit insbesondere die neueren aktienrechtlichen Entwicklungen geprägt sind von jenem Aktionärsverständnis, das in börsennotierten Aktiengesellschaften in Bezug auf die Organpflichten zugrunde gelegt werden muss.[23] Damit ist

---

22 Eine Kontrolle durch den Markt, etwa durch Reaktionen der Kapitalmarktakteure, wie Aktionäre, wird vornehmlich durch die Informationsasymmetrien zwischen der Unternehmensführung und den Aktionären beeinträchtigt, so dass aus Aktionärssicht unvorteilhafte Vorstandshandlungen nicht unmittelbar offenkundig und entsprechend sanktioniert werden.

23 Es kann indes konstatiert werden, dass bereits seit beziehungsweise vor dem Jahr 1994 jedes fünfte deutsche Unternehmen mit mehr als 50 Millionen Euro Jahresumsatz bereits die Steigerung des Unternehmenswerts in seinem strategischen Ziel berücksichtigte, vgl. Höfner/Pohl, Deutsche

das eigentliche Unternehmensziel der Renditesteigerung in den Mittelpunkt des strategischen Managements zu rücken, um durch die Verknüpfung zum externen Eigenkapitalmarkt die künftige Wettbewerbsposition verbessern zu können.

1.2 Untersuchungsverlauf

Die Orientierung an der Wertsteigerung des Eigenkapitals bietet die Grundlage für die Ausschöpfung unternehmerischer Wachstumspotentiale in der börsennotierten Aktiengesellschaft. Ausgehend von der gegenwärtigen und fortschreitenden Aktualität der Kapitalwertorientierung als Unternehmensziel wird im Anschluss an die Einleitung im zweiten Kapitel zunächst die Stichhaltigkeit des Shareholder-Value-Ansatzes untersucht. Die rentabilitätsbezogene Zielsetzung wird dabei mithilfe der Charakteristika und Determinanten des Wertkonzepts dargestellt. Es folgt eine Identifizierung und vertiefte Analyse spezifischer Verfahren zur Wertentwicklung der Publikumsaktiengesellschaft. Selektiv einbezogen werden hierzu moderne, Cash-flow-bezogene Methoden sowie Kennzahlen.

Die Handlungen des Vorstands als wichtigster Entscheidungsträger einer börsennotierten Aktiengesellschaft haben weitreichende Konsequenzen sowohl für die Aktionäre als auch für eine Vielzahl anderer Unternehmensbeteiligter, deren Interessen mit denen der Anteilsinhaber nicht zwingend kongruieren. Aufgrund der Komplexität und der Dimension können Vorstandsentscheidungen in der Regel nicht isoliert unter Beachtung nur einer relevanten Gruppe von Unterneh-

---

Unternehmen, in: AG-Report, 1994, S. 116. Wie in einer in 1996 vorgelegten Studie der Mannheimer Universität belegt wird, setzt fast die Hälfte der 108 untersuchten Unternehmen Value Based Management als Steuerungsinstrument ein, vgl. o. V., Interessen der Aktionäre, WISU, 1996, S. 607.

mensinteressenten vorgenommen werden. Hieraus soll in Kapitel 3 eine kritische Auseinandersetzung mit dem Stakeholder-Ansatz im Verhältnis zum Shareholder-Value-Konzept erfolgen. Einer eingehenden Analyse wird hier der unbestimmte Rechtsbegriff des „Unternehmensinteresses" im Kontext der Unternehmenswertsteigerung unterzogen.

Anschließend widmet sich Kapitel 4 der Frage nach der Bedeutung und Effizienz der „Corporate Governance", den Unternehmensführungsstrukturen der börsennotierten Aktiengesellschaft, unter dem Blickwinkel der neueren Entwicklungen des deutschen Aktiengesetzes. Nachdem die Relevanz der juristischen Person „Aktiengesellschaft" und ihre zunehmende Bedeutung und zahlenmäßige Ausweitung in Deutschland skizziert werden, soll dem Erfordernis des Kapitalmarktbezugs des Gesellschaftsrechts nachgegangen werden.

In der Analyse der relevanten rechtlichen Komponenten, insbesondere auch unter Berücksichtigung der Regelungen des KonTraG, wird die Überlegung angestellt, in welcher Weise unternehmerische, wertorientierte Facetten in der Rechtsordnung reflektiert werden. Hierzu wird geprüft, inwieweit wirtschaftsrechtliche Vorschriften den Gedanken aktionärsorientierter Unternehmensführung implementieren. Eine Betrachtung der gesetzlichen Vorgaben erfolgt insofern aus dem Blickwinkel des renditeorientierten Finanzinvestors. Hierauf Bezug nehmend soll die gegenwärtige Beziehungsstruktur der Organe der Aktiengesellschaft – Hauptversammlung, Vorstand und Aufsichtsrat – ergründet werden. Dabei werden in Kapitel 5 unter Würdigung der aktuellen, globalen Kapitalmarktentwicklungen die Handlungsweisen und die Position wichtiger Aktionärsgruppen in Beziehung zur Unternehmensführung, Aktiengesellschaft und jenseits der formalen Einflussnahmemöglichkeiten der Hauptversammlung betrachtet.

Im Anschluss hieran werden im sechsten Kapitel Anhaltspunkte für eine Verpflichtung des Vorstands ermittelt, sein Handeln an den Interessen der Anteilseigner auszurichten. Schwerpunkt bildet hier die Betrachtung der aktienrechtlichen sowie handelsrechtlichen Normen, welche daraufhin beleuchtet werden, inwieweit sie eine Organpflicht des Vorstands zur Steigerung des Shareholder Value konkretisieren. Überdies ist der Versuch zu unternehmen, verfassungsrechtliche Grundsätze auf ihre Shareholder-Value-Relevanz hin zu überprüfen. Hierbei soll durch Herausarbeitung des Eigentumsschutzes und des gesamtwirtschaftlichen Gemeinwohlaspekts im Hinblick auf eine Steigerung des Marktwerts des Anteilsbesitzes die Würdigung der Aktionärs-Interessen durch das Grundgesetz ergründet werden. Nachfolgend ist die vom Gesetzgeber formulierte Verpflichtung zur Installation eines Risikomanagementsystems Gegenstand einer weitergehenden Analyse dieses Kapitels. Sinnhaftigkeit, tatsächliche Bedeutung und Konsequenzen hinsichtlich zukunftsweisender Wertschöpfungspotentiale durch die neuere gesetzliche Vorgabe werden einer kritischen Analyse unterzogen. Mit Blick auf die bedeutsame Wert- und Kapitalmarktkommunikation erfolgt anschließend eine Betrachtung der Wirksamkeit der neueren Regelungen zu Mitteilungen potentiell aktienkursbeeinflussender Tatsachen durch den Vorstand.

Dem Aufsichtsrat als effizientem Überwachungsorgan gegenüber dem Vorstand widmet sich das siebte Kapitel. Neben den wesentlichen aktionärsrelevanten Funktionen und Pflichten werden die Potentiale der Aufsichtsratsaktivitäten auf Werthaltigkeit hin untersucht. Zur Steigerung der Wirksamkeit und Nachhaltigkeit der Kontrollhandlungen aus dem Blickwinkel des Shareholder-Value-Gedankens werden anreizkompatible Vergütungsmodelle für den Aufsichtsrat diskutiert.

Während überwiegend jedes Kapitel mit einer Zusammenfassung abschließt, werden im abschließenden Kapitel 8 zu den Zukunftsperspektiven optimaler

Corporate-Governance-Grundsätze wesentliche Kernaussagen vorgenommen und die Arbeit auf Schlussbetrachtungen verdichtet.

1.3 Terminologische Abgrenzungen

Eine Aktiengesellschaft ist eine Gesellschaft mit eigener Rechtspersönlichkeit[24] und damit eine juristische Person mit der dieser innewohnenden Rechtsfähigkeit.[25] Als Rechtssubjekt ist sie rechtsfähig und parteifähig. Geschäftsfähig und prozessfähig ist sie gleichsam nur durch bestimmte Personen oder Personenmehrheiten, ihre Organe.

Die Gesellschaft selbst hat kein Bewußtsein und ist daher grundsätzlich nicht willens- und handlungsfähig. Demzufolge braucht sie Organe, deren Tätigkeiten im Rahmen der Zuständigkeit der Gesellschaft zugerechnet werden und somit als Wille und Handlung der juristischen Person selbst gelten.[26] Zu den notwendigen Organen sind die mit der Willensbildung und Leitung der Gesellschaft einschließlich Kontrolle und Überwachung befaßten Organe (Hauptversammlung, Vorstand und Aufsichtsrat) zu zählen sowie das Abschlussprüfungsorgan (Abschlussprüfer). Betrachtet werden in dieser Untersuchung ausschließlich die drei Organe Vorstand, Aufsichtsrat sowie Hauptversammlung. Im folgenden wird für Vorstand synonym der Begriff Management und Unternehmensführung verwandt, während Anteilseigner der Gesellschaft, also Aktionäre, zugleich Shareholder genannt werden.

---

24 § 1 Abs. 1 S. 1 AktG.
25 §§ 21, 22, 23, 80 BGB.
26 Henn, G., Handbuch des Aktienrechts, 1998, S. 241.

2 Konzeption und Relevanz des Shareholder-Value-Gedankens im Kontext internationaler Kapitalmarkterfordernisse

2.1 Interpretation der Begrifflichkeit

Der vielfach in modifizierter Weise zum Ausdruck gebrachte Gedanke des Shareholder Value[27] stellt eine Rechengröße zur Ermittlung des finanziellen Werts des ganzen Unternehmens oder ihrer Teilbereiche dar. Die Bewertungsergebnisse bieten aufgrund ihrer engen Korrelation mit dem Aktienpreis einerseits unternehmensintern die Grundlage für Investitions- und Desinvestitionsentscheidungen im Rahmen der strategischen Steuerung der Unternehmensaktivitäten, zum anderen stützen sich unternehmensextern Wertpapieranalysten[28] und (institutionelle) Investoren in ihrer Unternehmensbeurteilung auf den Shareholder Value als Maßausdruck der Vorteilhaftigkeit des Anteilseigentums von Unternehmen.[29] Dementsprechend ist der Ausgangspunkt des Shareholder-Value-Konzepts die Fundamentalbewertung von Finanztiteln auf dem Kapitalmarkt. Insofern wird in der vorliegenden Untersuchung ausschließlich die börsennotierte Aktiengesellschaft betrachtet, da nur für sie Marktwerte des Eigenkapitals jederzeit verfügbar sind.

---

27 Die Shareholder-Value-Diskussion hat erstmals die Hauptversammlungssaison 1996 in besonderem Maße geprägt, so dass gar von einem „Modebegriff" gesprochen wurde, der im Zeitverlauf von vermeintlich weniger ideologisch geprägten Ausdrücken wie beispielsweise „Notwendigkeit der Unternehmenswertsteigerung" abgelöst werden sollte, vgl. Mülbert, P. O., Shareholder Value, ZGR, 1997, S. 129 f.; siehe auch Kapitel 3.2 Die Wahrung der Stakeholder-Interessen durch die Leitidee des „Handelns im Unternehmensinteresse", S. 83.

28 Den Umstand etwa, dass als eine der ersten deutschen Konzerne die VEBA AG wertorientierte Unternehmensführung verwirklichte, würdigte die Börse mit kräftigen Kurssteigerungen, vgl. Bea, F. X., Shareholder Value, WiSt, 1997, S. 541.

29 Vgl. Siegert, T.; Böhme, M.; Pfingsten, F.; Picot, A., zfbf, 1997, S. 472; v. Werder, A., Shareholder Value-Ansatz, ZGR, 1998, S. 71; Wagner, F. W., Shareholder Value, BFuP, 1997, S. 475.

Betriebswirtschaftlich handelt es sich mithin bei dem Shareholder-Value-Ansatz um Verfahren der dynamischen Investitionsrechnung, deren Charakteristikum in ihrer Verbindung mit der modernen Kapitalmarkttheorie liegt.[30] Hervorgegangen ist der Ansatz aus dem Basiswerk von *Alfred Rappaport*[31], der als einer der geistigen Väter des modernen Shareholder-Value-Ansatzes gilt. Den Ausgangspunkt seiner Studien bildete die Tatsache, dass in den siebziger und zu Beginn der achtziger Jahre eine große Zahl von Unternehmen zwar zweistellige Wachstumsraten im Gewinn und bedeutende Zuwächse im Umsatz vorzeigen konnten, der Aktienkurs hingegen eine Seitwärts- oder sogar Abwärtstendenz erkennen ließ. *Rappaport* kam daher zu dem Ergebnis, dass die in der Vergangenheit gebräuchlichen Bewertungsmethoden allein nicht ausreichten, um den Aktienmehrwert zu ermitteln.[32] Im Gegensatz zur periodenbezogenen Nominal-Erfolgsrechnung – im Sinne der betriebswirtschaftlichen Finanzbuchhaltung gemäß des deutschen Handelsgesetzbuchs – erfolgt insofern beim Shareholder-Value-Ansatz eine Analyse des Investments über die gesamte Lebensdauer, indem eine Marktwertschätzung des „Rest"werts am Ende des Planungszeitraums in die Investitionsrechnung miteinbezogen wird.[33]

Daneben ist aus unternehmenspolitischer Sicht festzustellen, dass es sich beim in Deutschland auch unter den Begriffen (Total-)Value-Management[34], Value-

---

30 Vgl. Mülbert, P. O., Shareholder Value, ZGR, 1997, S. 130. Siehe auch zu den zentralen Elemente der modernen Kapitalmarkttheorie als konzeptionelle Basis risikoadäquater Renditeforderung, Kapitel 2.2.1 Aktienrendite als Indikator für den Shareholder Value, S. 45.

31 Vgl. Rappaport, A., Shareholder Value, 1999.

32 Vgl. Rappaport, A., Shareholder Value, 1999, S. 15 ff.

33 Vgl. Siegert, T., Shareholder-Value als Lenkungsinstrument, zfbf, 1995, S. 581; zur Definition des Shareholder Value siehe auch Black, A.; Wright, P.; Davies, J., shareholder value, 2001, S. 57 ff.

34 So Lewis, T. G.; Stelter, D., Mehrwert schaffen, Harv. Bus. Man., Sonderdruck aus Heft 4, 1993, S. 1.

Based-Management[35], Wertmanagement oder Wertsteigerungsmanagement[36] bekannten Shareholder-Value-Ansatz um eine Management-Philosophie handelt, welche die Interessen der Eigentümer der Unternehmung in den Vordergrund der Geschäftspolitik rückt.

Bei Aktionären börsennotierter Aktiengesellschaften manifestiert sich der Anspruch auf eine angemessene Vermögensmehrung in den zu erwartenden Renditen aus der Beteiligung an der Gesellschaft. Handeln im Sinne des Shareholder-Value-Gedankens beinhaltet nun alle Aspekte einer Unternehmensführung, die sich an der nachhaltigen Wertsteigerung des Eigenkapitals als oberste Zielgröße ausrichtet.[37] Als Instrument einer „besseren Führungsmethode“[38] besteht die Attraktivität des Shareholder-Value-Konzepts dabei in seinem strategischen Nutzen als Lenkungsinstrument, das die Ressourcenallokation eines Unternehmens und mithin eines Investors optimiert.[39] Dabei beschränkt sich die Anwendung des Shareholder-Value-Ansatzes nicht auf die Ebene des Gesamtunternehmens. So sind nach der Bewertung aller Einheiten eines Unternehmens sämtliche Geschäftsfeldstrategien periodisch einer wertorientierten Strukturierung[40] zu unterziehen und danach zu beurteilen, inwieweit sie zur Steigerung des Unternehmenswerts und damit zur Maximierung des Marktwerts des Aktio-

---

35 So Copeland, T. E.; Koller, T.; Murrin, J., Valuation, 1996, S. 93 ff.

36 So Höfner, K.; Pohl, A., Werterzeuger im Portfolio, Harv. Bus. Man., 1993, S. 58; Arbeitskreis Finanzierung, Wertorientierte Unternehmenssteuerung, zfbf, 1996, S. 543.

37 Bühner R., Shareholder Value, DBW, 1993, S. 749.

38 Deutsch, C., Stochern im Nebel, Wirtschaftswoche, 26, 1996, S. 86.

39 Vgl. Schmidt, R., Das Shareholder Value-Konzept, in: Siegert, T., Shareholder-Value als Lenkungsinstrument, zfbf, 1995, S. 581.

40 Vgl. Lammerskitten, M.; Langenbach, W.; Wertz, B., Operationalisierungsprobleme, ZP, 1997, S. 222.

närsvermögens[41] beitragen. Dies bedeutet in der praktischen Umsetzung, dass das Gesamtunternehmen insgesamt mehr Wert schaffen muss als die einzelnen Geschäftsbereiche zusammen. Dazu ist es erforderlich, sich auf die Kernkompetenzen zu konzentrieren und jeden Geschäftsbereich auf sein Erfolgspotential hin zu untersuchen[42].

Auf der Grundlage der Rendite, die ein Investor am Kapitalmarkt erwartet, werden eine Untergrenze der Einnahmeüberschüsse, die ein Segment erzielen muss, und somit Wertgeneratoren[43] beziehungsweise Wertvernichter ermittelt. Darin ist eigentlich das Neuartige am Shareholder-Value-Konzept ersichtlich. Bis Mitte der 1990er Jahre wurde ein solcher, abgezinsten Cash-flow-Strömen[44] zugrunde legender Wertansatz vornehmlich im Verbindung mit Unternehmensübernahmen und -veräußerungen angewendet[45].

Die konsequente Ausschöpfung dieser aus der Shareholder-Value-Analyse[46] aufgezeigten Wertschöpfungspotentiale führt zu einer nachhaltigen Steigerung des Unternehmenswerts. Aus dieser Betrachtungsweise sind zukünftige Sach- und Finanzinvestitionen, Desinvestitionen sowie Ausgaben für Forschung und Entwicklung oder andere immaterielle Werte nur gerechtfertigt, wenn sie auf einer an Zahlungsströmen orientierten, langfristigen Sichtweise basieren, die durch

---

41 Vgl. Heuskel, D., Manager Magazin, Sonderdruck aus Heft 12, 1996, S. 11; Küting, K.; Hütten, C.; Lorson, P., Grundüberlegungen zu Benchmarks, DStR, 1995, S. 1805.

42 Zum Begriff der Kernkompetenz vgl. Hinterhuber, H. H., Strategische Unternehmungsführung, 1996, S. 11 ff.

43 Analog wird hierfür im Folgenden auch der Begriff „Werthebel" verwendet; Bühner spricht entsprechend von „value drivers", vgl. Bühner, R., Ein starkes Paar!, Gablers Magazin, 1994, S. 21.

44 Zur Definition des Cash-flow, dem Innenfinanzierungsvolumen des Unternehmens, vgl. Kapitel 2.2.2.1 Zahlungsstromorientierter Erfolgsmaßstab – Free Cash-flow (FCF), S. 52.

45 Siehe Busse v. Colbe, W., Rechnungswesen, WPG, 1995, S. 714 ff.

die Interessen der Aktionäre determiniert wird.[47] Da sich deren Erwartungen nach den Opportunitätskosten richten, die den Kapitalgebern durch die Investition in ein Unternehmen entstehen, schaffen die Unternehmen dann für diese Wert, wenn ihre Rendite über der Rendite vergleichbarer Investitionsprojekte liegt.[48] Insofern ist für den Fall, dass es im Unternehmen keine Investitionsobjekte gibt gemäß der Empfehlung von *Rappaport* die über den Kapitalkosten liegende interne Verzinsung an die Anteilseigner auszuschütten.[49]

2.2 Wertsteigerungsanalyse: Verfahren zur Performancebewertung börsennotierter Aktiengesellschaften

2.2.1 Aktienrendite als Indikator für den Shareholder Value

Als maßgeblicher Indikator für ein wertorientiertes Management und zur Erklärung externer Wertschaffung soll die Bezeichnung der Aktienrendite herangezogen werden.

Diese entspricht dem Total Shareholder Return (TSR), der auf den aus der Aktie erzielbaren Nettoeinnahmen basiert. Diese Nettoeinnahmen setzen sich aus der mit den Eigenkapitalkosten abgezinsten künftigen Zahlungsreihe der Dividenden, Kapitalrückzahlungen beziehungsweise dem Free Cash-flow und den auf den Aktienkurssteigerungen basierenden Kapitalgewinnen zusammen. Hierbei wird

---

46 Zur Methode der Wertsteigerungsanalyse siehe Kapitel 2.2 Wertsteigerungsanalyse: Verfahren zur Performancebewertung börsennotierter Aktiengesellschaften, S. 45.

47 Vgl. Busse von Colbe, W., Shareholder Value, ZGR, 1997, S. 273.

48 Vgl. Brealey, R. A.; Myers, S. C., Corporate Finance, 1991, S. 23, 79; Bühner R., Shareholder Value, DBW, 1993, S. 749 f; Copeland, T. E.; Weston, J. F., Financial Theory, 1992, S. 20.

49 Vgl. Scott, C., Gewinnmaximierung, b & b, 1998, S. 63.

davon ausgegangen, dass Investoren den heutigen Wert einer Aktie als Barwert zukünftig auf die Aktie entfallender finanzwirtschaftlicher Zahlungsüberschüsse schätzen, die von den Unternehmensinvestitionen generiert werden. Der Kalkulationszinsfuß der erwarteten Zahlungsreihe entspricht dabei den risikoangepaßten Renditeerwartungen der Aktionäre, die den Kapitalkosten der Unternehmung äquivalent sind.

Die Betrachtung der absoluten Aktienrendite liefert jedoch keine ausreichenden Anhaltspunkte zur Identifikation derjenigen Unternehmen, die eine herausragende externe Wertsteigerung aufweisen, denn weniger der Shareholder Value an sich stellt für den Aktionär einen Wert dar, als vielmehr dessen Schaffung.[50] Aufgrund der Tatsache, dass allein die Veränderungen von Aktienrenditen und nicht ihre absolute Höhe die externe relative Wertentwicklung beeinflussen, geht es somit darum, die Erwartungen der Aktionäre, die bereits in den heutigen Aktienkursen enthalten sind, zu übertreffen.[51] In Abhängigkeit des Zeitpunkts, zu dem die Börse über die kursrelevanten Informationen verfügt und diese verarbeitet, ändert sich der Wert der Aktie. Werden nun bereits Aktienrenditesteigerungen beziehungsweise -abnahmen antizipiert, so führt nur mindestens ein Erfüllen

---

50 Siehe o. V., Shareholder Value als langfristiges Bewertungskonzept, AGR, 1996, S. 358.

51 Vornehmlich auf Aktienmärkten stellen die Erwartungen der Akteure eine Haupttriebfeder der Kursentwicklungen dar. Insofern reflektiert der Aktienkurs mehr als einen Preis, da er gewissermaßen eine aggregierte Meinung über die zukünftige Entwicklung des Wertpapiers abbildet. Dabei zeigt sich, dass kollektive Erwartungen, die von der Mehrheit der Investoren geteilt werden, als sogenannte „self-fulfilling prophecies" Fakten schaffen. Dieses vermeintlich nichtrationale Verhalten lässt sich primär auf psychologische Einflussfaktoren zurückführen und führt aufgrund abrupter Veränderungen der individuellen Aktienkurserwartung gegenüber dem fundamentalen Wert zu Über- beziehungsweise Unterbewertungen. Angezweifelt werden muss daher das Rationalitätspostulat herkömmlicher Ansätze, wonach bei effizienter Verarbeitung aller verfügbaren Informationen durch den Preisbildungsprozess und bei rationalen Marktteilnehmern der Aktienkurs immer seinem fundamentalen Wert entsprechen wird, Frey, D.; Stahlberg, D., Erwartungsbildung und Erwartungsveränderungen bei Börsenakteuren, 1990, in: Maas, P.; Weibler, J. (Hrsg.), Börse und Psychologie, Plä-

oder ein Übertreffen dieser Erwartungen zu weiteren Kurssteigerungen beziehungsweise -rückgängen.[52]

Um eine internationale Vergleichbarkeit der Unternehmen zu gewährleisten, die langfristig weit überdurchschnittlich Wert geschaffen haben, ist daher die relative Aktienrendite, Relative Total Shareholder Return (RTSR), zu berücksichtigen. Dazu wird die Aktienrendite der Entwicklung des jeweils nationalen beziehungsweise vergleichbaren Aktiendurchschnitts[53], etwa des Börsenindex wie dem DAX, dem Dow Jones oder Euro Stoxx beziehungsweise einem Branchenindex, gegenübergestellt. Mit dieser Vorgehensweise kann die tatsächliche Über- oder Unterperformance zum Durchschnitt aufgezeigt werden, da externe Einflüsse, wie beispielsweise Inflation, Konjunkturschwankungen oder Börsencrashs,[54] alle Aktien eines Landes beziehungsweise Vergleichsraums gleichermaßen betreffen.

Ein Unternehmen, das beispielsweise einen RTSR von 20 Prozent pro Jahr im Zeitraum 1987 bis 1996 aufweist, konnte demnach durchschnittlich zehn Jahre lang jedes Jahr einen 20 Prozent höheren Wertzuwachs verzeichnen als der nationale Aktienmarkt. Beträgt der Durchschnitt des Landes jedoch 30 Prozent, ist eine Unternehmensperformance (TSR) von 20 Prozent aus Aktionärssicht kein akzeptables Ergebnis.

---

doyer für eine neue Perspektive, in: Kugler, F.; Hanusch, H., Kurserwartungsbildung auf Aktienmärkten, JNS, 1995, S. 195 f., 208.

52 Vgl. o. V., Shareholder Value als langfristiges Bewertungskonzept, AGR, 1996, S. 358. Bemerkenswerterweise weisen empirische Untersuchungen darauf hin, dass von den Kapitalmarktakteuren vornehmlich bilanzielle Gewinngrößen zugrundegelegt werden, hingegen maßgebliche Informationen bezüglich des Free-Cash-flow kaum Aktienkursbewegungen auslösen, vgl. Sloan, R. G., Free-Cash-flow, in: Rutterford, J., Financial Strategy, 1998, S. 234.

53 Als Vergleichsmaßstab heranzuziehen wäre etwa ein Börsenindex wie der DAX, der Dow Jones oder Euro Stoxx beziehungsweise ein Branchenindex.

54 Wie beispielsweise Inflation, Konjunkturschwankungen, Börsencrashs.

Nach den Ergebnissen der Studie „Top-Performer der Welt“ der Unternehmensberatung *The Boston Consulting Group (BCG)* ist langfristige, überdurchschnittliche Wertentwicklung weniger auf zufälliges Handeln zurückzuführen, sondern kann aktiv durch die Unternehmensleitung gestaltet werden. Abbildung 1 veranschaulicht die wesentlichen Wachstumsfaktoren zur Unternehmenswertsteigerung. Im Mittelpunkt steht dabei die Analyse der Werthebel und diesen zugrundeliegenden Maßnahmen, um gezielt Einfluss auf die Unternehmenswertsteigerung und den Shareholder Value zu nehmen.

Die Herausforderung für die Unternehmensführung besteht in dem Wechsel des strategischen Fokus von einperiodigen Erfolgskennzahlen, wie etwa dem Return on Investment, zu multiplen, zukunftsgerichteten Werttreibergrößen. Im Einzelnen lassen sich fünf finanzielle Werttreiber ermitteln, welche über die Steigerung der Rendite auf das eingesetzte Kapital eine Verbesserung der Aktienrendite bewirken können: Wachstumsrate des Umsatzes, betriebliche Gewinnmarge, Steuersatz, Zusatzinvestitionsrate ins Anlagevermögen und Zusatzinvestitionsrate ins Umlaufvermögen. Hierzu wurden die Wachstumsfaktoren identifiziert, die die Grundlage der Triebkräfte zur nachhaltigen, überdurchschnittlichen Steigerung des Unternehmenswerts bilden. Zu diesen zählen partiell in den Bilanzaktiva abgebildete Faktoren, aber auch nichtmaterielle Vermögensgegenstände als potentielle Quellen von künftigen wertschaffenden Nutzen, die zum Gesamtwert eines Unternehmens beitragen können.

Zwischen der externen Wertschaffung an den Aktienmärkten und den dahinterliegenden internen Werthebeln in den Unternehmen, mit denen die Wertsteigerung erzielt wurde, lässt sich ein unmittelbarer Zusammenhang feststellen. Es besteht die Annahme, dass mittel- und langfristig ein signifikantes Auseinanderfallen von interner und externer Wertentwicklung nicht festzustellen sein sollte.

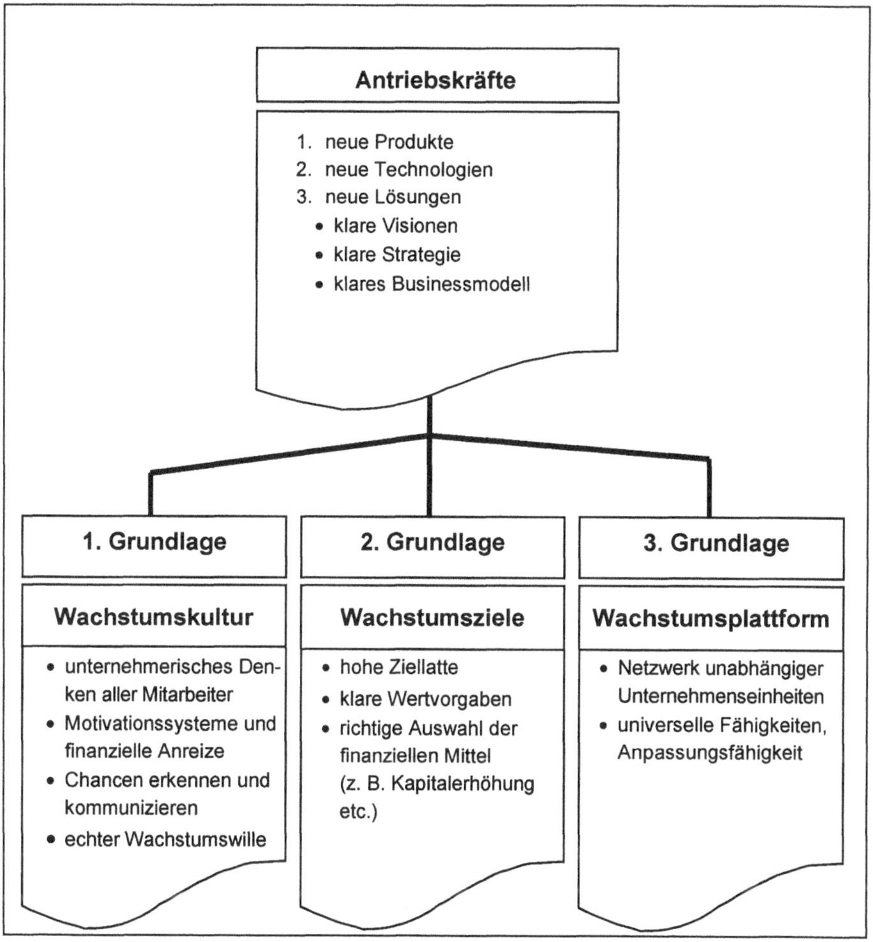

Abbildung 1: Wachstumsfaktoren des Unternehmenswerts[55]

---

[55] In Anlehnung an: Kühn, U., Europas Wachstumsstars, Focus-Money, 2000, S. 96.

Zur Quantifizierung der internen Werthebel sollen nachfolgend ausgewählte Verfahren zur Bewertung der Performance börsennotierter Aktiengesellschaften beleuchtet werden.

Mit Hilfe der wertorientierten Bewertungsmodelle soll versucht werden, das Verhalten und die Einschätzungen der Investoren auf den Kapitalmärkten zu simulieren und zu antizipieren.[56] Dabei soll versucht werden, zu analysieren, inwieweit sich die Ergebnisse der Ermittlungsmethoden zur Unternehmenswertentwicklung dem an der Börse reflektierten Unternehmenswert annähern.[57]

Zugleich dienen die vorgestellten Konzepte der externen Ermittlung wertrelevanter Information und damit im Rahmen der Aktienanalyse als wichtiges Instrument zur Entscheidungsfindung von Investoren und Management.

---

56 Einem normativen Grundsatz der wertorientierten Unternehmensführung folgend, sollte dabei die Entscheidungsrationalität von Führungskräften maßgeblich von der Gesetzmäßigkeit von Investorenentscheidungen mitbestimmt werden. Indem von der Führungskraft jede unternehmerische Entscheidung im Hinblick auf die Schaffung von Eigentümerwert hinterfragt wird, steuert diese Orientierungsgröße somit implizit das Verhalten von Führungskräften und übt somit eine vorsteuernde Wirkung auf Marktwert und Marktpreis aus. Hieraus resultiert eine Gleichschaltung der Interessen der angestellten Führungskraft mit denen der Eigenkapitalgeber, vgl. Klien, W., Wertsteigerungsanalyse, 1995, S. 24 f.

57 Die Unternehmensberatungsgesellschaft Boston Consulting Group (BCG) hat die Wertschaffung von insgesamt 5.316 börsennotierten Unternehmen untersucht. Zusammengenommen repräsentiert die Stichprobe rund 80 Prozent der Marktkapitalisierung der weltweiten Börsen. Im Mittel lag die Aktienrendite, der Total Shareholder Return (TSR), über jeweils einen Zeitraum von fünf Jahren (1994-1998; 1995-1999) bei 13 Prozent. Die 100 erfolgreichsten Unternehmen erreichten im Vergleich zum Markt weit höhere Wertsteigerungen in Höhe von bis zu 45 Prozent TSR pro Jahr, vgl. The Boston Consulting Group, Value Creation, BCG Report, 2000, S. 10 f.; Stelter, D., Wertschaffung in Unternehmen, FAZ, 1998, S. 29.; Siehe zur Implementierung wertorientierter Maßzahlen in die Unternehmensorganisation McCrory, F. V.; Gerstberger, P. G., Performance Measurement, J. Bus. Strat., 1992, S. 33, 37 f.

2.2.2 Marktwert des Eigenkapitals nach der Discounted-Cash-flow-Analyse (DCF)

Der Shareholder Value entspricht dem Marktwert des Eigenkapitals, der sich aus der Differenz von Unternehmenswert und dem Wert des Fremdkapitals bemisst und unter Zugrundelegung effizienter Kapitalmärkte bei börsennotierten Aktiengesellschaften in der Börsenkapitalisierung, also im Marktwert der ausstehenden Aktien zum Ausdruck kommt und jederzeit anhand der Kursnotierung festgestellt werden kann.[58]

Einen Ansatz zur marktobjektiven Ermittlung dieses Netto-Unternehmenswerts liefert die auf einem kapitalmarkttheoretischen Ansatz basierende Discounted-Cash-flow-Methode (DCF), welche die diskontierten Zahlungsströme zwischen dem Unternehmen und dessen Umwelt zugrundelegt. In der Theorie existieren unterschiedliche Cash-flow-Definitionen, welche die einzelnen Erfolgskomponenten differenziert berücksichtigen.[59] Im Wesentlichen versteht die Literatur den Cash-flow als eine finanzwirtschaftliche Überschusskennzahl als Indikator des Innenfinanzierungs-, Schuldentilgungs- und Ausschüttungspotentials eines Unternehmens, anhand dessen Aussagen über die gegenwärtige und zukünftige Ertragskraft ermöglicht werden sollen.[60] Dies hat zur Folge, dass die Zahlungsüberschüsse nicht auf der Grundlage bilanzanalytischer Cash-flows, sondern im Weg einer prospektiven Ermittlung gewonnen werden.[61] Im Gegensatz zum Bi-

---

58 Vgl. Hostettler, S., Führen mit EVA!, Organisator, 1996, S. 36.

59 Vgl. hierzu Perridon, L.; Steiner, M., Finanzwirtschaft der Unternehmung, 1997, S. 551 ff.

60 Vgl. Coenenberg, Jahresabschluß und Jahresabschlußanalyse, 1997, S. 623, 679; siehe auch Olfert, K., Finanzierung, 1997, S. 367; zum DCF-Verfahren siehe Kußmaul, H., 1999, S. 332 ff.

61 Etwa durch Addition der Abschreibungen und Rückstellungsdotierung zum Jahresüberschuss, vgl. Hachmeister, Der Discounted Cash Flow als Maß der Unternehmenswertsteigerung, 1995, S. 62-64 in: Heuring, R., Unternehmenswertverfahren im Rahmen von Umwandlungsfällen, DB, 1997, S. 890; Coenenberg, A. G., Jahresabschluß und Jahresabschlußanalyse, 1997, S. 623, 679.

lanzgewinn werden daher beim Cash-flow nicht nur die Erfolgsströme, die den Unternehmenseignern zufließen, sondern sämtliche fließenden Zahlungen an Eigen- und Fremdkapitalgeber betrachtet.[62]

2.2.2.1 Zahlungsstromorientierter Erfolgsmaßstab – Free Cash-flow (FCF)

Bei den folgenden Überlegungen soll auf den in der Unternehmensbewertungspraxis entwickelten sogenannten freien Cash-flow beziehungsweise Free Cash-flow (FCF) zurückgegriffen werden. Diese Erfolgsgröße setzt sich, wie in Abbildung 2 dargestellt, zusammen aus der Differenz der betrieblichen Ein- und Auszahlungen vor Fremdkapitalzinsen sowie nach Steuern und (Des-)Investitionen und lässt sich auf zwei Wegen ermitteln, welche theoretisch zum selben Resultat führen. Methodisch wird zur Ermittlung der zu kapitalisierenden Überschüsse der Barwert des freien Cash-flows, also sämtliche zukünftigen Einnahmeüberschüsse, die den Eigen- und Fremdkapitalgebern zur Verfügung gestellt werden können, zu einem dem Marktwert des Gesamtkapitals entsprechenden Unternehmensgesamtwert diskontiert.[63]

[62] Vgl. Richter, F.; Simon-Keuenhof, K., Bestimmung durchschnittlicher Kapitalkostensätze, BFuP, 1996, S. 699.

[63] Vgl. Jonas, M., Unternehmensbewertung, BFuP, 1995, S. 85.

Direkte Ermittlung	Indirekte Ermittlung
Betriebseinnahmen (zahlungswirksame Erträge ohne Zinsen) ./. Betriebsausgaben (zahlungswirksame Aufwendungen ohne Zinsen)	Bilanzgewinn (bzw. -verlust) ± Nettoveränderung der Rücklagen ± Gewinn-/Verlustvortrag (Vorperiode) = Jahresüberschuss
	+ Abschreibungen ./. Zuschreibungen ± (Nettoveränderung der langfristigen Rückstellungen)
Cash-flow vor Zinsen und Steuern (Brutto-Cash-flow)	
./. Steuerzahlungen ./. Ersatz- und Erweiterungsinvestitionen des Anlagevermögens ./. Erhöhung des langfristigen Umlaufvermögens	
Freier Cash-flow (vor Zinsen, Dividenden und Tilgungszahlungen)	

Abbildung 2: Ermittlung des freien Cash-flows[64]

Für die Berechnung des Barwerts der zukünftig zu erwartenden freien Cash-flows nach der DCF-Methode wird in der Regel ein Prognosezeitraum von fünf,

---

[64] In Anlehnung an Perridon, L.; Steiner, M., Finanzwirtschaft der Unternehmung, 1997, S. 552 ff.

seltener von zehn Jahren zugrundegelegt. Anstelle aller zukünftigen, nach diesem Planungshorizont nicht mehr explizit prognostizierbaren freien Cash-flows wird ein Residualwert als Barwert einer ewigen Rente auf den Bewertungsstichtag abgezinst.

Mit der Erfolgsgröße Free Cash-flow kann insbesondere der Dynamik zwischen Wachstum und Investitionsbedarf Rechnung getragen werden, da die Finanzierungswirkung der Abschreibungen und der Veränderungen langfristiger Rückstellungen ebenso in die Bewertung eingehen wie der Finanzbedarf für Investitionen im Anlage- und Umlaufvermögen.

Bei der hier dargestellten Vorgehensweise zur Ermittlung des Shareholder Value wird der Bruttoansatz („entity approach") zugrundegelegt,[65] der das gesamte Unternehmen als eine Einheit betrachtet. Danach ergibt sich zunächst der Unternehmensgesamtwert aus der Kapitalisierung der Summe der freien Cashflows (FCF) mit den Gesamtkapitalkosten (Weighted Average Cost of Capital (WAAC)). Davon wird der Marktwert des Fremdkapitals in Abzug gebracht, ausgedrückt als die Kapitalisierung der Fremdkapitalzinsen ($Zins_t$) mit den Fremdkapitalkosten (K_{FK}), addiert mit dem Barwert des Residualwerts (RW), um den Marktwert des Eigenkapitals, also den Wert für die Anteilseigner bestimmen zu können:[66]

---

65 Demgegenüber berechnet sich bei dem Nettoansatz („equity approach") der Wert des Eigenkapitals direkt aus den Zahlungsüberschüssen, die auf das Eigenkapital entfallen. So werden Zinsen und Kreditänderungen nicht aus dem Cash-flow herausgerechnet und ein Unternehmensgesamtwert inklusive Fremdkapital ermittelt, vgl. Hachmeister, D., Discounted Cash Flow-Verfahren, zfbf, 1996, S. 266; Kirsch, H.-J.; Krause, C., Discounted Cash Flow-Methode, ZfB, 1996, S. 794.

66 Vgl. Jonas, M., Unternehmensbewertung, BFuP, 1995, S. 85.

$$\text{Marktwert des Eigenkapitals} = \sum_{t=0}^{T} \frac{FCF_t}{(1+WACC)^t} + \sum_{t=0}^{T} \frac{RW_t}{(1+WACC)^t} - \sum_{t=0}^{T} \frac{Zins_t}{(1+k_{FK})}$$

Dabei sind:

FCF_t = *Free Cash-flow in Periode t*

$WACC$ = *gewogener Durchschnitts-Gesamtkapitalkostensatz*

RW_t = *Residualwert in Periode t*

k_{FK} = *Fremdkapitalkosten*

T = *Planungszeitraum*

Durch Rückgriff auf die Markterwartungen wird bei der DCF-Methode versucht, den sich an den unternehmensspezifischen Kapitalkosten orientierenden Diskontierungszinssatz zu objektivieren. Dieser orientiert sich an den Gesamtkapitalkosten, die der Mindestverzinsung entsprechen, die am Kapitalmarkt bei Kapitalanlagen mit vergleichbarem Risiko erzielt werden kann.

Beide Renditeforderungen, Fremd- und Eigenkapitalrenditeforderungen, werden entsprechend der langfristig geplanten, konstanten Kapitalstruktur gewichtet und zum gewogenen Durchschnitts-Gesamtkapitalkostensatz (WAAC) aggregiert:

$$WACC = EK/GK \cdot k_{EK} + FK/GK \cdot k_{FK} \cdot (1-s)$$

Dabei sind:

WACC	=	*gewogener Durchschnitts-Gesamtkapitalkostensatz*
k_{EK}	=	*Eigenkapitalkosten*
k_{FK}	=	*Fremdkapitalkosten*
s	=	*Unternehmenssteuersatz*
EK	=	*Marktwert des Eigenkapitals*
FK	=	*Marktwert des Fremdkapitals*
GK	=	*Marktwert des Gesamtkapitals (GK = EK + FK)*

In der Weise errechnen sich die jeweiligen Renditeerwartungen der Eigen- und Fremdkapitalgeber aus dem mit den jeweiligen Marktwerten des Eigen- und Fremdkapitals gewichteten Durchschnitt dieser beiden Renditegrößen. Die jeweiligen Marktwerte lassen sich wiederum aus den erwarteten Rückflüssen auf das jeweilige Kapital herleiten.[67] Der Marktwert des Fremdkapitals k_{FK} entspricht dem Barwert der zukünftig erwarteten Zahlungen an die Fremdkapitalgeber, die ihrerseits aus den effektiv vom Unternehmen zu zahlenden Kreditzinsen abzuleiten

[67] Die Annahme unvollkommener Märkte impliziert die Annahme, dass das Finanzierungsverhältnis gleichsam den Gesamtkostensatz determiniert, vgl. Modigliani, F.; Miller, M. H., The Cost of Capital, American Economic Review, S. 261 ff., in: Brealey, R. A.; Myers, S. C., Corporate Finance, 1991, S. 397, 465 ff.

beziehungsweise unter Verwendung der aktuellen Kapitalmarktkonditionen nach Steuern auf den Bewertungsstichtag zu diskontieren sind.[68]

2.2.2.2 Ermittlung der risikoadäquaten Eigenkapitalkosten mit Hilfe des Capital-Asset-Pricing-Modells (CAPM)

Vergleichsweise diffiziler gestaltet sich indes die präzise Fixierung[69] eines entsprechenden Marktwerts für die Eigenkapitalkosten, da vertragliche Zahlungsverpflichtungen beziehungsweise verwertbare Marktinformationen nicht bestehen. Der Shareholder-Value-Ansatz greift hier die Annahme auf, dass sich die risikoangepassten Renditeerwartungen der Eigenkapitalgeber grundsätzlich aus zwei Komponenten zusammensetzen, einem quasi risikofreien Kapitalanlagezinssatz und einer vom Investitionsrisiko abhängigen Risikoprämie auf diesen Zinssatz, die sich approximativ unter Verwendung des Capital-Asset-Pricing-Modells (CAPM) quantifizieren lässt.[70]

Das CAPM ist ein auf der Portfoliotheorie basierendes Gleichgewichtsmodell des Kapitalmarkts, das die Beziehung eines bestimmten Risikos eines diversifizierten Portfolios oder einer Anlage zu seiner erwarteten Rendite aufzeigt. Unter Zugrundelegung entscheidungstheoretisch begründeter Prämissen, welche ein effizientes Portfolio postulieren, wird insofern der Frage nachgegangen, wie hoch

---

68 Vgl. Copeland, T. E.; Koller, T.; Murrin, J., Valuation, 1996, S. 249.

69 Das Erfordernis einer präzisen Ermittlung der Wertdaten, um grundlegende Fehlentscheidungen aufgrund verzerrter Einschätzungen zu vermeiden, betont Volkart, R., Shareholder Value Management, Der Schweizer Treuhänder, 1995, S. 1065.

70 Vgl. Richter, F.; Simon-Keuenhof, K., Bestimmung durchschnittlicher Kapitalkostensätze, BFuP, 1996, S. 700; Scott, C., Gewinnmaximierung, b & b, 1998, S. 65.

der erwartete Ertrag bei einem bestimmten Risiko sein soll.[71] Nach dem CAPM bestimmt sich dabei die Risikoprämie durch Multiplikation des Beta-Faktors[72], der das nicht durch Diversifikation zu beseitigende unternehmensspezifische Risiko ausdrückt, mit dem erwarteten durchschnittlichen Risikozuschlag, der sich aus der Differenz zwischen dem Marktpreis des Risikos[73] und der Rendite in quasi risikofreien Anlagen ermitteln lässt:

$$k_{EK} = r_i + \beta \cdot (r_M - r_i)$$

71 Vgl. Blum, C. A., Integration nicht-traditioneller Asset Classes, 1997, S. 260 f.

72 Die Rendite für eine bestimmte abgelaufene Periode ist die Summe der in dieser Periode erfolgten Zahlungen in Form von Dividenden oder Bezugsrechtserlösen. Der Beta-Faktor (β-Faktor) wird bei börsennotierten Aktiengesellschaften aus einer linearen Regressionsfunktion zwischen den Aktienrenditen der Rechtsträger und der Rendite des gewählten Aktienindex (z. B. DAX) herleiten. Mithilfe des Beta-Faktors lässt sich die Börsenentwicklung eines bestimmten Werts im Verhältnis zur Entwicklung des Gesamtmarkts messen, indem er die relative Volatilität eines Titels im Vergleich zur Marktrendite ausdrückt. So besagt ein β von 1, dass sich Aktien- und Marktrendite und damit Unternehmens- und Marktrisiko gleich verhalten. Für überdurchschnittlich risikobehaftete Unternehmen wird ein β größer 1, für risikoärmere kleiner 1 festgestellt, vgl. Ballwieser, W., Unternehmensbewertung, WPG, 1995, S. 123; Bühner, R., Shareholder Value, DBW, 1993, S. 754; Hachmeister, D., Der Discounted Cash Flow als Maß der Unternehmenswertsteigerung, 1995, S. 62-64, in: Heuring, R., Unternehmenswertverfahren im Rahmen von Umwandlungsfällen, DB, 1997, S. 890; Hölscher, R., Marktorientiertes Investitionscontrolling, WiSt, 1997, S. 60; Küting, K.; Lorson, P., Erfolgs(potential)orientiertes Konzernmanagement, BB, 1997, S. 21. Im übrigen werden für die im DAX gelisteten Unternehmen die β-Faktoren berechnet und in der Fachpresse veröffentlicht, vgl. etwa ständige Veröffentlichungen im Handelsblatt mit Verweis auf Deutsche Börse AG.

73 Der Marktpreis des Risikos bemisst sich nach Maßgabe der durchschnittlichen Performance von Aktien. Daher eignen sich zu seiner Ermittlung insbesondere die anhand eines Aktienindex (z. B. des DAX oder Dow Jones) erkennbaren Kurssteigerungen und Dividenden, vgl. Siegert, T., zfbf, 1995, S. 580, 582.

Dabei sind:

r_i = *Rendite quasi risikofreier Anlagen*

β = *unternehmensspezifisches Risiko*

r_M = *Marktpreis des Risikos*

$(r_M - r_i)$ = *Risikozuschlag*

Als Vorteil einer derartigen Ermittlung der Renditeforderung ist herauszustellen, dass lediglich der sich aus dem CAPM ergebene Beta-Faktor von subjektbezogenen Entscheidungsmerkmalen bestimmt wird, sowohl der risikofreie Basiszins als auch der Marktpreis des Risikos hingegen vom Kapitalmarkt determinierte Einflussfaktoren seien. Zur Bestimmung der quasi risikofreien Rendite wird in der Bewertungspraxis üblicherweise auf die (Durchschnitts-)Rendite langfristiger festverzinslicher Wertpapiere von Emittenten hoher Bonität zurückgegriffen.[74] Eine approximative Herleitung des Beta-Faktors und des Marktpreises des Risikos kann jedoch anhand von Vergangenheitsdaten respektive der Rendite des Aktienindex (z. B. Standard & Poors 500, FAZ-Index, DAX) angemessen erfolgen, wodurch eine Objektivierung bei der Bestimmung einer risikoangepassten Eigentümerrendite erreicht wird.

Demgegenüber konnte für den US-amerikanischen Kapitalmarkt in einer Vielzahl von Studien die Gültigkeit des CAPM weder bestätigt noch einheitlich abgelehnt

---

74 Siehe Küting, K.; Lorson, P., erfolgs(potential)orientiertes Konzernmanagement, BB, 1997, S. 21.

werden, wodurch das Konzept vielerlei Kritik ausgesetzt ist.[75] So wird auf die in der Realität kaum erfüllten Bewertungskalküle unter der Prämisse des vollkommenen Kapitalmarkts hingewiesen.[76] Ferner wird die Ansicht vertreten, dass eine Approximation der erwarteten Aktienrenditen nicht unproblematisch erscheint, da die Ermittlung der Vergangenheitswerte durch erhebliche Definitions- und Messprobleme begleitet werde. Ebenso wie der Börsenkurs nicht permanent einen unverzerrten Maßstab darstellt, muss die Dividende des Referenzzeitraums nicht den potentiellen Gewinnausschüttungen entsprechen. Folglich schlagen sich Erwartungsgrößen im Dividenden-Kurs-Verhältnis der beteiligten Rechtsträger nicht unbedingt nieder.[77] Dennoch wird darauf verwiesen, dass der Beta-Faktor die verlässlichste Maßzahl für das unternehmensindividuelle Risiko darstellt und bisher durch keine andere, zuverlässigere Kennziffer ersetzt werden konnte. Angesichts der zunehmenden Verwendung von Beta-Faktoren in der professionellen Anlagepraxis und der Unternehmensbewertung scheint sich ihre weitgehende Akzeptanz als relevanter Risikomaßstab zu bestätigen.[78]

---

75 Vgl. beispielsweise Hamerle, A.; Rösch, D., Das Surrogatproblem bei „multivarianten" CAPM-Tests, zfbf, 1997, S. 858 ff; siehe auch Jagannathan, R.; Wang, Z., The Conditional CAPM, J. Fin., 1996, S. 3 ff. Der Nachweis, dass die erwartete Rendite mit deren β-Faktor korreliert ist, wird mit einem negativen Ergebnis erbracht von Fama, E.; French, K., Cross-Section of Expected Stock Returns, J. Fin., 1992, S. 427-465.

76 Zu den Eigenschaften des vollkommenen Kapitalmarkts im einzelnen vgl. Loistl, O., Computergestütztes Wertpapiermanagement, München, 1992, S. 144; Sharpe, W. F.; Alexander, G. J.; Bailey, J. V., Investments, 1995, S. 262, in: Blum, C. A., Integration nicht-traditioneller Asset Classes, 1997, S. 261 f.; siehe auch Nowak, T., Faktormodelle in der Kapitalmarkttheorie, Köln, 1994, S. 27; siehe auch Damodaran, A., Applied Corporate Finance, 1999, S. 45; Hubbard, R. G., Capital-Market Imperfections, J. Econ. Lit., 1998, S. 193 f.

77 Vgl. Hachmeister, Der Discounted Cash Flow, S. 195-198.Vgl. Moxter, A., Grundsätze ordnungsgemäßer Unternehmensbewertung, 1991, S. 126 in: Heuring, R., Unternehmenswertverfahren im Rahmen von Umwandlungsfällen, DB, 1997, S. 891.

78 Vgl. Albrecht, T., Value-at-Risk-Methode in Banken, ZfB, 1998, Fn. 9, S. 268.

2.2.2.3 Cash-Value-Added-Konzept (CVA) anhand des Cash-flow Return on Investment (CFROI)

Die *vor* jeder wesentlichen Investition vorzunehmende Investitionsrechnung basiert entweder auf der Discounted Cash-flow-Methode oder der internen Zinsfußmethode[79]. Im Rahmen der Investitionsbeurteilung stellt die Interne-Zinsfuß-Methode nach der effektiven, tatsächlich erzielbaren Rentabilität des Investitionsobjektes unter Berücksichtigung von Zinseszinsen ab, das heißt nach dem Zinssatz, der sich durch den Finanzmitteleinsatz über die Nutzungsdauer der geplanten Investition ergibt. Üblicherweise wird die Performance *nach* erfolgter Investition unter Verwendung anderer Maßstäbe, zum Beispiel mittels Return on Equity (ROE) oder Return on Investment (ROI) gemessen. Problematisch ist jedoch, dass die Durchführung einer effizienten Nachkalkulation vorgenommener Investitionen auf diese Weise unterbleibt. Ferner wird ein Vergleich der Rentabilität des Geschäftsbereichs mit den Kapitalkosten sowie der Rentabilität anderer Geschäftsbereiche und der anderer Marktteilnehmer unzureichend ermöglicht.[80]

Als geeignete Kennzahl bietet sich daher der Cash-flow Return on Investment (CFROI) als Leistungsmaßstab an. Dieser Ansatz gestattet eine objektive Rentabilitätsermittlung bestehender Geschäftseinheiten. Zur Berechnung des CFROI wird ebenfalls auf die Discounted-Cash-flow-Methode zurückgegriffen. In Analo-

---

[79] Im Rahmen der Investitionsbeurteilung stellt die Interne-Zinsfuß-Methode nach der effektiven (= tatsächlich erzielbaren) Rentabilität des Investitionsobjektes unter Berücksichtigung von Zinseszinsen ab, das heißt nach dem Zinssatz (= interner Zinsfuß), der sich durch den Finanzmitteleinsatz (= Anschaffungsausgabe) über die Nutzungsdauer der geplanten Investition ergibt. Auf Basis der Kapitalwertrechnung wird zur Ermittlung des internen Zinsfußes nach dem Diskontierungssatz gesucht, der zu einem Kapitalwert von Null führt. Im Gegensatz hierzu wird bei der Investitionsbeurteilung auf Basis der Kapitalwertmethode nach der Realisierung einer Mindestverzinsung in Gestalt des Kalkulationszinsfußes gefragt, Eilenberger, G., Betriebliche Finanzwirtschaft, 1997, S. 167.

gie zur Investitionsrechnung wird hierzu der Brutto-Cash-flow – vereinfacht definiert als der Gewinn nach Steuern zuzüglich Abschreibungen und Zinsen – abzüglich der ökonomischen Abschreibung durch die Bruttoinvestitionsbasis dividiert. Die ökonomische Abschreibung ist der Betrag, der jährlich verzinslich zu Kapitalkosten beiseite gelegt werden muss, um die zukünftigen Ersatzinvestitionen zu finanzieren. Zur Herleitung der Bruttoinvestitionsbasis sind in einem ersten Schritt die Wiederbeschaffungswerte sämtlicher Aktiva zu berechnen. Dabei wird das Nettoumlaufvermögen zu den historischen Anschaffungs- und Herstellkosten des Anlagevermögens addiert. Im zweiten Schritt sind hiervon die nicht verzinslichen Verbindlichkeiten zu subtrahieren. Dabei ist ausschlaggebend, dass nicht die buchmäßige Höhe der Investition einbezogen wird, sondern der tatsächliche Umfang des insgesamt in ein Geschäft investierten Kapitals. Darüber hinaus sind die Zahlen eventuell von Inflationseffekten zu bereinigen, um zu einem aussagekräftigen Vergleich zwischen den historischen Investitionen und den daraus resultierenden heutigen Cash-flows zu gelangen.[81]

Der wesentliche Unterschied der CFROI-Methode zu den vorangegangenen Berechnungsmethoden besteht im methodischen Weg zur Bestimmung der Kapitalkosten. Als problematisch ist mangelnde empirische Fundierung des CAPM in Verbindung mit der beschränkten Aussagekraft nur eines Risikokoeffizienten in Gestalt des Beta-Faktors zu betrachten. Dem CAPM wird insofern ausdrücklich die Eignung zur Bestimmung des Eigenkapitalkostensatzes versagt.[82] Um die Nachteile unternehmensspezifischer Größen zu vermeiden, lässt sich ein für alle

80 Vgl. Lewis, T. G.; Stelter, D., Mehrwert, Harv. Bus. Man., Sonderdruck aus Heft 4, 1993, S. 2.

81 Vgl. Lewis, T. G.; Lehmann, S., Investitionsentscheidungen durch CFROI, BFuP, 1992, S. 9 f.; Fechtel, A.; Stelter, D., Umsetzung wertorientierten Managements, T & M, 1997, S. 32.

82 Vgl. Peschke, Michael A., Wertorientierte Strategiebewertung, 1997, S. 77.

Unternehmen einheitlicher Ausgangswert direkt vom Kapitalmarkt ableiten. Festgelegt wird dieser etwa auf Basis der Datastream-Datenbank, eines Portfolios von rund 5.200 börsennotierten Aktiengesellschaften, die in ihrer Gesamtheit circa 75 Prozent der internationalen Gesamtmarktkapitalisierung repräsentieren. Basierend auf der Berechnung eines stichtagsbezogenen CFROI für jede dieser in dem Portfolio enthaltenen Aktiengesellschaft, werden zunächst die Einzelrentabilitäten ermittelt, welche in einem zweiten Schritt zu einer Gesamtrentabilität des Portfolios zusammengefasst werden. Daneben ist der Verlauf der zukünftigen freien Cash-flows (FCF_t) und Restwerte aus vorhandenen Daten fortzuschreiben und die Summe der tatsächlichen Kurswerte aller im Portfolio enthaltenen Unternehmen zu ermitteln, um die Kapitalkosten (k) zu bestimmen.

Aufbauend auf den nach dieser Methode[83] ermittelten Kapitalkostensatz werden Unternehmen auf prospektiver Basis bewertet. Zur Bestimmung des spezifischen Kapitalkostensatzes in Deutschland wird regelmäßig ein aus den 60 wesentlichen deutschen börsennotierten Aktiengesellschaften gebildetes Portfolio zusammengestellt, welches einen Umfang von 50 Prozent der Gesamtmarktkapitalisierung aufweist.

Bei Betrachtung eines mittel- und langfristigen Zeithorizonts besteht die Annahme, dass keine signifikante Abweichung zwischen interner und externer Wertentwicklung zu registrieren sei. Zur Überprüfung dieser Hypothese wurde die von der *BCG* entwickelte Cash-flow-orientierte Kennzahl Cash Value Added (CVA) herangezogen, die weitgehend mit der Aktionärssichtweise korrespondiert. Der

---

83 Siehe hierzu auch Abbildung 4: Korrelation von Rentabilitätskennzahlen zum Unternehmenswert, S. 49.

CVA berechnet sich aus dem Produkt der Bruttoinvestitionen (I_b) und der Summe von CFROI abzüglich der Kapitalkosten:

$$CVA = I_b \cdot (\Sigma\, CFROI - k)$$

Empirische Untersuchungen konnten zwischen der Steigerung des CFROI beziehungsweise des CVA des Unternehmens (unternehmensinterne Sichtweise) und dem an der Börse festgestellten Unternehmenswert (unternehmensexterne Sichtweise) eine Korrelation von 65 Prozent beziehungsweise 68 Prozent bestätigen.[84] Abbildung 4 veranschaulicht die Aussagekraft wichtiger Unternehmenskennzahlen im Hinblick auf ihren Kapitalmarktbezug. Da sich die internationale Finanzwelt vermehrt anhand der Steuerungsgröße CVA orientiert, ist festzustellen, dass im Besonderen die bezogen auf die Marktkapitalisierung größten börsennotierten Aktiengesellschaften, die sogenannten „Blue Chips", von dieser Kennzahlorientierung profitieren[85]. Große international agierende Investoren, wie etwa Fonds, konzentrieren sich nämlich im Zuge ihrer Investments in Höhe von mehreren US-$-Milliarden aufgrund der größeren Umsätze und insofern leichteren Fungibilität der Papiere vorrangig auf die Blue Chips der jeweiligen Börsenplätze.

Gleichwohl ist auf Schwachstellen des CFROI-Ansatzes für eine Shareholder-Value-Analyse hinzuweisen. So sind die zu ermittelnden Zahlungsgrößen von

---

84 Vgl. Stelter, D., Wertschaffung in Unternehmen, FAZ, 1998, S. 29.

85 Große international agierende Investoren, wie etwa Fonds, konzentrieren sich nämlich im Zuge ihrer Investments in Höhe von mehreren US-$-Milliarden aufgrund der größeren Umsätze und insofern leichteren Fungibilität der Papiere vorrangig auf die Blue Chips der jeweiligen Börsenplätze, vgl. Qualität ist Trumpf, manager-magazin, Internet, http://www.managermagazin.de/magazin/artikel/fs/0,1153,304,00.html, 27.09.1999.

einer kurzfristigen Betrachtungsweise, bilanziellen Erfolgsgrößen sowie nicht eindeutig zu präzisierenden Prämissen beeinflusst. Angesichts der bemerkenswert hohen Validität des auf dem CFROI basierenden CVA und der Tatsache, dass ausschließlich Informationen aus Jahresabschlüssen verarbeitet werden und somit Externe den CFROI als Grundlage für Investitionsentscheidungen verwenden können, scheint die Kritik an der Eignung der Kennzahl nur beschränkt berechtigt.[86] Der wesentliche Nachteil dieser Methode ist wohl eher darin zu sehen, dass der Ansatz intransparent, komplex und daher schwierig zu vermitteln ist.[87]

2.2.2.4 Ermittlung der Kenngrößen Economic Value Added (EVA) und Market Value Added (MVA)

Als eine Schwachstelle der vorangegangenen Konzepte ist die Schwierigkeit anzuführen, die sich in der Praxis bei der Ermittlung aussagekräftiger Cash-flow-Größen herausstellen würde. So lassen sich Mittelflussrechnungen zur Bestimmung der Zahlungsströme problematischer interpretieren als bilanzielle Erfolgsrechnungen des handelsrechtlichen Jahresabschlusses.[88]

Das in den USA von der Unternehmensberatung *Stern Stewart & Co.* entwickelte Konzept des „Economic Value Added" (EVA) versucht hier die Lücke zwischen Wertsphäre im Sinne einer langfristigen DCF-Orientierung und Gewinndenken der Periodenrechnung zu schließen. Obgleich der EVA-Ansatz nicht auf der

---

[86] Vgl. Bühner R., Shareholder Value, DBW, 1993, S. 751 f.

[87] So auch die Auffassung von der BCG, vgl. Peschke, Michael A., Wertorientierte Strategiebewertung, 1997, S. 77.

[88] Vgl. Hostettler, Stephan, Führen mit EVA!, Organisator, 1996, S. 36.

Geldstromebene, sondern auf der Grundlage konventioneller Erfolgszahlen operiert, fordert EVA eine Berechnung nicht nach Maßgabe des Gläubigerschutzgedankens, sondern aus einem streng betriebswirtschaftlichen und aktionärsorientierten Blickwinkel.[89] Damit dabei das Ziel, finanzielle, steuerliche und bewertungstechnische Verzerrungen zu beseitigen, erreicht werden kann, sind herkömmliche Jahresabschlussdaten zu konvertieren.[90] So werden Aufwendungen für Forschung und Entwicklung, Markteinführungen oder Restrukturierungen nicht als Ausgaben sondern als Investitionen behandelt und demnach linear abgeschrieben. Zudem sind Goodwillabschreibungen, stille Reserven und versteckte Vermögensgegenstände dem Kapital zuzurechnen.[91] Nach Modifikation der traditionellen Erfolgszielgrößen wird zur Herleitung der Basisformel die aus dem objektiven Gewinn resultierende Investitionsrendite (Return on Invested Capital (ROIC)) mit dem mittels des CAPM zu bestimmenden durchschnittlichen Kapitalkostensatz (Weighted Average Cost of Capital (WACC)) verglichen. Nach Multiplikation einer positiven beziehungsweise negativen Differenz mit dem investierten Kapital (C) erhält man EVA:

$$EVA = (ROIC - WAAC) \cdot C$$

---

[89] Vgl. Volkart, R., Wertkommunikation, Die Unternehmung, 1997, S. 125.

[90] Notwendige Anpassungen und Korrekturen ergeben sich nicht zuletzt aufgrund der unterschiedlichen Qualitäten des jeweils angewandten Rechnungslegungsstandards (z. B. IAS, US-GAAP, etc.), um die Tauglichkeit des EVA-Ansatzes vor dem Hintergrund internationaler Vergleichbarkeit zu gewährleisten, vgl. Hostettler, S., «Economic Value Added», Der Schweizer Treuhänder, 1995, S. 309.

[91] Die Transformation der Investitionsausgaben in äquivalent bemessene Abschreibungsbeträge verhindert eine übermäßige Belastung des operativen Gewinns in einem Jahr und damit eine verminderte Initiative des Managements, solche Ausgaben zu tätigen. Daneben steigt die Verantwortlichkeit der Unternehmensführung in dem Ausmaß, um das die Kapitalbasis um die Abschreibungs- und Goodwillzurechnung erhöht wurde, vgl. Hostettler, S., «Economic Value Added», Der Schweizer Treuhänder, 1995, S. 311.

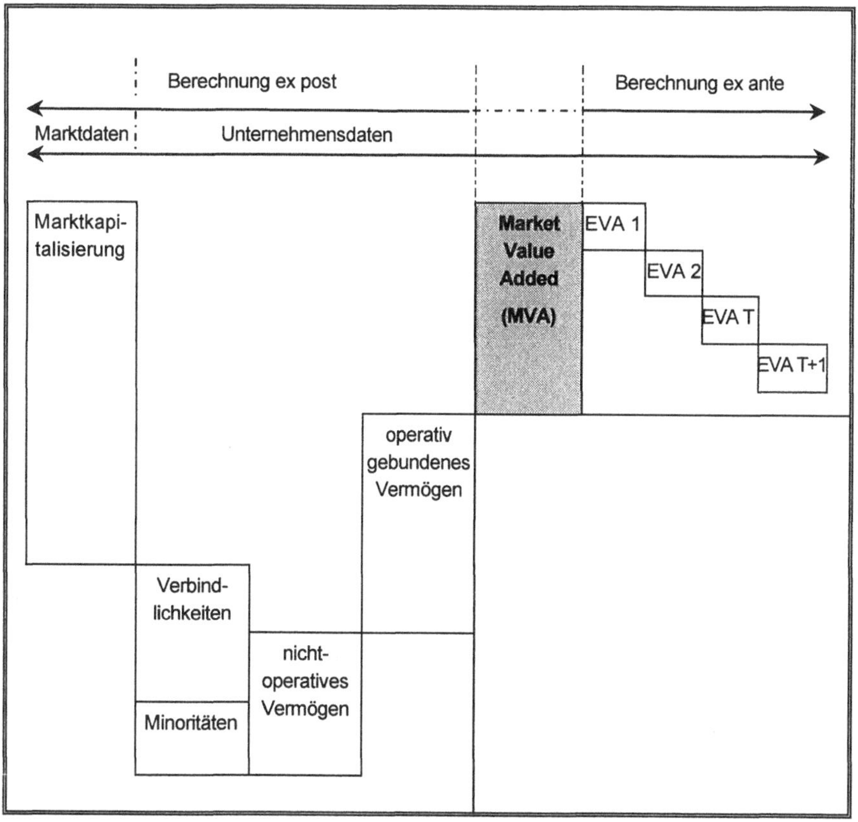

Abbildung 3: Unternehmensbewertung mittels EVA und MVA[92]

92 In Anlehnung an Hostettler, S., «Economic Value Added», Der Schweizer Treuhänder, 1995, S. 312.

Wie bereits gezeigt wurde, stellt die Börsenkapitalisierung als Ausdruck des Marktwerts eines Unternehmens eine nur wenig geeignete Größe dar, um börsennotierte Aktiengesellschaften miteinander zu vergleichen. Den Maßstab überdurchschnittlicher Wertschaffung verkörpert vielmehr der Überschuss der Börsenkapitalisierung über das zur Erzielung dieses Marktwerts eingesetzte Eigen- und Fremdkapital. Diese Differenz bildet der sogenannte Market Value Added (MVA), mit dem die Verbindung zwischen dem bilanziellen Bewertungskriterium EVA und einer rein marktorientierten Bewertungsgröße geschaffen wird.

Die Berechnung des MVA als Vergleichsgröße für Unternehmen kann auf zwei Wegen erfolgen, welche in Abbildung 3 grafisch dargestellt werden. Aus Sicht der Kapitalmarktakteure berechnet sich der MVA ex post aus dem Gesamtwert der Unternehmung (Börsenkapitalisierung zuzüglich des gesamten investierten „Drittkapitals", z. B. Verbindlichkeiten, Minderheitsanteile am Kapital) vermindert um das nicht-operative Vermögen (z. B. Wertschriften) sowie das in den operativen Prozessen gebundene Vermögen. Daneben kommt aus Sicht des Markts der MVA ex ante in der Summe der von den Investoren erwarteten Barwerte zukünftiger EVA zum Ausdruck und ähnelt insofern den diskontierten Zahlungsströmen, wie sie der DCF-Analyse abgeleitet werden können.

Mit Hilfe des MVA wird die Verbindung zwischen externer Wertspähre und interner Unternehmensbewertung hergestellt, so dass das EVA-Konzept genauso Anwendung als Instrument der Unternehmensbewertung und der Unternehmensführung finden kann. Als besonderer Vorzug des EVA-Konzepts kann seine einfache Mechanik zur Berechnung von EVA angesehen werden, wodurch seiner Anwendbarkeit im Rahmen managerialer Anreizsysteme ein besonderer Stellenwert zukommt.

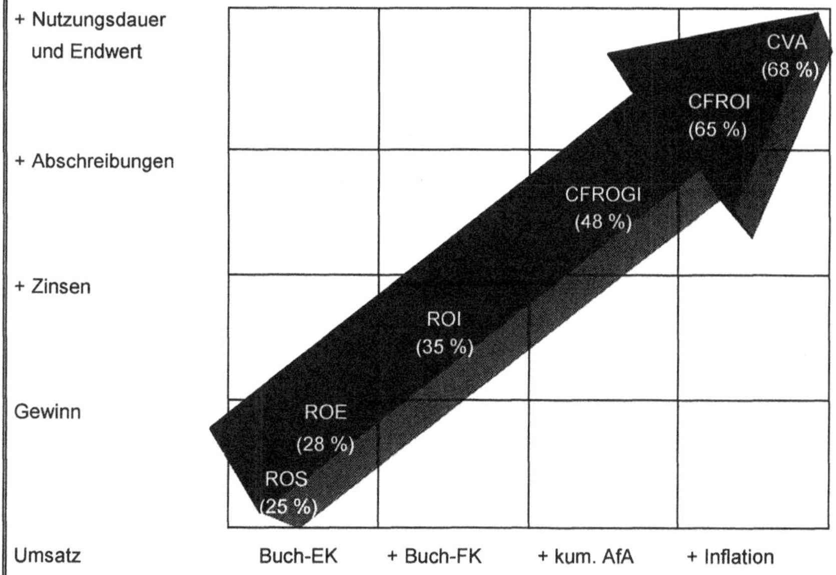

ROS	=	Return on Sales
ROE	=	Return on Equity
ROI	=	Return on Investment
CFROGI	=	Cash-flow Return on Gross Investment
CFROI	=	Cash-flow Return on Investment
CVA	=	Cash Value Added

Abbildung 4: Korrelation von Rentabilitätskennzahlen zum Unternehmenswert

Bei der Gegenüberstellung der 1.000 größten, nach MVA geordneten US-Unternehmen wird ersichtlich, dass selbst Unternehmen mit hoher Börsenkapitalisierung und größten Umsätzen negative MVA aufweisen und somit Werte vernichtet haben, Unternehmen hingegen mit positiven MVA Werte generieren konnten.[93]

2.3 Börsenwert als Parameter der Zukunftsperspektive

Strategische Geschicke von börsennotierten Aktiengesellschaften werden zusehends in beträchtlichem Maße durch ihre Bewertung an der Börse bestimmt. Unternehmen ermöglicht eine „neue Währung" – die eigenen Aktien – Fusionen und Übernahmen durchzuführen, die bisher nicht in Erwägung gezogen werden konnten. Das Angebot eigener Aktien im Tausch gegen Aktien einer zu übernehmenden Gesellschaft stellt mittlerweile ein gängiges Instrument zum Kauf anderer Unternehmen dar. Damit wird prinzipiell über alle nationalen Grenzen hinweg mittlerweile nahezu jeder Unternehmenszusammenschluss machbar; einzige Barriere hierfür bildet alleinig die Marktkapitalisierung. Jede börsennotierte Aktiengesellschaft kann aus finanztechnischer Sicht somit jedes andere Unternehmen übernehmen, vorausgesetzt der Käufer weist eine höhere Marktbewertung auf als der Übernahmekandidat. Zur Verdeutlichung dieser Entwicklung braucht man sich schlicht vor Augen zu führen, dass selbst die größten deutschen Konzerne, etwa die DAX-30-Unternehmen, auf der Basis der Börsenbewertungen im April 2000 aufgrund ihrer Börsenbewertung ohne weiteres in ihrer Gesamtheit von drei der größten börsennotierten US-Konzerne aufgekauft werden könnten.

---

93 Quelle: Stelter, D., Wertschaffung in Unternehmen, FAZ, 1998, S. 29. Rentabilität im Sinne der statischen Investitionsrechnung drückt die Verzinsung des eingesetzten Kapitals bezogen auf einen bestimmten Zeitraum aus. Die bislang noch nicht dargestellten Rentabilitätskennzahlen werden hier je nach Bezugsgröße in Gesamtkapitalrentabilität (Return on Investment = ROI), Eigenkapitalrentabilität (Return on Equity = ROE) und Umsatzrentabilität (Return on Sales = ROS) untergliedert, vgl. Corsten, H., Lexikon der Betriebswirtschaftslehre, 2000, S. 839.

Übernahmen gestalten sich heute in den meisten Fällen ohne den Einsatz von Geld als Zahlungsmittel, sondern vielmehr durch Übergabe von Aktien. Durch Ausgabe neuer Aktien sind börsennotierte Aktiengesellschaften in der Lage, gewissermaßen ihr Zahlungsmittel bereitzustellen. Je höher der Börsenwert eines Unternehmens ist, desto gewichtiger ist die Kaufkraft der Aktie, denn deren Anzahl, multipliziert mit dem Börsenkurs, ergibt den Unternehmenswert am Kapitalmarkt. So haben es Aktiengesellschaften in der Hand, jederzeit mithilfe ihrer Aktien, dem neuen „Cybercash“, die Unternehmensgeschicke zu bestimmen. Entscheidend ist ihr jeweiliger Börsenwert: potentieller Übernahmekandidat ist ein unterbewertetes Unternehmen, wer eine höhere Marktbewertung aufweist, kommt als möglicher Käufer in Frage. Die Steigerung des Shareholder Value und eine dahingehende Unternehmensführung bildet insofern die maßgebliche Grundlage für eine weitere Expansion beziehungsweise den Fortbestand der Gesellschaft, während die Gesellschaft in eine potentielle Übernahmeposition manövriert, sofern ein nachhaltig vernachlässigter Unternehmenswert ersichtlich wird. Als Folge ergibt sich aus letzterem vielfach eine grundlegende Umstrukturierung der Gesellschaft bis hin zu seiner Zerschlagung in seine einzelnen Unternehmensteile. Damit verbunden ist zumeist ein Austausch der bisherigen, offenkundig erfolglosen Unternehmensführung.

Nicht zuletzt ist die Idee des Shareholder Value ursprünglich auf jene ausgedehnten Übernahmewellen in den Vereinigten Staaten von Amerika zurückzuführen. Denn ein hoher Shareholder Value, so wurde den Unternehmensführungen gewahr, schirmt nicht nur das Unternehmen maßgeblich vor Übernahmeangriffen seitens anderer Gesellschaften ab, sondern sichert damit gleichsam die eigene Position des Managements innerhalb der Gesellschaft.

In der gegenwärtigen weltwirtschaftlichen Situation hat sich dabei zunehmend abgezeichnet, dass sich das traditionsbehaftete Bild von Unternehmenszusammenschlüssen, nach dem bezogen auf den Bilanzwert die größten Unternehmen der jeweiligen Branche diejenigen waren, von denen Übernahmeaktivitäten ausgegangen sind, einen grundlegenden Wandel vollzogen hat. Branchenübergreifend und weltweit werden die unternehmerischen Verflechtungen neu geordnet.

Unternehmensführungen hatten sich zu vergegenwärtigen, dass während Ende der 1990er Jahre, im Zeitalter der sogenannten „New Economy", der technologiebeherrschten Volkswirtschaft, in dem wirtschaftliche Dynamik mit permanenten, schnelleren und grundlegenderen Veränderungen im Unternehmensbereich einherging, wirtschaftliche Strukturen nicht unverrückbar geworden sind und gleichzeitig sich vielfältige, neuartige Chancen aufgetan haben. Es zeigt sich, welche Bedeutung den Kapitalmarktakteuren, namentlich den Aktionären zukommt, wenn sie Zukunftschancen von Aktiengesellschaften mit Börsenkursen bewerten, und dabei mitunter herkömmliche Bewertungsmaßstäbe durch neuartige Investmentkriterien abgelöst werden, welche wesentlich ausgeprägter die Vision des Unternehmens in seinem Zukunftsmarkt gewichtet.

Durch eine bisweilen rasante Änderungen vollziehende und optimistische Börsenbewertung können diese Unternehmen zuweilen eine Marktmacht erhalten, die sie in eine führende Position im globalen Fusionswettbewerb versetzen. Andererseits kann ein starker Rückgang des Aktienkurses, auch wenn er auf das allgemeine Börsenumfeld und nicht auf fundamentale Unternehmensfakten zurückzuführen ist, eine Gesellschaft in eine Situation bringen, selbst übernommen zu werden. Der eine oder andere Konzern könnte so in naher Zukunft der Vergangenheit angehören, Start-up- und mittelständische Wachstumsunternehmen der Gegenwart dürften in absehbarer Zeit verschiedentlich in größeren Allianzen aufgehen. Etliche Zusammenschlüsse von Unternehmen würden nicht zu realisieren sein, wenn solcherart Geschäfte vornehmlich mit Geld zu bezahlen wären. Da die Eigenständigkeit eines Unternehmens insofern nicht mehr zwingend einen Wert an sich darstellt, ist das Kriterium für Entwicklungen dieser Art weiterhin verstärkt der Börsenwert als einer der wichtigsten Erfolgsfaktoren börsennotierter Aktiengesellschaften in der Zukunft.[94]

94 Vgl. Publikation der 1.000 größten US-Unternehmen, Lieber, R. B., Wealth Creators, Fortune, 1996, S. 61 ff.

3 Der Konflikt zwischen aktionärsorientierter Unternehmensführung und Unternehmensinteresse

Die Auseinandersetzung um den Shareholder Value eröffnet Potential für eine Vielzahl divergierender Auffassungen um die Interessen der maßgeblichen Faktoren des gegenwärtigen Wirtschaftslebens, wodurch man zwangsläufig in den gesellschaftspolitischen Raum hineingelangt. Das Zentrum der gesellschaftspolitischen Auseinandersetzung bildet das Spannungsfeld zwischen Kapital und Arbeit.

Aufgrund der Vorstellung, in der Maximierung des Unternehmenswerts für die Anteilseigner die alleinige Aufgabe der aktionärsorientierten Unternehmensführung und damit zwangsläufig die Vernachlässigung anderer Interessen zu sehen, lassen sich indes auch kritische Stimmen vernehmen. Diese stammen sowohl von Organmitgliedern des Vorstands und Aufsichtsrats[95] börsennotierter Aktiengesellschaften als auch von seiten der Arbeitnehmervertreter.[96] So würde die Umsetzung des Shareholder-Value-Konzepts gegen die in der Deutschen Verfassung manifestierte Sozialbindung des Anteilseigentums verstoßen.[97] Beson-

95 Heinz Dürr beispielsweise, Aufsichtsratsvorsitzender der Deutschen Bahn, warnte in diesem Zusammenhang vor dem „Terror der Ökonomie", in: BM, Internet, http://www.berliner-morgenpost.de/bin/bm/search/suche_archiv.cgi, 02.11.1999.

96 So etwa seitens des IG-Metall-Vorsitzenden Klaus Zwickel, in: o. V., „Gradmesser für den Erfolg ist der Börsenkurs", Süddeutsche Zeitung, 1996, S. 17, in: Bühner, R.; Tuschke, A., Zur Kritik am Shareholder Value, BFuP, 1997, S. 500.

97 Vgl. hierzu die unzutreffende Stellungnahme von Riester, W., Wirtschaftswoche, 1996, S. 88; Zur Argumentation der verfassungsrechtlichen Sozialpflichtigkeit des Eigentums nach Art. 14 Abs. 2 GG vgl. z. B. Raiser, T., Recht der Kapitalgesellschaften, 1992, S. 90: „Da § 76 AktG 1965 die Formel nicht wiederholt, ist umstritten, ob sie wenigstens dem Sinn nach fortgilt. Jedenfalls unterliegt das Unternehmen aber der verbandsrechtlichen Sozialbindung (Art. 2, 12, 14, 20 GG)."; Kübler, F., Gesellschaftsrecht, 1998, S. 82; Mülbert, P. O., Shareholder Value, ZGR, 1997, S. 147; Schilling, W. U., Shareholder Value, BB, 1997, S. 380.

deres Konfliktpotential entstehe dadurch, dass vermeintliche Erscheinungen von Missmanagement, beispielsweise erkennbar an im Unternehmen vorgenommenen Massenentlassungen, von den Kapitalmarktakteuren sogar mit höheren Aktienkursen gewürdigt würden.[98]

Da diese Reaktionen auf die neuen kapitalmarktorientierten Anpassungen in den Unternehmensverlautbarungen großteils aus einer allgemein gesellschaftlichen, überwiegend nicht-ökonomischen Position hervorgehen[99] und insbesondere im deutschsprachigen Raum häufig von leichtfertig polarisierenden Termini geprägt werden, scheint es erforderlich, die Aspekte dieses Interessenkonflikts sowie die Kritik an der Wertschätzung der Anteilseigner auf ihre Begründetheit hin zu durchleuchten.

3.1 Die Residualrechte der Anspruchsgruppen nach dem Stakeholder-Konzept

Charakteristisch für weite Teile der finanzwirtschaftlichen Literatur ist die Annahme der kapitalgeleiteten Unternehmung. Basierend auf den unternehmenstheoretischen Erkenntnissen von *Coase*, wonach hierarchische Strukturen als (transaktions-) kostengünstigeres Substitut für Kooperationen über den Markt angesehen werden,[100] wird auf das der „klassischen kapitalistischen Unterneh-

---

98 So reklamiert beispielsweise der seinerzeitige Siemens-Aufsichtsratsvorsitzende, Hermann Franz, das in der Öffentlichkeit oft beklagte Verhältnis von Arbeitslosigkeit und Aktienkursentwicklungen, vgl. Franz, H., „Das ist pervers", manager magazin, 1996, S. 84.

99 Zu den von der Rechtswissenschaft entwickelten Begriff des „Unternehmensinteresses" siehe Kapitel 3.2 Die Wahrung der Stakeholder-Interessen durch die Leitidee des „Handelns im Unternehmensinteresse", S. 83.

100 Coase, R. H., 1937, The Nature of Firm, in: Economica, NS 4, S. 386-405, in: Speckbacher, G., Shareholder Value und Stakeholder Ansatz, DBW, 1997, S. 633.

mung“ zugrundeliegende Prinzip der Einheit von Risiko, Kontrolle und Gewinn verwiesen. Dieser auf *Alchian/Demsetz* zurückgehende Ansatz unterstellt, dass bis auf die vom Unternehmenserfolg abhängigen Residualzahlungen an die Eigentümer alle Zahlungen vertraglich genau fixiert sind.[101] Als Residualeinkommensbezieher erhalten die Eigentümer schwankende und unsichere Rückflüsse aus ihren Investitionen und tragen somit das volle unternehmerische Risiko. Aus der Perspektive der Unternehmensfinanzierung besteht insofern weitgehende Einigkeit darüber, dass der Anspruch auf die residualen Überschüsse alleinig den Eigenkapitalgebern zusteht,[102] welche *Steinitzer* daher bereits 1908 als die „*direkten* Unternehmensinteressenten“ bezeichnete[103].

Nach dieser Betrachtungsweise ist dem Shareholder-Value-Konzept der sogenannte Stakeholder-Ansatz vorziehen, bei dem die größte Aufmerksamkeit unternehmenspolitischer Entscheidungen den Interessen aller Bezugsgruppen der Aktiengesellschaft, der sogenannten Stakeholders, zu gelten hat.[104]

Hinsichtlich der genauen Abgrenzung des Stakeholderbegriffs besteht weitgehende Uneinigkeit. Grundsätzlich unterscheiden sich die verschiedenen Definitionen in dem Merkmal der Betroffenheit der Unternehmung von den Stakeholders oder die Betroffenheit der Stakeholders von den Unternehmensaktivitäten.[105] *Freeman* beispielsweise bezeichnet die Stakeholders als „. . . those groups without whose support the organization would cease to exist“ und beschränkt so

---

[101] Vgl. Speckbacher, G., Shareholder Value und Stakeholder Ansatz, DBW, 1997, S. 633.
[102] Vgl. Franke, G.; Hax, H., Finanzwirtschaft des Unternehmens und Kapitalmarkt, 1999, S. 2 ff.
[103] Vgl. Steinitzer, E., Ökonomische Theorie der Aktiengesellschaft, Leipzig, 1908, S. 52, in: Bühner, R.; Tuschke, A., Zur Kritik am Shareholder Value, BFuP, 1997, S. 501.
[104] Siehe Kelly, G.; Kelly, D.; Gamble, A., Stakeholder Capitalism, 1997, S. 23.
[105] Göbel, E., Der Stakeholderansatz, Zeitschrift für Planung, 1995, S. 59.

den Kreis der Stakeholders auf die aus Sicht der Unternehmung überlebenswichtigen Gruppen, zu denen Kunden, Lieferanten, Kapitalgeber und Mitarbeiter zu zählen sind.

In einer deutlich weiter gefassten Definition wird nicht die unterstützende Rolle der Stakeholders unterstellt, sondern nur allgemein eine Einflussnahme auf die Unternehmung, wie sie etwa Wettbewerber, Medien, Gewerkschaften, Standortgemeinschaften und staatliche Stellen ausüben können. Exemplarisch dargestellt wird das Umsystem eines Unternehmens in Abbildung 5. Am weitesten abgegrenzt wird der Begriff unter Zugrundelegung der Annahme, dass als Stakeholders auch jene Personengruppen angesehen werden, die ihrerseits von der Unternehmenstätigkeit tangiert werden, ohne dass für diese Gruppen eine faktische Einflussmöglichkeit bestehen muss.[106] Es kann demnach unterschieden werden zwischen primären Stakeholders, die aufgrund von formalen vertraglichen Beziehungen einen direkten, faktischen, ökonomischen Einfluss auf die Unternehmung und somit eindeutig eine Relevanz besitzen und sekundären Stakeholders, die nur einen indirekten, geringen oder sogar nur potentiellen Einfluss haben.[107] Nach einer anderen Abgrenzung differenziert man interne und externe Stakeholders; interne Stakeholders sind vor allem das Management und

---

[106] Die von Freeman vorgenommene Definition, „A stakeholder in an organization is (by definition) any group or individual who can affect or is affected by the achievement of the organizations objectives", umfasst somit beispielsweise auch von Abgasen einer Fabrik belästigte Anlieger oder ähnliche durch sogenannte negative externe Effekte betroffene Gruppen, vgl. Freeman, Edward R., Strategic Management, A Stakeholder Approach, 1984, S. 46; ähnlich auch in: Marsh, J., A Stake in Tomorrow, 1998, S. 27; demgegenüber betont Semler, im Gegensatz zu Anteilseignern, Mitarbeitern und Führungsorganen, welche Interessen *im* Unternehmen haben, kann die Allgemeinheit nur *am* Unternehmen interessiert sein; das Unternehmensinteresse ist insofern nicht ein Interesse der Allgemeinheit, vgl. Semler, J., Leitung und Überwachung, 1996, S. 36.

[107] Vgl. Savage, Grant T.; Nix, Timothy W.; Whiteland, Carlton J.; Blair, J. D., Strategies for Assessing and Managing Organizational Stakeholders, in: Academy of Management: The Executive, 1991, S. 62, in: Göbel, E., Der Stakeholderansatz, Zeitschrift für Planung, 1995, S. 60.

die Mitarbeiter, als externe Stakeholders werden sämtliche Gruppen des (institutionellen) Umfelds des Unternehmens verstanden.[108]

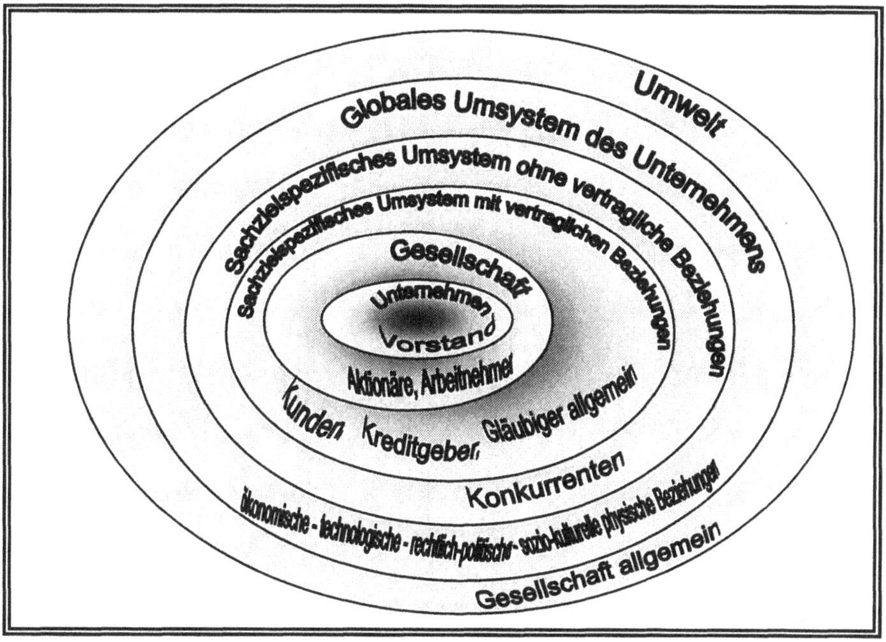

Abbildung 5: Das Umsystem des Unternehmens

Umwelt und Umweltbeziehungen würden somit für eine Unternehmung von großer Bedeutung sein, woraus sich die Erkenntnis ableiten ließe, dass die Sichtweise von Unternehmungen als interessenmonistische beziehungsweise interessendua-

108 Die Identifikation der unterschiedlichen Anspruchsgruppen soll mit Hilfe der „Stakeholder Analysis“ beziehungsweise des „Stakeholder-Scanning“ erzielt werden. Hierzu werden die Stakeholdergruppen hinsichtlich ihrer Interessen und des von ihnen jeweils eingegangen Risikos sowie ihrer Macht

listische Gebilde überkommen sei.[109] In der Literatur und Praxis besteht verbreiteter Konsens über den Interessenpluralismus in der Unternehmung, welche als Ort konfligierender Interessen aufzufassen ist, in der unterschiedliche Anspruchsgruppen permanent um die Zielsetzung und Zielerreichung konkurrieren.[110]

Der Grundgedanke des Stakeholder-Konzepts besteht mithin darin, dass eine Unternehmung durch eine Vielzahl von internen und externen Anspruchsgruppen konstituiert werde, die an die Unternehmung unterschiedliche Interessen herantragen. Zur Erreichung der Ziele und Durchsetzung der Strategien ist die Unternehmung beziehungsweise das Management auf die Beiträge der Stakeholders angewiesen, die ihrerseits für die Bereitstellung ihrer Ressourcen Gegenleistungen beanspruchen.[111] Dieser Denkansatz begründet sich in der Annahme der unvollständigen Spezifikation der Vertragsbeziehungen aller beteiligten Gruppen. Während es als eindeutig vertraglich geregelt angenommen werden dürfe, dass alle residualen Risiken und Rechte ausschließlich den Eigentümern zufallen, sei lediglich ein Teil der Ansprüche der anderen Stakeholder-Gruppen explizit kontraktbestimmt, wesentliche Teile seien aber typischerweise implizierter Natur.[112] Im Gegensatz zu dem finanziellen Risiko der Anteilseigner sei das Risiko nicht erfüllter

---

charakterisiert und ihre jeweilige Relevanz abgeschätzt, vgl. zum Beispiel Welge, M. K.; Al-Laham, A., Planung, 1992, S. 51 ff.

109 Donaldson/Preston führen hierzu beispielsweise aus: „The idea that corporations have stakeholders has now become commonplace in the management literature, both academic and professional“, Donaldson, T.; Preston, L. E., The Stakeholder Theory of the Corporation, in: The A. Man. Rev., 1995, S. 65; siehe als moralphilosophischen Beitrag zur „Ethik der Geschäftswelt“ in der Debatte zum Thema „Shareholder Value“, Sondak, H., Unternehmensführung als moralische Herausforderung, Internet, http://www.nzz.ch/online/02_dossiers/shareholder/share280996.htm, 03.01.2000.

110 Vgl. Schmid, S., Shareholder-Orientierung, 1996, S. 6.

111 Vgl. Hill, W., Der Shareholder Value, Die Unternehmung, 1996, S. 415.

112 So basiert beispielsweise ein Arbeitsverhältnis zum einen auf einem expliziten Arbeitsvertrag, zum anderen aber auch auf impliziten Zusagen, etwa zur Arbeitsplatzsicherheit oder zu Weiterbildungsmöglichkeiten, vgl. zu Arbeiten zur Theorie der Unternehmung Hart, O., Firms, 1996, S. 73 ff.

implizierter Forderungen jener Stakeholders kaum diversifizierbar.[113] Da die Durchsetzbarkeit und damit der Wert dieser impliziten Ansprüche aus Sicht dieser Stakeholders erfahrungsgemäß erheblich von der Finanzkraft der Unternehmung abhingen,[114] wäre offenkundig, dass neben den Eigentümern auch die anderen Stakeholders insofern ein residuales Risiko tragen würden, als sie implizite Ansprüche besäßen. Hieraus ließe sich die zentrale Aufgabe des Managements ableiten, die unterschiedlichen Interessen miteinander zu vereinen beziehungsweise zum Ausgleich zu bringen.[115]

Die Kritik der Vertreter des Stakeholder-Value-Ansatzes richtet sich gegen die dem Shareholder-Value-Konzept vermeintlich inhärente einseitige Zielausrichtung. Während in der ausschließlichen Ausrichtung auf die Maximierung des Aktionärsvermögens als eine „neue Denkrichtung"[116] das oberste Ziel der Unternehmung gesehen werde, ist gemäß des Stakeholder-Ansatzes a priori kein Ziel über ein anderes Ziel zu stellen. Anteilseigner werden danach als eine von vielen Anspruchsgruppen am Unternehmen angesehen, die mit ihrer Forderung nach verstärkter Berücksichtigung der Eigentümerinteressen ein „Diktat der Wertstei-

---

113 So würde sich das Risiko impliziter Forderungen aus dem jeweiligen Grad der Abhängigkeit der betreffenden Gruppe vom Unternehmen ergeben; beispielsweise könnten Investitionen, die von Mitarbeitern in ihre Weiterbildung zum Aufbau firmenspezifischen Humankapitals getätigt wurden, bei vorzeitiger Entlassung oder Konkurs des Unternehmens ihren Wert verlieren, Vgl. Blair, M. M., Wealth Creation, 1996, S. 18 ff; dem kann entgegengesetzt werden, dass Vertragsbeziehungen zwischen dem Unternehmen und seinen Anspruchsgruppen langfristig nur dann zustande kommen, wenn die jeweiligen Risiken kompensiert werden. Mitarbeiter werden demnach nur solange in firmenspezifisches Humankapital investieren, wie eventuelle Wertverluste etwa durch eine entsprechende Vergütung ausgeglichen werden, vgl. Organization for Economic Co-Operation and Development/OECD (Hrsg.), Economic Surveys, 1995-1996, 1996, S. 147 f., in: Bühner, R.; Tuschke, A., Zur Kritik am Shareholder Value, BFuP, 1997, S. 502.

114 Vgl. Cornell, B.; Shapiro, A. C., Corporate Stakeholders and Corporate Finance, in: Financial Management, 1987, S. 5-14, in: Speckbacher, G., Shareholder Value und Stakeholder Ansatz, DBW, 1997, S. 634.

115 Vgl. beispielsweise Dyllick, T., Anspruchsgruppen-Konzept, io-Management-Zeitschrift, 1984, S. 74 ff.

gerung [. . .] über das Interesse des Arbeitnehmers, der Umwelt und der Gesellschaft ausüben", so der IG-Metall-Vorsitzende *Klaus Zwickel*[117]. Unter Ablehnung dieser Privilegierung werden insbesondere Großunternehmen infolge ihrer Wirkungen auf das weitere soziale und ökologische Umfeld als quasi-öffentliche Institutionen wahrgenommen und die soziale Verantwortung des Unternehmens in den Vordergrund gestellt. Das Aktionärsinteresse stelle somit nur eines von vielen in der Unternehmung vorherrschenden und um Durchsetzung ringenden Interessen dar[118]. Mit der Ausrichtung am Shareholder-Value-Konzept würden Unternehmensentscheidungen indes nur einseitig nach ihrem Wert für die Anteilseigner und nicht nach ihrem Wert für alle anderen Anspruchsgruppen bewertet und so strategisches Management auf die Ziele einer einzigen Anspruchsgruppe reduziert werden.[119]

---

116 Vgl. Spremann, K., Investition und Finanzierung, 1996, S. 459.

117 Zitat des IG-Metall-Vorsitzenden Klaus Zwickel in: o. V., „Börsenkurs", in: Süddeutsche Zeitung, 1996, S. 17.

118 Siehe etwa zur Vereinbarkeit von Ökologie und Ökonomie beziehungsweise Shareholder Value und Umweltschutz als Wirtschaftsfaktor, vgl. o. V., Moderne Formel, manager-magazin, Internet, http://www.managermagazin.de/magazin/artikel/fs/0,1153,35444,00.html, 25.09.1999; der Einfluss von betrieblichen Umweltschutzmaßnahmen auf die sogenannten Werttreiber des Shareholder Value wird analysiert von Figge, F.; Schaltegger, S., Shareholder value durch Umweltschutz?, NZZ Online Dossiers, Internet, http://www.nzz.ch/online/02_dossiers/shareholder/share970711figge.htm, 02.10.1999; zur Durchführung einer sogenannten „Environmental Shareholder Value Analysis (ESVA)", der Darstellung von Nutzenpotentialen umweltbezogenen Verhaltens im Rahmen des Wertsteigerungsnetzwerks siehe Wipfli, C.; Hauser, M., Shareholder Value durch umweltbewusstes Verhalten, Der Schweizer Treuhänder, 1998, S. 1389-1394.

119 Vgl. Day, G. S.; Fahey, L., Shareholder Value Analysis, Harv. Bus. Rev., 1990, S. 156 ff.

3.2 Die Wahrung der Stakeholder-Interessen durch die Leitidee des „Handelns im Unternehmensinteresse“

3.2.1 Konzept der „Unternehmenskoalition“

Der zur Relativierung der Interessen der Kapitalgeber entwickelte Stakeholder-Ansatz findet in der Betriebswirtschaftslehre seine theoretische Fundierung in dem „Koalitionsansatz“, der in der Rechtswissenschaft mit der Zielnorm des „Unternehmensinteresses“ korrespondiert. Nach dem Verständnis dieser Argumentationsfiguren steht die langfristige Bestandserhaltung des Unternehmens unter Berücksichtigung der Interessen der Vertragspartner im Mittelpunkt. Beim Koalitionsansatz wird darüber hinausgehend eine Interpretation des Betriebs als gesellschaftliche Institution und die sich daraus ergebenden Konsequenzen für sein Zielsystem und für die Rolle des Managements[120] zugrunde gelegt, wodurch die Interessen „systeminterner“ als auch „systemexterner“ Koalitionspartner berücksichtigt werden sollen.[121] Folglich wären Vorstand und Aufsichtsrat in ihrem Entscheidungsermessen insofern begrenzt, als sie auf das Unternehmensinteresse statt auf das Formalziel Gewinnmaximierung verpflichtet seien.[122] Das Unternehmensinteresse als unbestimmter Rechtsbegriff soll dementsprechend anhand einer normativen Bewertung und Abwägung der Interessen aller am Unterneh-

---

120 Marr, R., Betrieb und Umwelt, in: Bitz, M., Vahlens Kompendium der Betriebswirtschaftslehre, 1993, S. 87.

121 Marr, R., Betrieb und Umwelt, in: Bitz, M., Vahlens Kompendium der Betriebswirtschaftslehre, 1993, S. 87.

122 Vgl. Paefgen, W., Aufsichtsratsverfassung der mitbestimmten AG, 1982, S. 87 f., mit kritischem Bezug auf die Überlegungen von Großmann, A., Unternehmensziele, 1980, S. 61, 257 ff.

men im weitesten Sinne Beteiligten ermittelt werden,[123] wobei sich aus dem Aktiengesetz nach juristischer Auffassung keine vorgegebene Hierarchie der Interessenabwägung ableiten lässt.[124]

3.2.2 Zielnorm: Unternehmensinteresse

3.2.2.1 Die Idee des „Unternehmens an sich"

Das in den 1920er Jahren von der Betriebswirtschaftslehre etablierte Konstrukt des „Unternehmens an sich" stand in der Folgezeit als Synonym für das „Gesellschaftsinteresse" beziehungsweise das „Unternehmensinteresse" und damit im Einklang mit der in der Rechtswissenschaft üblichen Sicht vom „Gebilde Betrieb", welches gegen alle Angriffe der Kapitaleigner zu verteidigen sei.[125] So leitete sich aus dem Grundsatz, „dass das Wohl des Unternehmens in allen Konfliktfällen entscheidend sein muss"[126], die Überzeugung ab, den Gewinn in erster Linie dem Unternehmen selbst, nicht den Aktionären zukommen zu lassen. In welcher Weise die Erkenntnis, dass Gewinnstreben entehrend sei und der Betrieb einzig seine gemeinwirtschaftliche Produktivität unter Beweis zu stellen habe[127], in der

---

[123] Siehe Rechtsprechung des BGH, Urteil vom 5. Juni 1975 – ZR 156/73, BGHZ 64, 1975, S. 325, 330; Müller, W., Verwaltung einer Aktiengesellschaft, in: Bierich, M.; Hommelhoff, P.; Kropff, B., Unternehmen und Unternehmensführung, 1993, S. 213.

[124] Müller, W., Verwaltung einer Aktiengesellschaft, in: Bierich, M.; Hommelhoff, P.; Kropff, B., Unternehmen und Unternehmensführung, 1993, S. 212; einen Versuch einer rechtsnormverträglichen Präzisierung von Zielsystemen zur differenzierten Interessenberücksichtigung unternimmt v. Werder, A., Shareholder Value-Ansatz, ZGR, 1998, S. 77-79.

[125] Vgl. insbesondere Riechers, A., Das ›Unternehmen an sich‹, 1996, S. 23.

[126] Netter, O., Interessenkollision im Aufsichtsrat, Zentralblatt für Handelsrecht, 1932, S. 136 ff., in: Riechers, A., Das ›Unternehmen an sich‹, 1996, S. 73.

[127] Siehe Kommentar von Preiser, E., 1930, Privatwirtschaftslehre, Rezension von: Rieger, W., Einführung in die Privatwirtschaftslehre, 1928, Archiv für Sozialwissenschaft und Sozialpolitik 1930, S. 393-400, in: Preiser, E., Politische Ökonomie im 20. Jahrhundert, 1970, S. 85-93, S. 88, in: Wagner, F. W., Shareholder Value, BFuP, 1997, S. 484.

damaligen Nationalökonomie Unterstützung fand, kommt in dem von *Keynes* geprägten Begriff der „Selbstsozialisierung von Großunternehmen" zum Ausdruck[128]. Im Gleichklang proklamierten namhafte Vertreter der Rechtswissenschaft seinerzeit „die Einschränkung des kapitalmäßigen Einflusses zugunsten des Unternehmens".[129] Begründer dieser Denkrichtung ist *Walther Rathenau*, der die Großunternehmung seinerzeit überhaupt nicht mehr lediglich als ein Gebilde privatrechtlicher Interessen ansah, sondern vielmehr als ein der Gesamtheit angehöriger Faktor, der zwar noch die privatwirtschaftlichen Züge des reinen Erwerbsunternehmens tragen würde, während er längst öffentlichen Interessen dienstbar geworden wäre und hierdurch sich ein neues Daseinsrecht geschaffen hätte[130].

Regelmäßig hervorgehoben wurde die Bindung der Aktiengesellschaft an das gemeine Wohl und die Anerkennung eines Eigenwerts des Unternehmens unter dem Blickwinkel der Stärkung der Verwaltung, da sie Trägerin des Eigeninteresses des Unternehmens sei[131]. Diese Betrachtungsweise wird mit dem Versuch in Verbindung gebracht, die Verwaltung[132] der Aktiengesellschaft in ihrer

---

[128] Keynes, J. M., 1933, Nationale Genügsamkeit, S. 565, Schmollers Jahrbuch, S. 561-570, in: Wagner, F. W., Shareholder Value, BFuP, 1997, S. 485.

[129] Netter, O., Probleme des lebenden Aktienrechts, 1929, S. 59, in: Wagner, F. W., Shareholder Value, BFuP, 1997, S. 486.

[130] Rathenau, W., Vom Aktienwesen, 1917, S. 38 f., in: Riechers, A., Das ›Unternehmen an sich‹, 1996, S. 9.

[131] Mestmäcker, E.-J., Rechte der Aktionäre, 1958, S. 13 f.; Netter argumentiert, dass „nicht das Kapital, die Persönlichkeit entscheidet die wirkliche Lebensgestaltung des Organismus der Aktiengesellschaft . . ." und somit die Verwaltung letztlich das Interesse des Unternehmens konkretisiert, vgl. Netter, Oskar, Probleme des lebenden Aktienrechts, 1929, S. 58, in: Riechers, A., Das ›Unternehmen an sich‹, 1996, S. 69.

[132] Verwaltung wird als übergeordnete Bezeichnung für das Leitungsorgan der Gesellschaft verwendet. Diese Funktion oblag zwar grundsätzlich nach § 231 HGB von 1897 dem Vorstand, während dem Aufsichtsrat nach § 246 Abs. 1 S. 2 HGB die Überwachung dessen Tätigkeit zukam. Nach § 246 Abs. 3 HGB jedoch war die Delegation von Geschäftsführungsaufgaben an den Aufsichtsrat mög-

Verantwortung gegenüber den Aktionären und der Hauptversammlung zu lösen, um der Zurückdrängung des Einflusses und der Ansprüche der Aktionäre zu dienen[133].

3.2.2.2 Fortgeltung des § 70 Abs. 1 AktG 1937?

Diese Ideenwelt der Aktiengesellschaft, die mit ihrer großen Distanz zu der Vorstellung des Shareholder Value in den Dreißiger Jahren des Zwanzigsten Jahrhunderts ihren Höhepunkt erreicht haben dürfte, nahm großen Einfluss auf das Aktiengesetz 1937. Seitens der Kapitalgeber der Aktiengesellschaft wurden erstmals in den 1960er-Jahren die ersten Versuche unternommen, sich an der Diskussion der Zielproblematik der Unternehmung zu beteiligen. Tatsächlich scheint jenes untergeordnete Interesse des Gesetzgebers an der Erhaltung der Funktionsmechanismen der marktwirtschaftlichen Ordnung eine lange Tradition zu haben, dessen Fortbestand bis in die Ausgestaltung des heutigen Gesellschaftsrechts festzustellen ist. Dies wird umso deutlicher, als dass in der vielschichtigen, interessenpolitisch geprägten Diskussion der Begriff des Unternehmensinteresses bis zur Gegenwart aufgegriffen wurde, um einerseits wirtschaftli-

---

lich, wodurch dieser zu einem verwaltenden Aufsichtsrat wurde, siehe Schmulewitz, M., Verwaltungsaktie, 1927, S. 1.

133 Dies belegt die Auffassung von Schreiber, der in dem Konflikt zwischen Aktionär und Verwaltung drohende Gefahren für das Unternehmen erkannte und deshalb verständlicherweise die „leitenden Persönlichkeiten [. . .] nicht mehr in erster Linie ihr Interesse auf die Verteilung eines möglichst hohen Gewinns an die Aktionäre zu richten [haben][. . .]", vgl. Schreiber, Otto, Kapital und Persönlichkeit im Aktienrecht, Zentralblatt für Handelsrecht, 1926, S. 267 ff., in: Riechers, A., Das ›Unternehmen an sich‹, 1996, S. 89; gleichsam fragwürdig erscheint Klein, seinerzeit österreichischer Justizminister, mit seinem Hinweis auf die dominierende Funktion des Vorstands, der im Dasein der Aktiengesellschaft das wichtigste Organ, in „Wahrheit schlechthin die Gesellschaft selbst" sei, Klein, Franz, Die neueren Entwicklungen in Verfassung und Recht der Aktiengesellschaft, 1904, S. 32, in: Laux, F., Die Lehre vom Unternehmen an sich, 1998, S. 35; Kübler, F., Gesellschaftsrecht, 1998, S. 164 f.; zu den zeitgenössischen Kritikern siehe etwa Passow, R., Strukturwandel der Aktiengesellschaft, 1930, S. 3.

che Strömungen aufzuzeigen und zugleich auch als zentrale Kategorie zur Lösung aktienrechtlicher Interessenkonflikte zu dienen. Die Versuche, das „Unternehmen an sich“ im Rahmen einer systemtheoretischen Erklärung des Beziehungsgeflechts Unternehmen-Aktiengesellschaft-Aktionär fruchtbar zu machen, abstrahieren jedoch nahezu vollständig von ihrer Diskussion in der Weimarer Republik.

Aus gesellschaftsrechtlicher Sicht besteht die Wahrung des Unternehmensinteresses in der krisenfesten Sicherung der Unternehmenssubstanz. Zur Begründung eines Unternehmensinteresses wird auf die implizite Fortgeltung der Richtlinienbestimmung des § 70 Abs. 1 AktG 1937[134] verwiesen, die dem Vorstand aufgab, die Gesellschaft so zu leiten, „wie das Wohl des Betriebs und seiner Gefolgschaft und der gemeine Nutzen von Volk und Reich es fordern.“ Zur Begründung wird dabei hauptsächlich argumentiert, dass diese Weiterleitung aus der Entstehungsgeschichte des § 76 Abs. 1 AktG 1965 resultiert, da diese Norm nach der Regierungsbegründung trotz des Verzichts einer solchen expliziten Festlegung in der Aktienrechtsnovelle von 1965 dem bisherigen Recht entspreche.[135] Zugleich ist der Regierungsbegründung zur Gewinnverwendung nach § 58 AktG 1965 zu entnehmen, dass zur „Wahrung übergeordneter wirtschafts- und gesellschaftspolitischer Ziele“ eine Begrenzung der Entnahmerechte von Aktionären vorgesehen werden müsse, da jedes „Unternehmen einen Teil seines Gewinns einbehalten muss, um seinen Bestand und seine Stellung am Markt zu erhalten“[136]. Unterstützung konnte diese „Substanzerhaltungsphilosophie“ in den Bilanztheorien finden, deren ausschließliche Zielsetzung darin bestand, den Aus-

---

[134] Vgl. Kübler, F., Gesellschaftsrecht, 1998, S. 164 f.
[135] Vgl. Mülbert, P. O., Shareholder Value, ZGR, 1997, S. 147.
[136] Vgl. Wagner, F. W., Shareholder Value, BFuP, 1997, S. 492.

schüttungsinteressen der Anteilseigner wissenschaftlich begründet entgegenzutreten. Mit dem Verweis auf die vorgeblich gemeinwirtschaftlichen Zwecken dienende Erhaltung des Kapitals im Verfügungsbereich des Betriebs sollte den vielfältig entwickelten Ausschüttungssperrvorschriften Plausibilität verleihen werden[137].

Gleichwohl kam der Gesetzgeber zur der Auffassung, dass eine mit Gewinnerzielungsabsicht tätige Gesellschaft bei ihrem unternehmerischen Tun nur denjenigen Bindungen unterliegt, die aus dem einfachen Gesetzesrecht sowie dem Verfassungsrecht folgen. Für die Frage nach den Zielvorgaben für das Leitungsverhalten des Vorstands und des Aufsichtsrats ist dies von maßgeblicher Bedeutung[138]. Nachdem die Gesellschaft über die Beachtung des geltenden Rechts hinausgehend an keine zusätzlichen Vorgaben gebunden ist und folglich auch der von Vorstand und Aufsichtsrat verantwortete Bereich der unternehmerischen Tätigkeit dieser Regelung unterliegt, erscheint es mithin widersprüchlich, Vorstand und Aufsichtsrat bei ihrer Tätigkeit sich dessenungeachtet an der Zielnorm des § 70 Abs. 1 AktG 1937 orientieren zu lassen.[139]

Ferner verliert die Frage nach dem entstehungsgeschichtlichen Ursprung des Unternehmensinteresses ihre Relevanz vor dem Hintergrund der Reform des Umwandlungsrechts (UmwG) im Jahr 1994. Aus der in den Regelungen des neuen UmwG zum Ausdruck gebrachten gesetzgeberischen Wertung lässt sich anhand der in den §§ 190 ff. UmwG und insbesondere den §§ 194 Nr. 7, 226 UmwG schlussfolgern, dass der Aktiengesetzgeber die Bestimmung eines Un-

---

137 Vgl. etwa Coenenberg, A. G., Jahresabschluß und Jahresabschlußanalyse, 1997, S. 749 ff.
138 Siehe hierzu Kapitel 6.4.1 Aktienrechtliche Fixierung des Unternehmensziels, S. 169.

ternehmensinteresses im Sinne eines aktienspezifischen Unternehmensziels nicht intendiert hat.[140] Schließlich hat aus betriebswirtschaftlicher Sicht die Aktiengesellschaft ihre Existenz lediglich der Tatsache zu verdanken, dass die Kapitalanlageform in Aktien gegenüber anderen, weniger ertragreichen Anlageformen aus ökonomischer Perspektive präferiert wird. Daraus lässt sich resümieren, dass die Aktiengesellschaft aufzulösen ist, sowie die Gesamtheit der Aktionäre zu der Überzeugung kommt, dass ihre Investition in ein alternatives Investmentinstrument eine höhere Rentabilität erwarten lässt. Für die einzelnen Aktionäre einer Publikumsaktiengesellschaft würde dann hieraus die Entscheidung resultieren, ihre Aktien zu verkaufen. Gelangt man zu dieser Schlussfolgerung, so ist offenkundig kaum Raum für Überlegungen hinsichtlich der Eigeninteressen des Unternehmens[141].

3.3 Werthaltigkeit des Stakeholder-Konzepts

3.3.1 Willkürgeprägtes Vorstandshandeln aufgrund unbestimmter Zielvorgabe

Der Forderung nach einer gleichgewichteten Interessenwürdigung sämtlicher Anspruchsgruppen im Sinne des Stakeholder-Ansatzes lässt sich eine Reihe von Kritikpunkten entgegensetzen. Die größte Schwierigkeit bereitet dem Konzept die Konkretisierung einer eindeutigen Zielgröße. Problematisch ist etwa die Abgrenzung der „Koalitionspartner". Ebenso konnte trotz der intensiven rechtswissenschaftlichen Auseinandersetzung in der Literatur die terminologische Unbestimmtheit des „Interessenbegriffs" nicht beseitigt werden.

---

[139] Vgl. Mülbert, P. O., Shareholder Value, ZGR, 1997, S. 148.

Weitgehend ungeklärt bleibt auch die inhaltliche Unbestimmtheit der Interessenträger und ihrer Interessen[142], also die Frage, wessen Interessen handlungsrelevant und welche Interessen berechtigt sind.[143] Sofern das Management die Maßgabe ernst nehmen würde, neben den Kapitaleignern in gleicher Weise auch die Interessen der Mitarbeiter und aller vom Unternehmen abhängigen Menschen zu berücksichtigten[144], wäre jedwede Geringachtung eines von den Managementhandlungen „Betroffenen" nicht zu rechtfertigen. Andererseits dürften sich gerade wegen der Unbestimmtheit eines Abgrenzungskriteriums des Unternehmensinteresses für die Mitglieder des Managements kaum mehr Nachteile durch die Unterscheidung ihrer zulässigen von nicht zulässigen Handlungen ergeben. Wenn nämlich durchweg sämtliche Koalitionspartner in die manageriale Entscheidungsfindung einzubeziehen sind, ist es grundsätzlich bedeutungslos, welcher Koalitionsteilnehmer im Verhältnis zu einem anderen Vor- oder Nachteile erlangt, da einzig die Maxime gilt, den Stakeholder Value größtmöglich zu steigern.[145] Die irrtümliche Auffassung seitens juristischer Fachvertreter, nach der es sich bei der Wahrung des Unternehmensinteresses im Gegensatz zum

---

140 Vgl. Mülbert, P. O., Shareholder Value, ZGR, 1997, S. 148 f.

141 Kessler, M. H., Kompetenzkonflikte in einer Aktiengesellschaft, AG, 1993, S. 254.

142 Leisinger, K. M., Unternehmensethik, 1997, S. 97, charakterisiert verallgemeinernd Stakeholder gar als eine Art Überbegriff für das gesellschaftliche Umfeld, während das Wort *constituencies* im Zusammenhang mit konkreten Interessengruppen zu gebrauchen sei; daneben haben bereits Eckardt, U.; Geßler, E.; Hefermehl, W.; Kropff, B., Aktiengesetz, 1984, S. 24, klargestellt, dass der in diesem Zusammenhang regelmäßig verwendete Begriff „Gemeinwohl" keinen sicheren Maßstab für die Geschäftsführungsmaßnahmen bietet; insofern hat § 2 Abs. 1 BetrVG 1972 wegen ihres unklaren Aussagewerts und ihrer Überflüssigkeit die in § 49 Abs. 1 BetrVG 1952 für die Zusammenarbeit von Arbeitgeber und Betriebsrat vorgesehene Gemeinwohlklausel nicht übernommen.

143 Vgl. Wagner, F. W., Shareholder Value, BFuP, 1997, S. 488; vgl. dagegen zu Überlegungen zur Stakeholder-Theorie Jones, T. M.; Wicks, A. C., Convergent Stakeholder Theory, A. Man. Rev., 1999, S. 206 ff.; gegenüber der Existenz einer konvergenten Stakeholder-Theorie jedoch skeptisch Dennis, A. G., Stakeholder Theorizing, A. Man. Rev., 1999, S. 228 ff.

144 So die Auffassung des Siemens-Aufsichtsratsvorsitzenden Franz, H., manager magazin, 1996, S. 84.

145 Vgl. Spremann, K.; Zur, E. (Hrsg.), Controlling, 1992, S. 365.

„schillernden Begriff der Rentabilität“[146] um eine „betriebswirtschaftliche (und juristisch) operationale Größe“[147] handelt, führt letztlich dazu, „den unkontrollierbaren Gestaltungsspielraum von Vorstand und Aufsichtsrat zu erweitern“[148].

Wenn auch traditionelle Kriterien, allen voran Umsatz, Gewinn und Marktanteil, vielfach als präzise Gradmesser des Unternehmenserfolgs gelten, so trennt doch die „Spreu vom Weizen“[149] erst, wer den plausibelsten Qualitätsmaßstab der modernen Unternehmensführung anlegt: das Entstehen von Shareholder Value[150]. Schwerlich nachvollziehbar ist insbesondere wie eine „Existenzsicherung des Unternehmens“ durch wirtschaftliche Maßausdrücke kontrolliert werden kann, sofern man für die Messung der Zielrealisation nicht völlige Beliebigkeit walten lassen will.[151]

---

146 Wagner, F. W., Ausschüttungskompetenzen, ZGR, 1988, S. 210.

147 Wagner, F. W., Ausschüttungskompetenzen, ZGR, 1988, S. 210 ff.

148 Mülbert, P. O., Shareholder Value, ZGR, 1997, S. 170.

149 Wirtschaftswoche heute, Shareholder Value im Blick, Internet, http://www.wiwo.de, 26.08.1999.

150 Nach einer Analyse der internationalen Unternehmensberatungsgesellschaft BCG im Jahr 1999 liegt die Wertschöpfung der rund 5.000 größten Unternehmen der Welt – immerhin 80 Prozent der weltweiten Börsenkapitalisierung – seit Ende 1993 bei durchschnittlich 19 Prozent im Jahr, Wirtschaftswoche heute, Shareholder Value im Blick, Internet, http://www.wiwo.de, 26.08.1999.

151 Die Verwendung etwa des buchhalterischen Maßausdrucks „Gewinn“ als Mittel zum Ziel der Fortexistenz der Unternehmung kann zu Missverständnissen führen, da die jeweilige relative Vorteilhaftigkeit einer Investition auf der Basis interner Kapitalwerte nicht öffentlich verglichen werden kann, vgl. Drukarczyk, J.; Schwetzler, B., Unternehmensbewertung, 2001, S. 2. Inwieweit der Cash-flow als Maßstab weitaus bessere Rückschlüsse auf die Ertragsentwicklung wird nach Durchführung umfassender Investitionsprogramme deutlich, bei denen steigende Abschreibungen den Gewinn beeinflussen. Da Abschreibungen verrechnet werden, bevor die Impulse zur Ertragsentwicklung wirksam werden, hat der Gewinn eine rückläufige und der Cash-flow eine steigende Tendenz. Eine allein auf Gewinnentwicklung basierende Bewertung würde hier zu dem Schluß führen, die Ertragskraft habe nachgelassen, Hofmann, R., Kapitalgesellschaften auf dem Prüfstand, 1992, S. 265.

3.3.2 Unternehmensperformance auf Basis langfristiger Zukunftsorientierung

Der Erfolg einer stakeholderorientierten Unternehmensführung soll an ihrem Bestreben gemessen werden können, *langfristig* die Bedürfnisse sämtlicher Anspruchsgruppen in Ausgleich zu bringen. Aus diesem Grund darf nicht leichtfertig die Annahme entstehen, allen Forderungen damit spontan nachkommen zu müssen.[152]

Dem Shareholder-Value-Gedanken wird vielfach der Vorwurf entgegengebracht, kurzfristige Ergebnismaximierung zu Lasten von unternehmerisch sinnvollen Langfriststrategien zu fördern.[153] Sicherlich ist die Annahme nicht unbegründet, dass das Shareholder-Value-Konzept, sofern es etwa mittels unzulänglicher Informations- oder Bilanzpolitik gegenüber Investoren missbräuchlich eingesetzt wird, seine Zielwirkung verfehlt. Beispielsweise können von Unternehmensseite kurzfristig angelegte aufsehenerregende Aktionen unverhältnismäßige Marktpreiswirkungen auslösen. Kritisch sind etwa veröffentlichte Prognosen zur Ertragsentwicklung zu beurteilen, die sich im nachhinein als nicht erfüllbar herausstellen. Es erweist sich meist als Fehleinschätzung, dass Investoren durch kurzfristige Anreize eines Unternehmens infolge von Bilanzkosmetik oder geschönten Zukunftsprognosen zum Aktienkauf bewegt werden könnten. Ebenso wie Aktienkurse sehr sensibel auf nicht gehaltene Versprechungen oder Veröffentlichungen zu positiver, unrealistischer Zahlen reagieren, lassen kurzfristige Strategien das

[152] Vgl. Marsh, J., A Stake in Tomorrow, 1998, S. 28.
[153] Siehe etwa Mülbert, P. O., Shareholder Value, ZGR, 1997, S. 139.

Vertrauen in die Unternehmensführung schwinden und mindern langfristig den Shareholder Value[154].

Derartige Erscheinungen fehlgeleiteten Managementhandelns widerlegen indessen nicht die Funktionsfähigkeit aktionärsorientierter Unternehmensführung, da sie keineswegs die prägenden Verhaltensmuster in der Welt der Unternehmen und der Börsen repräsentieren, ganz abgesehen davon, dass sie grundsätzlich weder anstößig noch volkswirtschaftlich schädlich sind[155]. Vielmehr scheint es angeraten zu sein, sich das Informationsproblem eines ineffizienten Kapitalmarkts zu vergegenwärtigen und diesbezüglich die Ausgestaltung von Management-Anreizsystemen auf ihre ökonomische Sinnhaftigkeit hin zu überprüfen.[156]

Andererseits ist das „Ansehen" eines Unternehmens im Wesentlichen auch von der Akzeptanz der öffentlichen Meinung abhängig, so dass Unternehmensführungen moralische Kriterien zu berücksichtigen haben[157]. Kontroverse Vorgänge

---

154 Kritisch sind etwa veröffentlichte Prognosen zur Ertragsentwicklung zu beurteilen, die sich im nachhinein als nicht erfüllbar herausstellen. Es erweist sich meist als Fehleinschätzung, dass Investoren durch kurzfristige Anreize eines Unternehmens infolge von Bilanzkosmetik oder geschönten Zukunftsprognosen zum Aktienkauf bewegt werden könnten. Ebenso wie Aktienkurse sehr sensibel auf nicht gehaltene Versprechungen oder Veröffentlichungen zu positiver, unrealistischer Zahlen reagieren, lassen kurzfristige Strategien das Vertrauen in die Unternehmensführung schwinden und mindern langfristig den Shareholder Value, Bühner, R., Shareholder Value, Mitbestimmung, 1997, S. 14.; zu der besonderen Relevanz einer verantwortungsvollen, vertrauensbildenden Unternehmenskommunikation gegenüber Aktionären siehe auch v. Werder, A., GCCG, 2000, S. 21, 79 f.; Peltzer, M.; v. Werder, A., GCCG, AG, 2001, S. 1, 6, 14; siehe auch Kapitel 6.5.5 Wertkommunikation, S. 228.

155 Jedenfalls sind sie nicht verheerender, als wenn Gewerkschaften kurzfristige Arbeitsplatzsicherung betreiben, ohne sich um die Langzeitfolgen etwa von Konsumspritzen, inflationärer Aufblähung oder Strukturerhaltung zu kümmern, G. S., Verteufelter Shareholder value, NZZ Online Dossiers, Internet, http://www.nzz.ch/online/02_dossiers/shareholder/share240896.htm, 30.09.1999.

156 Siehe auch Coenenberg, A. G., BFuP, 1997, S. 551.

157 Tatsächlich wären, wie verschiedene Untersuchungen belegen, aller Wahrscheinlichkeit nach eine Mehrheit von Aktionären bereit, in gewissem Maße eine Verringerung der Gewinnhöhe zu akzeptieren, wenn damit eine Erhöhung der moralischen Performance des Unternehmens einhergehen würde, vgl. Leisinger, K. M., Unternehmensethik, 1997, S. 187.

hinsichtlich der Art und Weise der Geschäftstätigkeit müssen bedacht werden, nicht zuletzt um zu vermeiden, denjenigen gesellschaftlichen Kräften Argumente in die Hand zu geben, die eine weitere Regulierung der Wirtschaft fordern und verfehlte Rechtsentwicklungen vereiteln. Vielmehr ist glaubwürdiges, verantwortungsvolles Verhalten unter Beweis zu stellen. Als unmoralisches Verhalten gewertetes, kurzfristiges Gewinnstreben zu Lasten gesellschaftlicher Akzeptanz kann daher zum Marktnachteil werden.[158] Eine Erhöhung des Image der Gesellschaft und die Akzeptanz gegenüber den Unternehmensbeteiligten geht wiederum einher mit hohen Aktien- kursen[159].

3.3.2.1 Shareholder Value ungleich Börsenkurs

Grundlegende Missverständnisse treten auf, wenn unzulässigerweise Shareholder Value und Börsenkurs gleichgesetzt und Kapitalanleger schlechthin simplistisch als „pathologisch geldgierige, kurzfristig orientierte Spekulanten"[160] karikiert werden, welche der langfristigen Rentabilität eines Unternehmens wenig Interesse entgegenbringen würden[161]. Der durchschnittliche Börsenkurs eines kürzeren Zeitraums, etwa im Verlaufe eines Tages respektive weniger Wochen,

---

158 Vgl. Leisinger, K. M., Unternehmensethik, 1997, S. 181 ff.

159 Vgl. Ammann, R., Sommer, C., Größen-Ordnung, brand eins, 2001, S. 71.

160 Siehe dazu auch die in der Neuen Zürcher Zeitung geführten Auseinandersetzung zwischen Vontobel, Hans-Dieter (19.6.1996) sowie Kleinewerfers, Henner, Volkart, Rudolf (5.7.1996) u. a., in: Leisinger, K. M., Unternehmensethik, 1997, S. 101; gar von der „Religionsgemeinschaft der Ökonomen, deren Mitglieder sich Shareholder nennen" und als solche die „primitive Glaubenslehre des Vulgärliberalismus" gegen ihren absehbaren Zerfall zu verteidigen versuchen, spricht Prantl, H., Die Kirche des Kapitals, Süddeutsche Zeitung, 1999, S. 17; während der die tatsächlichen Verhältnisse der Aktiengesellschaft nicht unbedingt widerspiegelnde Gläubigerschutzgedanke in den geltenden Rechnungslegungsvorschriften des HGB einen Schutz für die Aktionäre darstelle, würde die verstärkte Forderung nach einer Würdigung der Aktionärsinteressen Vorstände dazu veranlassen, zu *Zockern* zu werden – wie schon Millionen von Aktiensparern in aller Welt, so Katz, C., Share Holders Value, Der Betriebswirt, 2000, S. 8.

161 Vgl. Prantl, H., Die Kirche des Kapitals, Süddeutsche Zeitung, 1999, S. 17.

ist eine Reflexion der jeweilig aktuellen Wahrnehmung des Unternehmens am Markt unter dem Einfluss eines durch unterschiedliche wirtschaftliche und politische Faktoren geprägten Umfeldes. In Märkten mit unvollkommener Information spiegelt diese Momentaufnahme der verschiedenen Einschätzungen der Marktteilnehmer nicht zuverlässig beziehungsweise nicht beständig den Unternehmenswert wider. Während unter kurzfristigen Gesichtspunkten und einzelnen Begebenheiten Märkte nicht unbedingt effizient sind, nimmt in der Langfristbetrachtung die Kapitalmarkteffizienz zu. Über einen längeren Zeitraum werden im durchschnittlichen Börsenkurs einer Aktiengesellschaft kurzfristige Kapitalmarkteffekte und mögliche -ungleichgewichte nivelliert und so der tatsächliche, faire Unternehmenswert reflektiert. Analog hat das Beratungsunternehmen *Coopers & Lybrand* in einer Analyse des US-amerikanischen und australischen Aktienmarkts gezeigt, dass der Aktienpreis eine deutlich höhere Korrelation mit dem Shareholder Value aufweist als mit der Eigenkapitalrendite, dem Dividendenwachstum beziehungsweise dem Umsatzwachstum[162].

3.3.2.2 Shareholder Value – Erfolgsgröße für Trading- und Investor-Aktionäre

Die primär relevante Stakeholdergruppe der (institutionellen) Investoren[163] weist hinsichtlich ihrer Anlagestrategien ein komplexes Wesen auf, mit dem die Unternehmungsführung konfrontiert ist. Die Schaffung von Shareholder Value hat eine differierende Bedeutung für unterschiedliche Shareholders. Tradingorientierte Investoren verfolgen beispielsweise eine auf aktuelle Marktbewegungen ausge-

---

[162] Vgl. o. V., Das Shareholder-value-Konzept in der Praxis, NZZ Online Dossiers, Internet, http://www.nzz.ch/online/02_dossiers/shareholder/share241096.htm, 30.09.1999.

richtete Strategie, bei der Transaktionen im kurzfristigen Zeithorizont vorgenommen und die spezifischen Unternehmensbelange einen nachrangigen Stellenwert besitzen. Investmententscheidungen langfristig orientierter Investoren, zu denen etwa Pensionsfonds zählen, basieren demgegenüber weniger auf der schnellen Nutzbarmachung tradingorientierter Arbitragechancen[164] als auf performanceorientierter Fundamentalanalyse. Vorrangig wird hierbei das Unternehmen und dessen Erfolgsaussichten im Hinblick auf seine Fähigkeit bewertet, konsistent Wertschaffung zu generieren. In derselben Aktiengesellschaft können mithin verschiedene Investortypen engagiert sein, deren unterschiedlichen Anforderungen an Shareholder Value die Unternehmung konfrontiert ist. Überdies kann innerhalb des Portfolios eines einzelnen institutionellen Investors eine Anzahl unterschiedlicher, hinsichtlich ihres Zeithorizonts variierender Anlagestrategien zur Anwendung kommen[165].

Die Aufgabe der Unternehmensführung den hohen Erwartungen unterschiedlicher Shareholdergruppen gerecht zu werden, lässt sich differenzierter bewerkstelligen, wenn die jeweiligen Aktionärsbedürfnisse bekannt sind. Die Schaffung von Shareholder Value lässt sich allerdings nicht im Wege *einer* Strategie bewerkstelligen, die allen Anteilseignerzielsetzungen dienlich sein kann. Zu definieren ist, welchen Shareholders Wert geschaffen werden soll; darauf aufbauend leitet sich ein korrespondierendes Strategiedesign ab.

---

[163] Zur Definition und Handlungsweise der sogenannten institutionellen Investoren siehe Kapitel 5.2.1 Shareholder Activism – Interessenidentifizierung weltweit agierender institutioneller Investoraktionäre, S. 139.

[164] Unter Arbitrage wird die Ausnutzung von Kursunterschieden derselben Wertpapiere an verschiedenen Börsen zum gleichen Zeitpunkt verstanden. Am Börsenplatz der niedrigeren Kurse wird gekauft, am Platz der höheren Kurse verkauft.

[165] Brancato, C. K., Institutional Investors, 1997, S. xiv, xvi.

Investoraktionäre, die als Eigentümer der Gesellschaftsanteile Ihre Verantwortung gegenüber den Gesellschaftsgeschicken akzeptieren und daher in Fragen zur Corporate Governance[166] involviert sein wollen, werden dabei vorrangig ihren Interessen in strategischen Belangen der Unternehmungsentwicklung Nachdruck verleihen können. Deutlich wird deren Interessenrelevanz, wenn man sich den Tatbestand vergegenwärtigt, dass etwa in den USA langfristig orientierte institutionelle Anleger wie Pensionsfonds rund die Hälfte des institutionellen Aktionärsvermögens halten. Aufgrund der Interaktion jener längerfristig orientierten Aktionäre mit dem Unternehmen wird dem Management die Antwort auf die Frage ermöglicht, welche Entscheidungen welchen Anteilseignern von Vorteil sind. Indem sie im Dialog mit dem Management in die Unternehmensgeschicke involviert sein wollen und auf diese Weise ihre langfristige Unterstützung der Aktiengesellschaft gegenüber unterstreichen, kann jener Aktionärsgruppe seitens der Unternehmensführung vermehrt Aufmerksamkeit entgegengebracht werden. Gerade Investoraktionäre mit ihrer langfristigen Ausrichtung geben der Unternehmensführung somit den Vorteil der nachhaltigen Berechenbarkeit dieser Aktionärsbedürfnisse.

Genau entgegengesetzt zum Missverständnis der oft unterstellten Kurzfristigkeit ist die Zielsetzung des Shareholder-Value-Konzepts. Trading- und Investoraktionäre gleichermaßen würdigen prinzipiell langfristige Unternehmensperspektiven, die dadurch überzeugen, dass sie nachhaltige Wertsteigerung des Investments in Aussicht stellen. Da die verschiedenen Anlegertypen am Zukunftserfolgswert des Unternehmens interessiert sind – wenn auch in variierenden Zeithorizonten

166 Siehe hierzu Kapitel 4 Die Corporate-Governance-Diskussion im Kontext wertorientierter Unternehmensführung, S. 119.

und verschiedenen Aktivitätsgraden – werden weitsichtige, wertschaffende Aktivitäten vom Aktionär positiv beurteilt[167]. Nicht zuletzt unterstreicht dies die verstärkte Hinwendung der US-amerikanischen Fondsmanager zu einer Langfristbetrachtung[168] und die sich verdichtende Evidenz, dass eine zunehmende Zahl bedeutender global operierender Aktiengesellschaften verringert Augenmerk auf kurzfristige Kapitalrückflüsse zugunsten einer vorrangig langfristigen Unternehmenserfolgs- und -wertorientierung legen.

Selbst bei einer Differenzierung in Anlageaktionäre, die ihre Aktien als langfristige Vermögensanlage betrachten, und Spekulationsaktionäre, die kurzfristig hohe Dividenden und Kursgewinne anstreben,[169] wird bereits die Ankündigung von Langfriststrategien verbunden mit hohen Anfangsinvestitionen, beispielsweise aufgrund intensiver Forschungsaktivitäten, als erfolgversprechend eingestuft[170], sogar wenn sie in den ersten Jahren durchaus negative Cash-flows erwarten lassen. Denn während der Shareholder Value nichts anderes als den Zukunftserfolgswert einer Aktiengesellschaft abbildet, wird der zukünftige Werterfolg einer Unternehmung determiniert durch die Maximierung ihres „share of influence over the trajectory of industry development“[171]. Eine Reduktion zukunftsgerichteter strategischer Investitionen zugunsten kurzfristiger Gewinnziele würde folglich die

---

167 Gerade aufgrund der besonderen Sensitivität der Märkte und die Fokussierung auf kurzfristige Entwicklungen besteht die Aufgabe der Unternehmensführung darin eine langfristige Unternehmensperspektive zu haben, vgl. Neuvo, Y.; Ruohtula, S., Schwalbach, J., Governance of a Company, in: Schwalbach, J., Corporate Governance, 2001, S. 163.

168 Vgl. Titzrath, A., Corporate Governance, ZfB-Ergänzungsheft, 1997, S. 38; siehe auch Leisinger, K. M., Unternehmensethik, 1997, S. 101; Bühner, R., Shareholder Value, Mitbestimmung, 1997, S. 14.

169 Vgl. Raiser, T., Recht der Kapitalgesellschaften, 1992, S. 77.

170 Vielfach muss jedoch das Informationsproblem eines ineffizienten Kapitalmarkts unterstellt werden, so dass nicht immer davon ausgegangen werden kann, dass angekündigte Langfrist-Investitionen als Wertsteigerung von den Marktteilnehmern antizipiert werden und in den Aktienkursen ablesbar sind, vgl. Titzrath, A., Corporate Governance, ZfB-Ergänzungsheft, 1997, S. 37.

Unternehmensentwicklung langfristig beeinträchtigen. Zu berücksichtigen ist ferner, dass neben der Frage der Zeitdauer eines eingegangenen Investments vielmehr der Umfang des Engagements entscheidend ist als Parameter für die Erfolgsaussichten, die in der angesetzten Zeitperiode erwartet werden.

Paradoxerweise wird die Unterstellung der Kurzfristigkeit vermutlich dadurch genährt, dass gerade sehr langfristig orientierte Entscheide sofort signifikant kurssteigernde Auswirkungen auf die Börsenkurse haben können, weil in ihnen Erwartungen zukünftig zunehmender Cash-flow-Ströme eskomptiert sind[172]. Indes darf nicht darüber hinweggesehen werden, dass in der Langfriststrategie die Realisation auch kurzfristiger Erfolge unabdingbar ist. Tradingaktionäre erfordern und erhalten parallel Liquidität im Markt.

Liquidität wiederum ist notwendige Voraussetzung für Kapitalmarkteffizienz. Eine Differenzierung der Shareholders kann folglich nicht die Diskriminierung kurzfristig agierender Tradingaktionäre bedeuten. Für eine Aktiengesellschaft mag es durchaus sinnvoll und erforderlich sein, sich über einen begrenzten Zeitraum deren Daseinsberechtigung zunutze zu machen, ohne notwendig von ihrer langfristigen Wertsteigerungsperspektive abweichen zu müssen. Schließlich ist das Auftreten von Tradingaktionären Ausdruck bestehender – und erwünschter – Kräfte des funktionsfähigen Kapitalmarkts, welche etwa infolge wesentlicher Kursschwankungen spontan Signalwirkung erzielen können. Zum einen lenkt dies vermehrt Aufmerksamkeit der Kapitalmarktakteure in Richtung des Unternehmens, andererseits werden so langfristig engagierte Investoren animiert, ge-

---

[171] Hamel, G.; Prahalad, C. K., Competing for the Future, 1994, S. 184 f.

gen etwaige heftige Volatilitäten gegenzusteuern und Wertschwankungen im Wege von Stützungskäufen auszugleichen. Es ist also durchaus einsichtig, Shareholder Value im Spektrum zwischen trading value auf der einen Seite und investor value auf der anderen Seite zu definieren.[173]

Der Vorwurf der Kurzfristigkeit beziehungsweise Kurzsichtigkeit erkennt demgegenüber nicht, dass Shareholder Value die Leistungsfähigkeit von Unternehmen bewertet, nicht indem die kurzfristige gegenüber der langfristigen Strategie favorisiert wird, sondern die wertsteigernde gegenüber der wertvernichtenden. Während Aktienkursschwankungen einerseits durch die Zustände am Kapitalmarkt bedingt sind, weisen sie andererseits auch Analysecharakter als Indikatoren für den Unternehmenserfolg in der Zukunft auf und ermöglichen somit eine konkrete Frühaufklärung hinsichtlich der künftigen Unternehmensentwicklung. Gerade deswegen ist der Shareholder-Value-Ansatz einer kurzfristigen Erfolgsrechnung mit den statischen, buchhaltungsorientierten Steuerungsinstrumenten weit überlegen.[174]

---

172 Vgl. G. S., Verteufelter Shareholder value, NZZ Online Dossiers, Internet, http://www.nzz.ch/online/02_dossiers/shareholder/share240896.htm, 30.09.1999.

173 Vgl. Brancato, C. K., Institutional Investors, 1997, S. xxi.

174 Vgl. Hartmann, U., Shareholder Value-Konzept, BFuP, 1997, S. 551; Menn, B.-J., Shareholder Value-Konzept, BFuP, 1997, S. 552; Schwenker, B., Shareholder Value-Konzept, BFuP, 1997, S. 553.

3.3.3 Stakeholder: Arbeitnehmer

3.3.3.1 Entscheidungsrechte versus Marktwert

In der deutschsprachigen Diskussion wird vielfach kategorisch der „Paradigmenwechsel in Richtung Shareholder-Wirtschaft" als direkter Widerspruch zur vorherrschend gelebten Stakeholder-Wirtschaft verstanden.[175] Bei genauerer Betrachtung fällt auf, dass in der Auseinandersetzung um die Würdigung von Stakeholder-Interessen insbesondere die Belange der Mitarbeiter in den Vordergrund gestellt werden.[176]

Während einerseits der Begriff „Shareholder Value" in der Öffentlichkeit verbreitet vermeintlich für Arbeitsplatzabbau und „kurzfristige Gewinngier" steht[177], scheint die Kritik an der kaum mehr zeitgemäßen stakeholderbestimmten Unternehmensstruktur in Deutschland[178] vornehmlich auf die Arbeitnehmerentscheidungs- und Mitbestimmungsrechte im Aufsichtsrat gemäß Betriebsverfassungsgesetz (BetrVG) von 1952 beziehungsweise Mitbestimmungsgesetz (MitbestG) von 1976 zu fokussieren.[179] Obgleich weder eindeutig geklärt ist, ob die Präsenz der Arbeitnehmervertreter im Aufsichtsrat den Aktionären schadet noch ob sie

---

175 So Bühner, R.; Tuschke, A., Zur Kritik am Shareholder Value, BFuP, 1997, S. 499 ff.

176 Vgl. etwa Backes-Gellner, U.; Pull, K., Betriebliche Sozialpolitik, ZfB, 1999, S. 51 f.; Küller, H.-D., Shareholder Value-Konzept, BFuP, 1997, S. 518.

177 Nitschke, R., Reichmacher, Capital, 1999, S. 332.

178 So Bühner, R.; Tuschke, A., Zur Kritik am Shareholder Value, BFuP, 1997, S. 499.

179 Die Grundlagen der Mitbestimmung bilden für Unternehmen mit nicht mehr als 2.000 Beschäftigten das Betriebsverfassungsgesetz (BetrVG) von 1952 beziehungsweise für Aktiengesellschaften mit in der Regel mehr als 2.000 Beschäftigten das Mitbestimmungsgesetz (MitbestG) von 1976. Nach dem BetrVG müssen ein Drittel der Aufsichtsratsmitglieder Vertreter der Arbeitnehmer sein, das MitbestG sieht eine paritätische Zusammensetzung des Aufsichtsrats aus Vertretern der Arbeitnehmer und der Aktionäre vor.

sozial effizient ist,[180] besteht unter den Befürwortern und Gegnern der Mitbestimmung Einigkeit darin, dass die Stimmrechte der Arbeitnehmervertreter die Entscheidungsrechte der Aktionäre zugunsten der Arbeitnehmer einschränken.[181] Befürworter sehen in stärker mitbestimmten Unternehmen die Handlungsfähigkeit der Unternehmensführung besser gewährleistet als bei schwächerer Mitbestimmung. Positive Produktivitätssteigerungen der Mitbestimmung, die den Shareholder Value steigerten, leiteten sich vor allem aus einer verbesserten Informationsversorgung der Unternehmensführung sowie einer Motivationssteigerung der Beschäftigten her.[182]

Sofern die Arbeitnehmermitbestimmung sich vorteilhaft auf den Marktwert des Eigenkapitals auswirken sollte[183], wird die Frage aufgeworfen, weshalb die Unternehmen in der Bundesrepublik Deutschland sie nicht eigenständig implementierten, sondern erst unter der gesetzlichen Vorgabe: der Anteil der Arbeitnehmervertreter im Aufsichtsrat in nahezu keiner der 250 größten deutschen, im Amtlichen Handel und im Geregelten Markt notierten Aktiengesellschaften des Jahres 1993 übersteigt die gesetzlichen Vorgaben.[184]

---

180 Vgl. Schmid, F. A.; Seger, F., Arbeitnehmermitbestimmung, ZfB, 1998, S. 455.

181 Vgl. DGB-Bundesvorstand, Mitbestimmung – eine Forderung unserer Zeit, 1971; Bundesvereinigung der Deutschen Arbeitgeberverbände, Erklärung des Arbeitskreises Mitbestimmung, 1973, in: Schmid, F. A.; Seger, F., Arbeitnehmermitbestimmung, ZfB, 1998, S. 455.

182 Vgl. Schmid, F. A.; Seger, F., Arbeitnehmermitbestimmung, ZfB, 1998, S. 455.

183 In ihrer Amtsfunktion nehmen die Arbeitnehmervertreter nicht die Partikularinteressen der Arbeitnehmer wahr, sondern sind ausschließlich dem Interesse des Unternehmens verpflichtet, BGH-Urteil vom 29. Januar 1962 – II ZR 1/61, BGHZ 36, S. 296, 306, 310. Wenn in Streiksituationen das Interesse der Anteilseigner dem der Arbeitnehmer unvereinbar gegenüberstehen, erscheint es indes fraglich, inwieweit hieraus tatsächlich eine begünstigende Wirkung auf die Unternehmenswertsteigerung erkennbar ist. Angezweifelt werden kann, ob etwa ein aktiv streikender Arbeitnehmervertreter unter dem Druck der Belegschaft das Unternehmenswohl stets zu beachten in der Lage ist und insofern seiner organschaftlichen Treuepflicht gegenüber der Gesellschaft nachkommen kann, vgl. hierzu Edenfeld, S.; Neufang, S., Haftung der Arbeitnehmervertreter, AG, 1999, S. 51.

184 Vgl. Schmid, F. A., Seger, F., Arbeitnehmermitbestimmung, ZfB, 1998, S. 455.

Gegen die Arbeitnehmermitbestimmung wird als vorrangiges Argument die durch die Mitbestimmung erzeugte Schwächung der Bindung der residualen Einkommensansprüche an die residualen Einkommensrechte angeführt.[185] Während den Anteilseignern ein Teil ihrer Entscheidungsrechte genommen wird, verbleiben den Arbeitnehmern die festvereinbarten Lohnansprüche.[186] Konsequenzen von Entscheidungen, bei denen Arbeitnehmer über die Mitbestimmung auf die Allokation der Produktionsfaktoren im Unternehmen einwirken, können so teilweise auf die Aktionäre überwälzt werden. Während Entscheidungen bei kongruierenden Aktionärs- und Arbeitnehmerinteressen ohne Effizienzwirkung bleiben, ergibt sich bei Zielkonflikten hingegen ein negativer externer Effekt für die Anteilseigner.

Die ablehnende Haltung der Aktionäre[187] gegenüber der Arbeitnehmereinflussnahmemöglichkeit erscheint begründet angesichts des signifikant negativen Einflusses der paritätischen Mitbestimmung. So konnte gezeigt werden, dass sich infolge des Übergangs zur verstärkten Arbeitnehmermitbestimmung die Produktivität vermindert, die Wertschöpfung zurückgeht sowie die Eigenkapitalrendite mindert.[188]

Demnach hat das Recht auf Teilnahme an Verhandlungen über zukünftige Aktivitäten des Unternehmens einen eigenständigen Preis, der alleinig von den Eigentümern des Unternehmens getragen wird, da das Recht der Einflussnahme dem

---

[185] Siehe hierzu Kapitel 3.3.3.2 Aktienkurse und Arbeitslosigkeit, S. 104.
[186] Vgl. Schmid, F. A., Seger, F., Arbeitnehmermitbestimmung, ZfB, 1998, S. 456.
[187] FritzRoy, F. R.; Kraft, K., Economic Effects of Codetermination, Scandinavian J. Econ., 1993, S. 365 ff.

Arbeitnehmer kostenlos zur Verfügung gestellt wird.[189] Die damit verbundene Reduktion des Marktwerts des Eigenkapitals wird durch die Bereitschaft der Aktionäre belegt, mehr als 20 Prozent des herrschenden Marktpreises ihrer Beteiligung zur Wiedererlangung der eingebüßten Entscheidungsrechte zu zahlen.[190]

3.3.3.2 Aktienkurse und Arbeitslosigkeit

In den Jahren zwischen Ende 1991 bis Ende 1997 stieg der Deutsche Aktienindex (DAX) von 1.577 um 170 Prozent auf 4.258 Punkte. In ungleich geringerer Dimension erhöhte sich im gleichen Zeitraum die Quote der in Deutschland registrierten Arbeitslosen von 7,6 Prozent auf 11,6 Prozent. Trotz der auf den ersten Blick scheinbar eindeutigen Zusammenhänge zwischen der im Jahr 1997 signifikant aufgetretenen Massenarbeitslosigkeit in Verbindung mit mehrfach sich übertreffenden Rekordhöchstständen im Deutschen Aktienindex wäre es eine leichtfertige Vermutung, beide Phänomene in unmittelbare Beziehung zu stellen.[191]

---

188 Übereinstimmend auch Bühner, R.; Tuschke, A., Zur Kritik am Shareholder Value, BFuP, 1997, S. 502 f., 505, 514, deren Analyse veranschaulicht, dass stakeholderbestimmte Wirtschaftssysteme höhere Transaktionskosten verursachen.

189 Der Preis kommt etwa in der Kursdifferenz zwischen stimmberechtigten und nicht stimmberechtigten Aktien zum Ausdruck; so werden Aktien, die dem Aktionär ein Stimmrecht in der Hauptversammlung gewähren, in der Regel zu höheren Kursen gehandelt.

190 Vgl. Schmid, F. A.; Seger, F., Arbeitnehmermitbestimmung und Shareholder Value, ZfB, 1998, S. 457, 468.

191 Was in den letzten Jahren in Deutschland zu beobachten war – der Abbau von Arbeitsplätzen bei gleichzeitiger Aktienkurssteigerung –, resultierte aus einer vorherigen langjährigen Verschleppung notwendiger Entscheidungen. Dies bedeutete eine Vernachlässigung der Interessen der Aktionäre wie auch der Belegschaften. Wenn Unternehmen sich aber frühzeitig und kontinuierlich eine zukunftsfähige Struktur geben, kann das Stellen sichern und langfristig neue Jobs schaffen. Gleichsam erscheint es fraglich, dass man für solche Umstrukturierungen ein Etikett wie Shareholder Value braucht, vgl. von Rosen, R.; Wittkowski, B., Aktionäre über alles?, Internet, http://www.dai.de/veroeffentlichungen/presse/shareholdervalue.htm, 30.09.1999.

Problematisch wäre diese Hypothese zunächst deshalb, weil die Arbeitslosenquote keine primär betriebswirtschaftliche Kategorie ist, sondern vornehmlich eine volkswirtschaftlich beachtliche Größe.[192]

Auf der Makroebene wird zur kausalen Verknüpfung dieser Begebenheiten seitens der Kapitalmarktakteure vorgebracht, dass mit steigender Arbeitslosigkeit eine expansive Geldpolitik ausgelöst wird, die eine Zinsniveausenkung bewirkt. Fallende Zinsen sind sodann der maßgebliche Impuls für die Börsenhausse.[193]

Die weitverbreitete These, dass die Ankündigung von Entlassungen in einem Unternehmen zu Aktienkurssteigerungen führen, lässt sich auf der Mikroebene jedoch nicht wissenschaftlich belegen. Die vorgeblich positive Wirkung von Personalfreistellungen auf die Entwicklung des Aktienkurses ist wenig schlüssig, da Entlassungen sowohl ein Indiz darstellen können für pessimistische Geschäftsaussichten als auch für erfolgversprechende Restrukturierungsmaßnahmen[194]. Signifikante, langfristige Reaktionen von Aktienkursen auf Entlassungen konnten nicht festgestellt werden, was darauf schließen lässt, dass von den Marktteilnehmern die Hintergründe der Ankündigungen von Entlassungen auf ihre Rendite-

---

192 Vgl. hierzu zutreffend v. Werder, A., Corporate Governance, ZfB-Ergänzungsheft, 1997, S. 14.

193 Veränderungen des Zinsniveaus sind jedoch auf eine Reihe von Faktoren zurückzuführen, so dass die durch Zinssenkungen genährten seinerzeitigen Aktienkursrekorde nicht unmittelbar von dem Rückgang der Beschäftigtenzahlen induziert wurden. Daneben zeigt sich entgegen der These, dass sobald es von den Marktteilnehmern als gewiß erachtet wird, dass antizipierte Zinssteigerungen tatsächlich und in der erwarteten Dimension vorgenommen werden, häufig positive Auswirkungen auf die Aktienkursentwicklung haben können. Hierin wird der Tatbestand deutlich, dass im Gegensatz zu Unsicherheitsparametern hinsichtlich der Zukunftsaussichten eher die sichere Kenntnis von kursrelevanten, aber eigentlich ungünstigen Informationen an den Märkten als stabilisierender Faktor gewürdigt wird.

194 Übersehen wird vor allem, dass Entlassungen der betreffenden Unternehmen, die zumeist in stagnierenden oder schrumpfenden Absatzmärkten operieren, unabwendbar sind, um eine hinreichende Profitabilität wiederherzustellen und den Fortbestand langfristig zu sichern, vgl. Thielemann, R., Shareholder Value, Going Public, Sonderausgabe „Praxis", 1999, S. 107.

wirkung hin kritisch geprüft werden. Unmittelbar einsichtig sollte daher auch sein, dass der immer wieder postulierte Zusammenhang zwischen Rekorden am Aktienmarkt und bei der Arbeitslosigkeit ein Musterbeispiel für eine Scheinkorrelation darstellt. Der Rückgang der amerikanischen Arbeitslosigkeit auf 4,8 Prozent hätte an der US-amerikanischen Leitbörse „Wall Street" nach dieser Theorie schon längst einen Crash auslösen müssen – das Gegenteil ist der Fall[195].

Gegen diesen vermeintlichen Zusammenhang spricht ferner die Tatsache, dass Facharbeitskräfte in Branchen mit überdurchschnittlichen Wachstumsraten wie der Informations- und Kommunikationstechnologie einen Engpassfaktor darstellen. Aus diesem Grund dienen Börsengänge nicht nur als Finanzquelle sondern auch zur Schaffung von Humankapital[196]. Obgleich empirische Daten die unterstellten systematischen Zusammenhänge zwischen Entlassungen und steigen-

---

195 Holtzmann, H.-D., NZZ Online Dossiers, Internet, http://www.nineties.com/freiezeiten/03-07-97/share.html, 30.09.1999. Aus einer Erhebung des Deutschen Aktieninstitutes geht hervor, dass Unternehmen, die an die Börse gehen, überdurchschnittlich viele Arbeitsplätze schaffen. Danach haben die 51 Börsenneulinge in der Bundesrepublik Deutschland der Jahre 1993 bis 1996 ihr Arbeitsplatzangebot im Jahr ihres Börsengangs um durchschnittlich 10,5 % ausgeweitet. Im Jahr nach dem Börsengang stieg die Zahl der Arbeitsplätze im Durchschnitt sogar um knapp 16 % und in den Folgejahren nochmals um 7,7 % und 10,2 %. Dagegen kam es in der gesamten Volkswirtschaft im betrachteten Zeitraum zu einem Beschäftigungsrückgang von 2,3 %. Die Zahlen belegen, wie wichtig die Eigenkapitalbeschaffung über die Börse gerade im Kontext der Beschäftigungspolitik ist, von Rosen, R., Mehr Aktienkultur, Bayerischer Monatsspiegel, Sonderausgabe 1/1999, S. 32 f.; Geisberg, R., Börsengang und Beschäftigungspolitik, Studien des Deutschen Aktieninstituts, 2000.

196 Vgl. West LB, Neuer Markt Favoriten, Internet, http://www.aktiencheck.de, 20.09.1999; mittlerweile gibt es Überlegungen zu einem neuen Kennzahlensystem, das sich Workonomics nennt und die Bilanzierung in Jahresabschlüssen revolutionieren könnte. Mit dem Siegeszug von Ökonomietendenzen, wie etwa seinerzeit der Internet-Ökonomie, bilden die Basis des Wettbewerbsvorteils neben den Kapitalinvestitionen die Mitarbeiterleistungen. Daneben und deshalb versagen in Branchen wie Software, Internet und Biotechnologie vielfach die herkömmlichen Instrumente, wenn es um die Darstellung von Unternehmenswert, Leistung und Zukunftsprognosen geht. Anhand des von der Unternehmensberatungsgesellschaft Boston Consulting Group entwickelten Workonomics-Zahlenwerks, dessen Kern eine Kenngröße mit der Bezeichnung „Value Added per Person" bildet, sollen neben der Kapitaleffizienz auch die Effektivität des Personaleinsatzes dargestellt werden. Auf diese Weise lässt sich der Wert eines Beschäftigten für die Aktionäre und damit umfassender die Zukunftsaussichten des Erfolgs einer Investition ermitteln, vgl. Enzweiler, T., Rauchende Köpfe, Financial Times Deutschland, 2000, S. 1.

den Aktienkursen eindeutig widerlegen, dürfte damit das bestehende gesellschaftspolitische Konfliktpotential nicht gemindert werden. Im Ergebnis sollte bedacht werden, dass die Lösung des Arbeitslosenproblems nicht auf der Ebene der Börsenmärkte zu finden ist, denn Börsenkurse bilden lediglich die diskontierte Unternehmenszukunft ab und nehmen insoweit etwa auf ethische und soziale Argumente unmittelbar keine Rücksicht.[197] Zudem ist es kein Zufall, dass in Ländern, denen eine „bessere" oder „entwickeltere" Aktienakzeptanz zugeschrieben wird, auch die Beschäftigungssituation entspannter ist als in Deutschland[198].

3.3.4 Schlussfolgerung – Handeln in Wertsteigerungskategorien als Grundlage der Stakeholder-Interessensicherung

Die dem Shareholder-Value-Konzept inhärente Orientierung an den Wertschöpfungspotentialen des Unternehmens fördert die im Unternehmen vorhandenen Verlustquellen zu Tage, wodurch in dessen Folge Reorganisation, Rationalisierung und Desinvestition unrentabler Unternehmensbereiche eingeleitet werden. Eine auf Wertsteigerung ausgerichtete Unternehmenspolitik gestattet dem Unternehmen insofern eine effizientere Kapitalallokation und trägt mithin dazu bei, das Risikopotential plötzlicher Zusammenbrüche einzugrenzen. Je konsequenter

---

197 Vgl. Gerke, W., Arbeitslosigkeit und Aktienkurse, DBW, 1998, S. 695 ff; Nicht zuletzt spiegelt ein Teil der heutigen Entlassungen nichts anderes als den Versuch einzelner Unternehmen wider, deren Kapitalrenditen und damit Wettbewerbsfähigkeit infolge eines vernachlässigten Shareholder Value abnahmen, im internationalen Konkurrenzkampf wieder wettbewerbsfähig zu werden. In dieser Hinsicht muss die Restrukturierung der einzelnen Unternehmungen mit unter Umständen kurzfristig einschneidenden Maßnahmen positiv gewertet werden, Schiltknecht, K., Shareholder-Orientierung, NZZ Online Dossiers, Internet, http://www.nzz.ch/online/02_dossiers/shareholder/share100796. htm, 30.09.1999.

198 Wenn eine verstärkte Nutzung der Aktie dazu beitragen kann, die Beschäftigungsproblematik zu entspannen, dann erhält die Frage nach dem Stellenwert der Aktienkultur eine elementare politische Tragweite, vgl. Gres, J., Aktienförderung in Deutschland, Kreditwesen, 1996, S. 10 ff.; Laux, M., Pensions-Sondervermögen, Kreditwesen, 1996, S. 12 ff.

Aktionäre dabei handeln, desto schneller werden Fehlentwicklungen auf Unternehmungsebene[199] aufgedeckt und wertvernichtendes Management korrigiert[200]. Da hohe Unternehmenswerte aus volkswirtschaftlicher Sicht Indikatoren dafür sind, dass die Ressourcen optimal genutzt werden, schafft die intelligente und nicht missbräuchliche Anwendung des Shareholder Value die Voraussetzung zu unternehmerischen Handlungen, die das zukünftige Erfolgspotential nutzen.

Nur ein wertschaffendes, finanzkräftiges und somit substanziell gesichertes Unternehmen bewahrt seine Leistungsfähigkeit in der pluralistischen Gesellschaft, die von der Vielfalt und dem Ausgleich konkurrierender Werte lebt.[201] Gerade die – seitens der Shareholder-Value-Kritiker offenkundig ignorierte – Dominanz des Wettbewerbs sowohl am Gütermarkt wie am Kapitalmarkt lässt erfolgreiche Unternehmen mit den besseren Produkten und Strategien, den effizienteren Abläufen und dem besseren Management wachsen.

Die im Vordergrund stehende langfristige Steigerung des Cash-flows gelingt nur in wachsenden, zukunftssicheren Bereichen. Einzig Unternehmen mit in der Regel fortgesetztem Wachstum, die ihren Aktionären den größten Wertzuwachs in Form von Dividenden und Kurssteigerungen darreichen, sind wiederum in der

---

199 Noch am wenigsten in das gesellschaftliche Bewußtsein eingedrungen sind Fehlentwicklungen auf Unternehmungsebene als einer der vier Problemkreise neben der Inflation, dem wachstumshemmenden Ausufern staatlicher Regulierungen sowie den stetig zunehmenden Umverteilungsprogrammen der öffentlichen Hand, welche für die steigende Arbeitslosigkeit und für den Rückgang des Wirtschaftswachstums in Mitteleuropa verantwortlich sind. In den USA sind höhere Wachstumsraten und die Schaffung von Millionen von Arbeitsplätzen ein Indiz der wirtschaftlichen Neuausrichtung. Der Beitrag, den die Aktionäre mit der aktiveren Wahrnehmung ihrer Rechte in diesem Umdenkungsprozess zur Wachstumsbelebung geleistet haben, wird in Kontinentaleuropa nur selten zur Kenntnis genommen. vgl. Schiltknecht, K., Shareholder-Orientierung, NZZ Online Dossiers, Internet, 30.09.1999.

200 Nitschke, R., Reichmacher, Capital, 1999, S. 339.

201 Vgl. Menn, B.-J., Shareholder Value-Konzept, BFuP, 1997, S. 563.

Lage neue Arbeitsplätze und motivierende Erfolgserlebnisse für ihre Mitarbeiter zu schaffen;[202] das Unternehmen, das keine überzeugenden Finanzergebnisse vorzuweisen hat, wird keine Mittel für soziale Zwecke erübrigen und in der Humanisierung der Arbeitswelt kaum über das gesetzlich Gebotene hinausgehen können[203]. Dies gewährt die Sicherung der Eigenkapitalausstattung als maßgeblichen Finanzierungsfaktor, von dem die Beständigkeit und Lohnqualität der Arbeitsplätze sowie die Interessen der übrigen Unternehmensbeteiligten entscheidend abhängig sind. Die jährlich zunehmenden Unternehmensinsolvenzen, die überwiegend infolge einer zu geringen Eigenkapitalausstattung veranlasst waren, belegen die außerordentliche Bedeutung der Eigenkapitalquote[204].

Es ist kurzsichtig anzunehmen, der Stakeholder-Value-Ansatz stehe gänzlich im Widerspruch zum vermeintlich eindimensional Discounted-Cash-flow-ausgerichteten Shareholder-Value-Konzept. Tatsächlich setzt die Operationalisierung des Zukunftserfolgswerts als Zielkriterium für die Unternehmenssteuerung das Herunterbrechen des Werts in seine Treibergrößen voraus, die als Stellhebel für die Aktivitäten einzelner Wertschöpfungsbereiche eingesetzt werden können. Der Weg zur Bestimmung dieser von *Kaplan* und *Norton* beschriebenen „Balanced Score Card" führt über ein System multikriterieller Steuerungsgrößen etwa in Bereichen wie Innovativität (Organisation/Mitarbeiter), Kundenzufriedenheit und

---

202 Vgl. Esser, K., Shareholder Value-Konzept, BFuP, 1997, S. 561; Rappaport, A., Shareholder Value, 1999, S. 82; Wellkamp, L., Vorstand, Aufsichtsrat und Aktionär, 1998, S. 5; insofern nicht gegensätzlich v. Werder, A., Corporate Governance, ZfB-Ergänzungsheft, 1997, S. 14; siehe hierzu auch die empirischen Daten der Analyse der „Europe's 500" (E500), einer Rangliste der hinsichtlich Arbeitsplatzbeschaffung und Umsatzwachstum expansivsten europäischen Firmen, The Boston Consulting Group, What Goliath can learn from David, BCG Report, 2000, S. 13 f., 23, 25, 29, 35 ff.

203 Mertens, H.-J., Kölner Kommentar, 1996, S. 26.

204 27.828 Unternehmensinsolvenzen im Jahr 1998, die überwiegend infolge einer zu geringen Eigenkapitalausstattung veranlaßt waren, belegen die außerordentliche Bedeutung der Eigenkapitalquote, Vgl. Statistisches Bundesamt (Hrsg.), Statistisches Jahrbuch, 2000, S. 134.

Prozesseffizienz einerseits und ökonomischen Zielkriterien Erfolgspotential (Discounted Cash-flow), Erfolg und Liquidität andererseits.[205] So soll versucht werden, die im Rahmen der langfristigen Unternehmensstrategie erarbeiteten Zielsetzungen für die Mitarbeiter transparent zu machen, in operative Teilziele aufzuspalten und hieraus konkrete Maßnahmen für die Zielerreichung zu formulieren.[206]

Es zeigt sich somit, dass grundsätzlich kein konträres Verhältnis zwischen dem Shareholder-Value-Konzept und dem Stakeholder-Ansatz besteht. Zu unterstreichen ist im Besonderen, dass es keinen langfristigen Gegensatz zwischen Arbeitnehmerinteressen und Aktionärsinteressen im Unternehmen gibt[207]. Die missverständliche Interpretation des Stakeholder-Konzepts und sein vermeintlicher Widerspruch zur Aktionärsorientierung resultiert vielmehr aus einem teilweise einseitig-interessengeprägten Verständnis über die „moralische" Verantwortung der Unternehmung.[208] Die augenscheinlich hinter der Verurteilung des

---

205 Coenenberg, A. G., Shareholder Value-Konzept, BFuP, 1997, S. 536; Groothuis, U., Wirtschaftswoche, 1999, S. 234 ff.; zur wachsenden Bedeutung des Shareholder Value in Europa resümiert McKinsey & Company: „Shareholder value is still a controversial topic in Europe, but we believe that embracing it is an essential ingredient of any plan for European economic reform. There is overwhelming evidence to support the view that shareholder themselves, but society at large, setting in motion the virtuous cycle of value creation, job creation and wealth creation", Bughin, J.; Copeland, T. E., Shareholder Value Creation, The McKinsey Quarterly, 1997, S. 156, 167.

206 Vgl. zur simultanen Betrachtung mehrerer Erfolgsaspekte anhand der „Balanced Scorecard" Tönnies, M., Strategien, b & b, 1999, S. 65.

207 So auch das Ergebnis der Diskussionsveranstaltung zu dem Thema „Betriebswirtschaftliche Erkenntnisse und rechtliche Normsetzung", dokumentiert in: Albach, H.; Brockhoff, K., ZfB-Ergänzungsheft, 1997, S. VII.

208 Eine derartige Moralvorstellung sucht despektierlich mit Vokabeln wie „Kapitalismus pur" oder „Turbokapitalismus" die ausschließliche Bevorzugung von Investorinteressen zu diffamieren, vgl. Weber, M., Shareholder Value-Konzept, BFuP, 1997, S. 565; an der positiven Beurteilung des Shareholder Value ändert auch die Tatsache nichts, dass Gesellschaften manchmal Arbeitskräfte entlassen müssen, um eine gute Kapitalrendite erzielen zu können. Vor gut zehn Jahren hat beispielsweise die Chrysler Corporation Tausende von Arbeitskräften entlassen, um einen Bankrott zu vermeiden. Im Fall des eingetretenen Unternehmenszusammenbruchs aber hätten sämtliche Arbeiter und Angestellten ihre Stelle verloren. Dank der forcierten Ausrichtung auf die Rückgewinnung der

Shareholder Value stehende „Mystifizierung des Kapitals“ scheint den Zusammenhang zwischen Moral und Wettbewerb zu verkennen. Denn eine Unternehmensführung wird auch ihrer sozialen Verantwortung am wenigsten gerecht, wenn sie Wert vernichtet und sich damit der „Stärkung der Unternehmenskräfte“[209] entgegenstellt; keineswegs wäre Verschwendung der knappen Ressource „Kapital“ mit der Sozialbindung des Eigentums vereinbar, zumal das Unternehmen zu allererst mit der Verwaltung der von den Aktionären investierten Mitteln in einer sozialen Verantwortung steht[210]. Dogmatisch macht Wirtschafts-Nobelpreisträger *Milton Friedman* in diesem Zusammenhang geltend, die einzige soziale Verantwortung der Unternehmung sei es, Gewinne zu erzielen. Jedes weitere Verfolgen sozialer Ziele sei Diebstahl an den Aktionären. Da die Geschäftsleitungen nicht gewählte Volksvertreter seien und daher auch kein soziales Mandat hätten, dürften sie sich auch nicht anmaßen, das Geld des Aktionärs

---

Ertragskraft konnte der Autohersteller nicht nur am Leben erhalten werden, sondern es wurden auch die Voraussetzungen für einen Wiederaufschwung geschaffen. In den letzten fünf Jahren hat Chrysler rund 15.000 Arbeiter neu eingestellt, vgl. Schiltknecht, K., Shareholder-Orientierung, NZZ Online Dossiers, Internet, http://www.nzz.ch/online/02_dossiers/shareholder/share100796.htm, 30.09.1999.

209 Weber, M., Shareholder Value-Konzept, BFuP, 1997, S. 565; vielfach wurde das Shareholder-Value-Konzept als „kurzatmige Modeerscheinung“ charakterisiert, das insbesondere von Unternehmensberatungen als neuartig propagiertes Managementinstrument jedoch keine Zukunftsaussichten hätte. Das Gegenteil ist hingegen der Fall: obwohl das Erfordernis der Unternehmenswertsteigerung der Mehrheit der Management-Teams bewußt ist, wird das Shareholder-Value-Konzept vielfach noch zu wenig nachhaltig umgesetzt beziehungsweise gar konträr zur Wertsteigerungsidee gehandelt. Fälle von Krisen oder finanziellen Zusammenbrüchen einstig überaus erfolgreicher großer börsennotierter Aktiengesellschaften, wie etwa General Motors, IBM, Kodak, Xerox, Eastern Airlines und andere, liefern hierfür Erklärung und belegen die zukunftsweisende Notwendigkeit der Aktionärsorientierung, vgl. Cohen, H. B., The performance paradox, Academy Management Executive, 1998, S. 31 f.

210 So die absolute Aussage Milton Friedmans: „Es gibt wenige Entwicklungstendenzen, die so gründlich das Fundament unserer freien Gesellschaft untergraben können, wie die Annahme einer anderen sozialen Verantwortung durch Unternehmer, als die, für die Aktionäre ihrer Unternehmung so viel Gewinn wie möglich zu erwirtschaften“, siehe Gesellschaft zur Förderung der schweizerischen Wirtschaft, Mehr Cash ohne Mensch?, Internet, http://www.wf-online.ch/pd.d/do/do9536.html, 30.09.1999.

im Namen der sozialen Verantwortung nach nichtökonomischen Kriterien auszugeben.[211]

Da definitionsgemäß die Gruppe der Shareholder ihrerseits genauso den Stakeholders zugerechnet werden, besteht ein erheblicher Widerspruch in der Auffassung, dass sich gegenüber Anlegern eine mindere Verpflichtung der Unternehmensleitung ergeben soll als gegenüber anderen Anspruchsgruppen[212]. Dies erweist sich im Besonderen als problematisch, wenn beispielsweise Arbeitnehmer gleichzeitig Inhaber von etwa Belegschaftsaktien sind und so womöglich divergierende Interessen in einem Stakeholder vereint sind.

Ferner ist es wenig plausibel, einer primär am globalen Kapitalmarkt orientierten Unternehmensführung[213] vorzuwerfen, sie würde die „Interessen des regionalen Gemeinwohls [. . .] wie auch die Interessen der Arbeitnehmer u. a. an der Erhaltung von Arbeitsplätzen als nachrangige Ziele eher [. . .] vernachlässigen“[214]. Die hier zu Tage tretende Diffamierung der Shareholder-Value-Idee missachtet ein grundlegendes Prinzip betriebswirtschaftlichen Handelns: Die permanente Anpassung an die sich verändernden Umweltbedingungen gebieten einem Management schlichtweg nur diejenige Auswahl an Entscheidungsalternativen, welche unter stetig zunehmendem Wettbewerbsdruck eine nachhaltige Weiter- respektive Wertentwicklung des Unternehmens sicherstellen. Fraglos dürfte der Horizont

---

211 Vgl. Hill, W., Shareholder Value, Die Unternehmung, 1996, S. 418; hier wird freilich verkannt, dass die Einflussnahme einer Vielzahl von Stakeholdergruppen unweigerlich und erforderlicherweise erfolgt und dadurch zwangsläufig Unternehmensstrategien an die entsprechend relevanten Stakeholderinteressen angepasst werden, siehe auch Frooman, J., Stakeholder Influence Strategies, A. Man. Rev., 1999, S. 191 ff.

212 Vgl. Hartmann, U., Shareholder Value-Konzept, BFuP, 1997, S. 562 f.

213 Siehe hierzu etwa auch Salz, J.; Schnitzler, L., Multikulti im Grossraumbüro, Wirtschaftswoche, 1999, S. 37 ff.

eines Unternehmens in Bezug auf seine professionelle Auseinandersetzung mit den Risiken und Nutzen der spezifischen Handlungsmuster der jeweiligen Stakeholders umso breiter werden, je ausgedehnter seine Aktivitäten werden[215].

Es besteht Einvernehmen darüber, dass für den Fortbestand und zur Realisierung eines langfristigen Shareholder Value auf alle Ressourcenanbieter Rücksicht zu nehmen ist. Hierbei ist jedoch zu beachten, dass Unternehmen ihr wirtschaftliches Umfeld beziehungsweise Standortfaktoren, wie beispielsweise die rechtlichen Rahmenbedingungen, im Einzelfall nur sehr begrenzt selbst modifizieren können; der Schlüsselfaktor zu ihrem unternehmerischen Erfolg liegt vielmehr in der Flexibilität, mit der durch die Anpassung der betrieblichen Prozesse auf die sich verändernden Bedingungen reagiert werden kann. Elementarer Stellenwert kommt hier der Fähigkeit des Unternehmens zu, die einzelnen Ressourcenanbieter entsprechend ihrem Beitrag zum vorrangigen Ziel der Shareholder-Value-Optimierung zu vergüten.[216] Die Kritik an einer Geringschätzung von anderen Stakeholderinteressen, namentlich den Aktionärsinteressen, zielt damit in die verkehrte Richtung – scheint sie doch in der vorgeblich einseitig am Kapitalanlegerinteresse orientierten Unternehmenspolitik der Kapitalgesellschaften irrtümlicherweise die Verantwortlichkeit für die ökonomischen Rahmenbedingungen zu sehen.[217]

---

[214] Vgl. Clemm, H., Shareholder Value-Konzept, BFuP, 1997, S. 561.

[215] Vgl. Leisinger, K. M., Unternehmensethik, 1997, S. 96, 98.

[216] Ohne gute Beziehungen zu den anderen Stakeholders zu pflegen, insbesondere den Mitarbeitern und Lieferanten, ist es schwer vorstellbar, dass ein Unternehmen langfristig ausgezeichnete Renditen für die Shareholder erwirtschaftet, siehe hierzu auch OECD-Report, Corporate Governance, 1998, S. 34, 83, 92 f.

[217] In einer Zeit mit global operierenden Konzernen, deren Identität nicht mehr national ist, vgl. Simon, H., Transatlantica, manager-magazin, Internet, http://www.managermagazin.de/magazin/artikel/0.1113.35427,00.html, 27.09.1999, ist es sicherlich schwierig nachvollziehbar, den Aktivitäten von

Im Ergebnis bleibt festzuhalten, dass Shareholder-Value-Orientierung und Stakeholder-Value-Orientierung nicht im Widerspruch zueinander stehen, sondern sich gegenseitig bedingen. Es kann kein Zweifel darin bestehen, dass als unternehmerische Wertvorstellung neben betriebs- und finanzwirtschaftlichen Kennzahlen gelten muss, Sinn und Nutzen für die maßgeblichen Unternehmensbeteiligten zu stiften, um Langlebigkeit und einen langfristig überdurchschnittlichen Erfolg zu verwirklichen[218]. Die Orientierung am Gedanken des Shareholder Value hat keineswegs notwendigerweise die Neutralisierung der Ziele der anderen Interessengruppen zur Folge[219]. Kaum in Frage gestellt werden kann, dass das Management, wie der Stakeholder-Ansatz postuliert, die Ansprüche unterschiedlicher Stakeholders ernst nehmen sollte, um den ökonomischen Erfolg und die Legitimität der Unternehmung sicherzustellen[220]. Langfristiger Unternehmenserfolg

---

Unternehmen, deren Unternehmensgrenzen sich gegenwärtig beispielsweise durch „outsourcing", das heißt der Auslagerung oder Verlagerung von Unternehmensteilen, auflösen, in Abhängigkeit von der jeweiligen Region einen unterschiedlichen Grad an Verantwortlichkeit ihren Stakeholders gegenüber beizumessen. So lässt sich im globalen Kontext die Frage stellen, wie etwa die Schaffung von Arbeitsplätzen in Übersee bei gleichzeitigem Personalabbau in Europa als unverantwortlich oder gar unmoralisch angesehen werden kann, wenn hieraus letztlich überregional für die Gesamtheit der Stakeholders ein höherer Wert erwächst.

218 Siehe de Geus, A., Jenseits der Ökonomie. Die Verantwortung der Unternehmen, Stuttgart, 1998, in: Behrens, Bolke, Bescheidenheit und Demut, in: Wirtschaftswoche, 1998, S. 104. Milton Friedman spricht sich dafür aus, „ . . . that this value maximization must be accomplished "within the rules". Shareholder value creation requires not only a commitment to obeying the law, but further, a sensitivity to the changing concerns of the society", Monks, R. A. G., Active Shareholders?, Long Range Planning, S. 25; DaimlerChrysler-Chef Schrempp spricht heute statt von "Shareholder Value" vom ,,magischen Dreieck", in dem die Interessen von Mitarbeitern, Kunden und Aktionären zu verknüpfen seien. Genau das entspricht langfristigen Unternehmenszielen und ist möglicherweise auch rhetorisch der klügere Ansatz, Wittkowski, B., Aktionäre über alles?, Internet, http://www.dai.de/veroeffentlichungen/presse/shareholdervalue.htm, 30.09.1999.

219 Anders hingegen Kessler, M. H., Kompetenzkonflikte in einer Aktiengesellschaft, AG, 1993, S. 253; zu beachten ist insbesondere, dass in Ländern mit hoher Effizienz des marktwirtschaftlichen Systems (zum Beispiel USA) Effekte auf andere Unternehmensbeteiligte weitgehend internalisiert werden, vgl. Becker, G. M., Shareholder Value Analysis, WISU, 1995, S. 124.

220 Es kann für Unternehmen, die sich heute und morgen im Markt behaupten wollen, nicht mehr um die Priorisierung eines einzelnen Aspekts gehen, beispielsweise *entweder* kunden- *oder* kostenorientiert zu arbeiten, denn erst die Kombination von Kostenbewußtsein, Kundenorientierung und Mit-

schließt die Zufriedenstellung der Eigenkapitalgeber einerseits und die Interessenwürdigung der übrigen Stakeholdergruppen andererseits nicht aus. Das Problem der Erfolgsverteilung verliert ohnehin an Brisanz, wenn sich das Management seine eigentliche unternehmerische Aufgabe vergegenwärtigt, nämlich unter Wettbewerbsbedingungen durch proaktiv-innovative Wertschöpfungsstrategien eine ausreichende Prosperität beizubehalten.[221] Zutreffend ist insofern die Klarstellung von *Mertens*, dass die verschiedenen Verantwortungsrichtungen, denen der Vorstand bei der Ausübung seines unternehmerischen Ermessens verpflichtet ist, bei langfristiger Betrachtung weitgehend in praktischer Konkordanz stehen[222].

Jener normativen Interpretation des Konzepts, die die Legitimität der Ansprüche der Stakeholders nicht einschränken, ist hingegen aus ökonomischer Sicht nicht stattzugeben, da sie den Tatbestand der Knappheit vernachlässigt.[223] Treffend kommt *Ballwieser* zu dem Schluss, dass die Kritik an einer einseitigen Ausrichtung des Shareholder-Value-Konzepts vordergründig sei, da ein gedachter Übergang vom Shareholder-Value- zum Stakeholder-Ansatz nicht durch eine Änderung dieser Zielsetzung umzusetzen sei.[224] Insofern kommt die Kompatibilität des Stakeholder-Ansatzes mit dem Shareholder-Value-Gedanken in der Auf-

---

arbeiterorientierung gewährleistet die Voraussetzung für eine dauerhafte Werterhaltung und Wertsteigerung des Unternehmens für den Shareholder.

221 Siehe auch Coenenberg, A. G., Shareholder Value-Konzept, BFuP, 1997, S. 561; ähnlich bereits Barz, C. H., Meyer-Landrut, J.; Schilling, W., Aktiengesetz, 1973, S. 587; Henn, G., Handbuch des Aktienrechts, S. 774; zur Bedeutung und Würdigung der Stakeholderbelange vgl. Rowley, T. J., Stakeholder Influences, A. Man. Rev., 1997, S. 887 ff; Faust, M.; Richard, J., Shareholder-value-Ansatz, Kreditwesen, 1998, S. 326; zutreffend erkennt damit v. Werder, dass in der Shareholder-/Stakeholder-Diskussion es wenig zweckmäßig noch beabsichtigt sein kann, eine Verschärfung von Verteilungskämpfen zwischen Kapital und Arbeit herbeizuführen,

222 Vgl. Mertens, H.-J., Kölner Kommentar, 1996, S. 26; siehe hierauf Bezug nehmend auch Kapitel 6 Vorstand: Geschäftsführendes Organ mit Unternehmerfunktion, S. 163.

223 Vgl. auch Schaltegger, S., Interessen zwischen Stakeholdern, Die Unternehmung, 1999, S. 5.

gabe der Unternehmungsführung zur Geltung, Strategien einerseits nach ihrem Wert für alle anderen Anspruchsgruppen zu bewerten. Zum anderen ist in der Sicherstellung gerade der Profitabilität als unabdingbare Voraussetzung für die Befriedigung aller Stakeholders die primäre Verantwortung einer Unternehmensführung zu sehen.[225]

Letztlich zielt eine erfolgreiche Unternehmensentwicklung darauf ab, den Entscheidungsprozess des Managements breiter abzustützen, indem innerhalb der Interessengruppen in erster Linie die Eigentümer von Kapitalanteilen einbezogen werden.[226] Ohne strategisches Management auf die Ziele einer Anspruchsgruppe reduzieren zu dürfen, führt die zu Recht bevorzugte Stellung der Kapitalgeber im Rahmen der relevanten Interessengruppen in dieser Weise zu einer nachhaltigen Sicherung der Wettbewerbsfähigkeit des Unternehmens und dient damit den Interessen aller Beteiligten. Der Idee der aktionärsorientierten Unterneh-

---

[224] Vgl. Schilling, W. U., Shareholder Value, BB, 1997, S. 374.

[225] Insofern dürfte der geforderte Konsens unter den am wirtschaftlichen Prozess Beteiligten dahingehend gefunden werden können, wenn in diesem Verständnis die Interessen in Einklang gebracht werden können. Vorrangig im mitteleuropäischen Raum scheint weitverbreitet Einigkeit darüber zu bestehen, dass die Kapitaleigner, nicht so sehr jedoch die Beschäftigten, am wirtschaftlichen Ergebnis interessiert seien. Zu fordern wäre jedoch eine veränderte Akzentuierung in der Prioritätensetzung. Die mit Nachdruck geforderte Teilhabe der Mitarbeiterinnen und Mitarbeiter und ihrer Interessenvertretung an den wesentlichen Entscheidungen der Unternehmensführung sollte vielmehr abgelöst werden durch eine unmittelbare kapitalmäßige Beteiligung dieser Stakeholdergruppe. In der Konsequenz würde die persönliche Verantwortung jedes Einzelnen gleichgerichtet sein und zum Unternehmenserfolg um so gewichtiger beitragen können; siehe hierzu auch de Pury, D., Corporate Governance, Der Schweizer Treuhänder, 1995, S. 1031; Pedrina, V., Führen in Verantwortung, Der Schweizer Treuhänder, 1995, S. 1038 f.; bemerkenswert ist ferner, dass eine signifikante Korrelation zwischen zunehmender Wahrnehmung ökologischer Verantwortung und einer überdurchschnittlich positiven Wertentwicklung des Unternehmens festgestellt werden konnte. So konnten die Aktienkurse von sogenannten „ethisch empfehlenswerten" Gesellschaften über einen Zeitraum von zehn Jahren kumulativ den Dow-Jones-Index beziehungsweise den Standard & Poors 500-Index um mehr als 180 % outperformen, vgl. Leisinger, K. M., Unternehmensethik, 1997, S. 186.

[226] Zu dieser Auffassung gelangt bemerkenswerterweise auch der Präsident der Gewerkschaft Bau & Industrie und Co-Präsident des Schweizerischen Gewerkschaftsbundes, Bern, Vasco Pedrina, vgl. Pedrina, V., Führen in Verantwortung, Der Schweizer Treuhänder, 1995, S. 1037.

mensführung wird deshalb keineswegs dadurch weniger gewichtig, indem versucht wird, das Stakeholder-Konzept als vorziehenswürdigere Managementmethode gegenüber einer Shareholder-Value-Ausrichtung darzustellen. Beide Ansätze sind nicht strikt voneinander zu trennen, sondern überschneiden sich bei erfolgreicher Umsetzung zwangsläufig.

Gerade die Kontinuität und Brisanz in der Diskussion um den Shareholder-Value-Ansatz und die vehemente Kritik, die der Würdigung der erstmalig gewahr gewordenen Aktionärsinteressen entgegengesetzt wird, machen nicht nur das offenkundige Korrekturerfordernis herrschender kognitiver Dissonanzen sondern vor allem die erhebliche Aktualität dieser Thematik deutlich. Indes zeigt sich, dass gerade angesichts der brisanten Eigendynamik in der Auseinandersetzung um den Shareholder-Value-Ansatz zwar ein Wechsel in der Wortwahl stattgefunden hat, nicht jedoch an der Zielsetzung und Notwendigkeit des Konzepts gezweifelt wird[227].

[227] Als einer der Protagonisten stellt etwa der Vorstandsvorsitzende der DaimlerChrysler AG, Jürgen E. Schrempp, fest, dass der Begriff des Shareholder Value im Unterschied zu den USA und Großbritannien im deutschen Sprachgebrauch zum ideologischen Kampfbegriff verkommen würde, vgl. Schrempp, J. E., „Einige haben Probleme", Wirtschaftswoche, 1996, S. 94; wenigstens in der öffentlichen Wahrnehmung wird deshalb lediglich eine negativ besetzte Terminologie verlassen, indem Shareholder Value zunehmend durch Begrifflichkeiten wie Value Management, Wertmanagement oder Stakeholder Value ersetzt wird, ohne das Konzept aufzugeben oder die Zielsetzung zu ändern; von einer „Imagehypothek" spricht hier treffend Giersberg, G., Börsenkurs, FAZ, 1997, S. B10.

4 Die Corporate-Governance-Diskussion im Kontext wertorientierter Unternehmensführung

4.1 Begriff der Corporate Governance

Während die internationalen Finanzmärkte wesentlich durch die US-amerikanische Finanzkultur bestimmt werden[228], steht die Wirtschaftslandschaft in Deutschland am Beginn einer Umgestaltung, die vor Jahren noch undenkbar gewesen wäre. Skeptisch indes wird im Lichte der gegenwärtigen Macht des US-Kapitalismus eine bloße Adaption der amerikanischen Regeln betrachtet[229]. Infolge der zunehmenden Dominanz für Unternehmenskonzepte würde der Export US-amerikanischer Finanzphilosophien die Bausteine der sozialen Marktwirtschaft vermeintlich ins Wanken bringen. So könne etwa in Vergessenheit geraten, dass die Arbeitnehmervertretung im Aufsichtsrat auch den sozialen Frieden schütze.[230]

Die verstärkte Hinwendung in Richtung der Aktionärsinteressen bedeutet indes nicht, dass einer erfolgreich angewendeten Managementphilosophie eines anders gearteten Wirtschaftsraums blind gefolgt wird, sondern vielmehr dass auch hierzulande die bisher vernachlässigten, berechtigten Eigentümeransprüche zu-

---

228 So ist die Orientierung am Shareholder Value in den USA sehr viel gegenwärtiger als in den meisten anderen Wirtschaftsräumen.

229 Zu den verschiedenen Positionen bezüglich einer Annäherung an die unternehmensrechtliche Ausgestaltung der deutschen Unternehmensführung an US-amerikanische Systemmaßstäbe, vgl. Pohle, K.; v. Werder, A., German Code of Corporate Governance, DB, 2001, S. 1101; die US-amerikanische Unternehmensführungspraxis kommentiert kritisch Katz, C., Share Holders Value, Der Betriebswirt, 2000, S. 8 f.

nehmend gewürdigt werden. Ebensowenig wie dieses Erfordernis erst besteht seit die USA diesbezüglich wegbereitend gewesen sind[231], erscheint es für diejenigen akzeptabel, die vehement an alten Besitzständen festzuhalten versuchen.

Wenn sich in Europa die Adaption des Shareholder-Value-Ansatzes wesentlich schwieriger präsentiert, so ist die Frage der Verantwortlichkeit der Unternehmensführung gegenüber Shareholders und Stakeholders einer der wesentlichen Aspekte in der breit angelegten Auseinandersetzung über die „Corporate Governance". Die Bezeichnung „Corporate Governance" ist kein Rechtsbegriff, sondern ein international verwendeter Begriff mit vielgestaltigen Ausprägungen. In Anlehnung an das *American Law Institut* werden neben der Geschäftsführungs- und Vertretungsmacht des Leitungsorgans einer Gesellschaft das gesamte Verwaltungsgefüge unter der Begrifflichkeit der „Corporate Governance" subsumiert.[232] Zunehmende Beachtung erfahren dabei im Kern die besonderen Zusammenhänge der Unternehmungsführungsstrukturen, der Eigentümerposition institutioneller Investoren und die Ausgestaltung von Managementbeteiligungsbesitz im Kontext der Unternehmenswertsteigerung[233]. Da diese Grundsätze im Zentrum eine verantwortliche, auf langfristige Wertschöpfung ausgerichtete Unternehmensleitung signalisieren, wird eine anspruchsvolle Auseinandersetzung

---

230 Demgegenüber würde kaum ein anderes Land die Mitbestimmung zu kopieren suchen, wie BDI-Chef Hans-Olaf Henkel bemerkt, vgl. Jahn, T.; Hübner, R., Kniefall vor den USA, Capital, S. 8 ff.

231 Den hohen Stellenwert, den die USA als weltweit wichtigster Kapitalmarkt einnimmt, verdeutlichen die Bestrebungen großer deutscher börsennotierter Aktiengesellschaften, an der US-amerikanischen Leitbörse gelistet zu werden.

232 Vgl. Abeltshauser, T. E., Leitungshaftung, 1998, S. 14.

233 Siehe Sundaramurthy, C., Corporate Governance, Strat. Man. J., 1996, S. 377, 381; Baums, T., Regierungskommission Corporate Governance, 2001, S. 5, 18; siehe auch Kapitel 5.2.1 Shareholder Activism – Interessenidentifizierung weltweit agierender institutioneller Investoraktionäre, S. 139.

mit Corporate-Governance-Kriterien von den Investoren und vermehrt auch von den Unternehmen selbst als vorteilhaftes Instrument zur Performance-Steigerung beurteilt.

Empirisch lässt sich feststellen, dass signifikante Unterschiede in der Profitabilität und Wertschaffung bedeutender börsennotierter Aktiengesellschaften in unterschiedlichen Rechtsräumen auf die jeweilige Ausgestaltung der Corporate Governance zurückzuführen sind. Wie hierzu unter anderem eine Studie der Unternehmensberatung *McKinsey* ausweist, sind „Value"-Investoren bereit, für deutsche Unternehmen mit guter Corporate Governance einen Aufschlag von durchschnittlich 20,2 Prozent zu zahlen[234].

Die Herausforderung der Corporate Governance ist darin zu sehen, eine optimale Form der Kontrolle und Machtausübung auf Gesellschaftsebene innerhalb des gesetzlichen und gesellschaftlichen Rahmens zu finden. Im Vordergrund der Diskussion steht dabei sowohl im europäischen wie auch US-amerikanischen Rechtsraum die Problematik der Effizienzsteigerung von Unternehmensführungen.[235] Eine hochwertige Corporate Governance sollte sich auf die Gesamtleistung des Unternehmens auswirken. Dabei ist es einerseits unerlässlich, das Augenmerk auf die gesteigerten Performanceansprüche der Kapitalgeber zu len-

---

[234] Vgl. Wiedmann, H., KonTraG, in: Coenenberg, A. G.; Pohle, K., Internationale Rechnungslegung, 2001, S. 222; Felten, R. F.; Hudnut, A.; van Heeckeren, J., Putting a value on Corporate Governance, in: The McKinsey Quarterly, 1996, S. 171; siehe auch Strenger, C., Corporate Governance, Die Bank, 1999, S. 823; Schneider, U. H.; Strenger, C., Corporate Governance-Grundsätze, AG, 2000, S. 107.

[235] So haben viele Konzerne in Deutschland und der Schweiz ihre Struktur nach den Vorgaben der in England im Rahmen des Cadbury Reports vorgetragenen Änderungsvorschlägen ausgerichtet, vgl. Behr, G., Corporate Governance, Der Schweizer Treuhänder, S. 1018 f.

ken[236]. Einen neuen Impuls erhalten hat die Corporate-Governance-Debatte durch eine Anzahl aufsehenerregender Probleme im Unternehmensbereich[237]. Es dürfte darum andererseits Einigkeit darüber bestehen, Krisen und Versagensfälle auf Unternehmensebene wirksam zu vermeiden, um die in manchen Fällen eingeschränkte Vertrauenswürdigkeit der Unternehmensführung wieder herzustellen.

Die aus der Beziehungsstruktur zwischen Aktionären und den Mitgliedern der Unternehmensführung bestehende faktische Leitungsmacht unterliegt zwangsläufig einem fortlaufenden Wandel. Insbesondere kann aufgrund variierender Faktoren in Eigentumsstruktur, Wirtschaftsumfeld, Wettbewerb und Unternehmenszyklus keine endgültige, einheitliche Leitungsmachtstruktur ausgestaltet werden, die von allen Ländern oder Unternehmen nachzubilden wäre.[238] Das jeweilige Corporate-Governance-System, im Besonderen die Eigentümerstruktur, die Intention der Fremdkapitalgeber sowie die Anreizinstrumente zur Motivation der Unternehmensführung determinieren die Unternehmensstrategien börsenno-

---

236 Über die Befolgung der Corporate-Governance-Richtlinien im Sinne der von den Großanlegern formulierten Grundsätze wachen international mittlerweile spezielle Beratungsinstitute, in Deutschland nimmt diese Aufgabe die Deutsche Schutzvereinigung für Wertpapierbesitz e. V. (DSW) wahr, vgl. o. V., Corporate Governance, Das Wertpapier, 1999, S. 65.

237 Siehe hierzu etwa den Unternehmenszusammenbruch der Balsam AG, BGH-Beschluß vom 21. Dezember 2000 – 4 StR 431/00, Pressestelle des Bundesgerichtshofs, Internet, http://www.jura.uni-sb.de/Entscheidungen/pressem00/BGH/strafrecht/bgh99-00.html, 18.07.2001; o. V., die Beinahe-Pleite der Philipp Holzmann AG, vgl. o. V., Philipp Holzmann, FAZ, 2001, S. 22; im Zusammenhang mit fehlerhaften Ad-hoc-Meldungen exemplarisch die Fälle EM-TV AG, Infomatec AG, vgl. Möllers, T. M. J.; Leisch, F. C., Haftung wegen fehlerhafter Ad-hoc-Meldungen, WM, 2001, S. 1648 ff.; Heuring, R., Unternehmenswertverfahren im Rahmen von Umwandlungsfällen, DB, 1997, S. 890. zur Haftung der Aktiengesellschaft für die Veröffentlichung unrichtiger Bilanzzahlen im Fall der Refugium Holding AG, siehe o. V., Haftung der AG, AG, 2001, S. 484 ff.

238 Vgl. OECD-Report, Corporate Governance, 1998, S. 6 f.

tierter Aktiengesellschaften. In den Unternehmenszielen offenbart sich so die Charakteristik des nationalen Kapitalmarkts[239].

Im Allgemeinen werden in der Literatur zwei grundlegende Systeme der Unternehmensführungsstrukturen hervorgehoben. Einerseits wird dabei in den USA und Großbritannien das monistische Führungssystem mit Boards of Directors, deren Unabhängigkeit gegenüber dem Management nicht immer gewahrt werden kann, einem weit gestreuten Aktienbesitz[240] sowie relativ aktiven Märkten für Unternehmenskontrolle (Corporate Control) identifiziert. Mit Kontinentaleuropa wird hinlänglich das dualistische Führungssystem assoziiert, bei dem eine Zweiteilung der Führungsfunktionen den Aufsichtsorganen ein höheres Maß an Unabhängigkeit gegenüber den Leitungsorganen sichern soll, mit einem tendenziell konzentrierteren Aktienbesitz und limitierten Märkten für corporate control.[241]

Der Effizienzsteigerung der Unternehmensleitung, dem Vorstand, wurde erst seit kurzem erstes Interesse entgegengebracht[242]. In der bisherigen Auseinandersetzung mit der deutschen börsennotierten Aktiengesellschaft steht die Verbesserung der Überwachung der Unternehmung durch Aufsichtsräte als auch Abschlussprüfer im Mittelpunkt der Diskussion[243]. Dabei wurden die beiden Komplexe Unternehmensleitung und Unternehmensüberwachung überwiegend iso-

---

239 Vgl. Gedajlovic, E. R.; Shapiro, D. M., Management Effects, Strat. Man. J., 1998, S. 533.

240 In den USA werden mehr als 50 % sämtlicher Aktien von privaten Aktionären gehalten.

241 Vgl. Gedajlovic, E. R.; Shapiro, D. M., Management Effects, Strat. Man. J., 1998, S. 534.

242 So etwa Frühauf, M., Geschäftsleitung, ZGR, 1998, S. 407; Götz, H., Leitungskontrolle der Aktiengesellschaft, ZGR, 1998, S. 524; Hoffmann-Becking, M., Vorstand der AG, ZGR, 1998, S. 497.; Bernhardt, W.; Witt, P., Unternehmensleitung und Gesamtverantwortung, ZfB, 1999, S. 825 ff.

243 Im Zusammenhang mit den angeblichen Mängeln des deutschen Corporate-Governance-Systems hat man bei einigen der großen Unternehmenskrisen in jüngerer Zeit öffentlich die Kritik derart auf die Aufsichtsräte gerichtet, obwohl letzten Endes die operative Verantwortung für die Fehlentwick-

liert voneinander behandelt. Im Zusammenhang mit den angeblichen Mängeln des deutschen Corporate-Governance-Systems hat man bei einigen der großen Unternehmenskrisen in jüngerer Zeit öffentlich die Kritik derart auf die Aufsichtsräte gerichtet, obwohl letzten Endes die operative Verantwortung für die Fehlentwicklungen beim Vorstand lag. Eine ganzheitliche Erörterung der Corporate Governance im Sinne einer stärkeren Integration der Betrachtung der Vorstands- und Aufsichtsratstätigkeiten ist überwiegend noch nicht erfolgt. Für die Weiterentwicklung plausibler und effizienter Corporate-Governance-Regelungen erscheint dies aber umso erforderlicher.

Eine wichtige Scharnierfunktion zwischen den Anforderungen an den Aufsichtsrat einerseits und den Vorstand andererseits kommt damit den Grundsätzen ordnungsmäßiger Unternehmensführung (GoU) zu. Diese allgemein anerkannten Leitlinien für die Aktivitäten des Top-Managements richten sich im Fall der Aktiengesellschaft zunächst primär an den Vorstand, indem sie den aktienrechtlichen Auftrag zur eigenverantwortlichen Leitung der Gesellschaft konkretisieren, den der Vorstand mit der „Sorgfalt eines ordentlichen und gewissenhaften Geschäftsleiters“[244] im Sinne der §§ 76 Abs. 1, 93 Abs. 1 S. 1 AktG, wahrzunehmen hat. Eine besondere Relevanz stellen die Managementstandards gleichwohl für den Aufsichtsrat dar, da dieser im Fall inakzeptabler Abweichungen auf die Einhaltung der GoU durch den Vorstand hinzuwirken hat. Damit können die GoU den Gegenstand der Aufsichtsrattätigkeit konkretisieren und so zur Strukturierung der Aufsichtsrattätigkeit und Verbesserung der Kontrolleffizienz beitragen.

---

lungen beim Vorstand lag; in diesem Sinne auch Hoffmann-Becking, M., Vorstand der AG, ZGR, 1998, S. 497.

244 §§ 76 Abs. 1, 93 Abs. 1 S. 1 AktG.

Die GoU stellen kein starres Regelsystem dar, sondern unterliegen aufgrund der sich verändernden Kenntnisse über Prinzipien einer Best Practice[245] des Top-Managements einer dynamischen Weiterentwicklung. Ein Beleg dafür ist das Gesetz zur Kontrolle und Transparenz im Unternehmensbereich (KonTraG)[246], mit dem unter anderem die Managementorientierung der Überwachungsaktivitäten verstärkt aufgegriffen wurde.[247]

4.2 KonTraG – Kapitalmarktorientierte Novellierung des Gesellschaftsrechts

4.2.1 Ausgangslage: Kapitalmarkt und Kapitalmarktrecht im Wandel

Die vom Gesetzgeber vorgenommene Novellierung des deutschen Handelsgesetzbuchs und Aktiengesetzes sind insofern zum einen eine Reaktion auf die öffentliche Aufmerksamkeit erregenden Skandale in deutschen Publikumsaktiengesellschaften in Verbindung mit offensichtlichen Mängeln im deutschen Aufsichtsratssystem. Zu den aufsehenerregenden Fällen etwa zählen *Metallgesellschaft*, *Balsam*, *Schneider* und *ARAG/Garmenbeck*[248]. Insbesondere die Verbesserung der Kontrolle durch die Aufsichtsräte, die Stärkung der Hauptversammlungspräsenzen, die Überprüfung des Vollmachtstimmrechts sowie der

---

245 Zu dem „Code of Best Practice", den Corporate-Governance-Grundsätzen für börsennotierte Gesellschaften, siehe auch Schneider, U. H.; Strenger, C., Corporate Governance-Grundsätze, AG, 2000, S. 109 f.

246 Gesetz zur Kontrolle und Transparenz im Unternehmensbereich; siehe hierzu Kapitel 4.2 KonTraG – Kapitalmarktorientierte Novellierung des Gesellschaftsrechts, S. 125.

247 Siehe zu den GoU eingehender v. Werder, A., Grundsätze ordnungsmäßiger Unternehmensleitung, DB, 1999, S. 2221 f., 2224.

248 Vgl. hierzu Forster, K.-H., Abschlußprüfung, WPG 1998, S. 4.

industrielle Beteiligungsbesitz der Banken ist der Gegenstand des am 1. Mai 1998 in Kraft getretenen KonTraG[249].

Als erneuernde Fortschreibung hergebrachten Rechts fügt sich das KonTraG in ein umfassendes Reformpaket ein, welches darauf abzielt, das überkommene Aktienrecht insgesamt zu modernisieren. Es folgt damit den bereits vorangegangenen Modernisierungsbestrebungen, etwa dem Gesetz zur Deregulierung des Aktienrechts von 1994 und dem Zweiten Finanzmarktförderungsgesetz von 1994 sowie den Parallelgesetzen zum KonTraG wie dem Kapitalaufnahme-Erleichterungsgesetz, dem Dritten Finanzmarktförderungsgesetz und dem Gesetz zur Zulassung der Stückaktie.[250]

Die jahrelang vorausgegangene Diskussion über eine Reform des Wirtschaftsrechts wurde dabei wesentlich geprägt von der Erkenntnis, dass die nationalen Kapitalmärkte nicht mehr isoliert zu betrachten sind und Publikumsgesellschaften sich ihre finanziellen Ressourcen inzwischen vermehrt auf den internationalen Kapitalmärkten erschließen.[251] Ein Vergleich in Bezug auf die Emissionsaktivität zwischen Europa und den USA veranschaulicht die wachsende Bedeutung der börsennotierten Aktiengesellschaft[252] in dem Wirtschaftsraum diesseits des At-

---

249 Zu den Inhalten der Stellungnahme der Anteilseigner deutscher Aktiengesellschaften im Rahmen des Gesetzgebungsverfahren siehe hierzu im einzelnen DSW, Kontrolle der Gesellschaften, Das Wertpapier, 1995, S. 66 f.

250 Siehe Hommelhoff, P.; Mattheus, D., Corporate Governance, AG, 1998, S. 249.

251 Siehe hierzu die Gegenäußerung der Bundesregierung, BT-Drucksache, 13/9712, S. 36: „Die deutschen Emittenten stehen im unmittelbaren Wettbewerb mit Risikokapitalnachfragern weltweit. Die Bedeutung internationaler Anleger und ihrer Erwartungen nimmt zu. Dies verlangt von unseren Unternehmen eine intensivere Kommunikation des Managements mit den Marktteilnehmern über Unternehmenspolitik und -entwicklung sowie mehr Transparenz und Publizität in allen Bereichen.“, vgl. Altmeppen, H., Die Auswirkungen des KonTraG, ZGR, 1999, S. 292.

252 Zur Definition der Aktiengesellschaft im Sinne des Aktiengesetzes, vgl. Kapitel 4.3 Die börsennotierte Aktiengesellschaft, S. 131.

lantiks. So stieg das Emissionsvolumen der europäischen Börsengänge im Vergleich zum Vorjahreszeitraum von Januar 2000 bis Juni 2000 um 70 Prozent auf 116,8 Milliarden US-$, während Aktienemissionen von US-Unternehmen im gleichen Zeitraum Milliarden US-$ erreichten[253].

Entscheidend für den wachsenden Stellenwert der Rechtsform der Aktiengesellschaft in Deutschland und ihrer beträchtlichen Aktualität, die sie gegenwärtig erfährt, ist ein vor allem in der zweiten Hälfte der 1990er Jahre gewachsenes Interesse sowohl der Anleger als auch der Emittenten. Im Jahr 1999 war mit 168 Börsengängen in Deutschland ein Höchststand festzustellen. Dies lässt sich anhand der in Abbildung 6 dargestellten stetigen Zunahme von Börsengängen innerhalb des Zeitraums von 1996 bis 2000 erkennen.

Die Aktie als Investmentalternative ist verstärkt ins Blickfeld des Anlegerinteresses gerückt. Parallel hierzu wurde im Zuge zahlreicher Verbesserungen der gesetzlichen Grundlagen, insbesondere durch das am 10. August 1994 in Kraft getretene Gesetz für kleine Aktiengesellschaften, die Rechtsform der Aktiengesellschaft auch für mittelständische Unternehmen attraktiver gemacht. Diese Entwicklung manifestiert sich in der von 2.685 im Jahr 1990 auf 5.468 im Jahr 1998 beschleunigt gestiegenen Anzahl der Aktiengesellschaften. Ebenfalls deutlich erhöhte sich in diesem Zeitraum das Nominalkapital der Gesellschaften um 65 Prozent von 74 Milliarden Euro auf 122 Milliarden Euro.[254]

---

[253] Vgl. Ostrovsky, A., Börsengänge, Financial Times Deutschland, 3. Juli 2000, S. 1.

[254] Vgl. Picot, G; Land, V., Going Public, DB 1999, 570 ff.; Maute, H., Börsenfähigkeit, DStR, 1999, S. 687 ff; Kersting, M. O., Neue Markt, AG, 1997, S. 222 f.

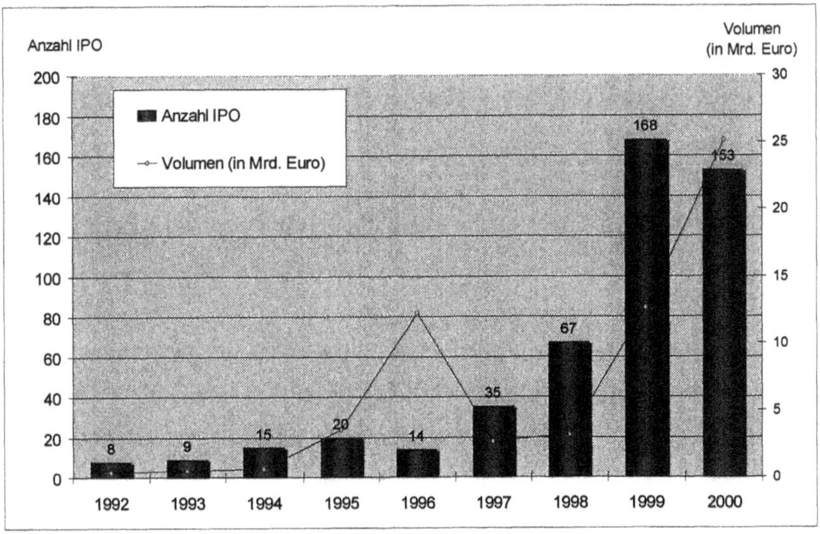

Abbildung 6: Börsengänge an der deutschen Börse[255]

Angesichts der vorhersehbaren Erhöhung der Anzahl der Aktiengesellschaft auf in naher Zukunft mehr als 6.000[256] sowie Schätzungen des Aktieninstituts zufolge etwa 1.500 börsenfähigen Unternehmen[257] scheint sich dieser Trend langfristig betrachtet fortzusetzen.

Legt man als Größenkriterium die Höhe des Umsatzes zugrunde, so wird der Stellenwert der großen börsennotierten Aktiengesellschaften innerhalb der

---

255 Angaben nach Maute, H., Börsenfähigkeit, DStR, 1999, S. 687; Deutsche Börse AG, Internet, www.deutsche-boerse.com; M&A Review, 2001, S. 3.
256 Hansen, H., AG-Report, 1999, S. R 67.
257 o. V., Handelsblatt, 1998, S. 61.

Rechtsformgruppe offenkundig: mit einem Anteil von 96,1 Prozent des in 1996 von deutschen Aktiengesellschaften erzielten Umsatz besitzt die oberste Größenklasse mit dem Größenkriterium „Umsatz von 125 Millionen Euro und mehr je Gesellschaft“ ein besonders dominierendes Gewicht.[258]

Umgekehrt erhöhte sich zugleich die absolute Anzahl der Abgänge an Aktiengesellschaften kontinuierlich. Die gestiegene Zahl von Aktiengesellschaften, die Insolvenz anmelden mussten, wird überwiegend auch auf eine mangelhafte Überwachungstätigkeit der Aufsichtsräte zurückgeführt. Nicht zuletzt auch diese Überwachungsdefizite werden daher für das Erfordernis der Aktienrechtsreform nach Maßgabe des KonTraG angeführt.

4.2.2 Gesellschaftsrechtliche Normen in Ergänzung zum Kapitalmarktrecht

Ob die in Deutschland vorherrschend verbandsrechtliche Betrachtungsweise des Gesellschaftsrechts, nach der die Stellung des Aktionärs vorrangig in seiner Rolle als Verbandmitglied gesehen wird, aufrechterhalten werden kann, muss angesichts der immer stärker voranschreitenden Globalisierung und des verschärften Innovationswettlaufs hinterfragt werden. Es erscheint angebracht, anstatt das Kapitalmarktrecht zur „Marginalie des Gesellschaftsrechts“[259] zu erklären, das Aktienrecht zum Kapitalmarktrecht fortzuentwickeln. Dies käme der Entwicklung im US-amerikanischen Recht gleich, das den Anlegerschutz vorwiegend auf der Grundlage von kapitalmarktrechtlichen statt gesellschaftsrechtlichen Normen gewährt. Prinzipielles Ziel der Rechtsordnung sollte im Kontext der zunehmen-

---

258 Vgl. Hansen, H., AG-Report, 1999, S. R 67 f.
259 Möllers, T. M. J., Anlegerschutz durch Aktien- und Kapitalmarktrecht, ZGR, 1997, S. 334.

den internationalen Kapitalmarktverflechtungen ein institutioneller Anlegerschutz sein, um zum einen das Vertrauen in die Kapitalmärkte zu sichern, speziell in die börsennotierte Aktiengesellschaft, und zum anderen eine allokativ effiziente Verteilung der bereits emittierten Aktien zu ermöglichen[260].

Vor dem Hintergrund dieser Entwicklungen scheint eine Ausrichtung des Gesellschaftsrechts hin auf ein Kapitalmarktrecht nicht nur angeraten, sondern bereits unverkennbar zu sein, zumal ohnehin an der Verzahnung der beiden Rechtsgebiete kaum Zweifel bestehen. Insbesondere hat bereits *Schmidt* zutreffend festgestellt, dass im Bereich der Publikumsgesellschaften, vor allem der Kapitalgesellschaften, Gesellschaftsrecht nicht ohne Blick auf das Kapitalmarktrecht betrieben werden kann[261].

In der Zielsetzung richtet sich das KonTraG an börsennotierte Aktiengesellschaften, bei denen ein anderes Bedürfnis der Kontrolle und Transparenz als bei börsenfernen Gesellschaften erkannt wurde[262]. Bei Sicherstellung flexibler Corporate-Governance-Regeln zielt vor allem die Fragestellung nach den Akteuren, durch die das Geschick eines Unternehmens bestimmt wird, mehrheitlich auf die große börsennotierte Aktiengesellschaft.

---

260 Möllers, T. M. J., Anlegerschutz durch Aktien- und Kapitalmarktrecht, ZGR, 1997, S. 337.

261 Schmidt, K., Gesellschaftsrecht, 1996, S. 14; anders jedoch noch die These in Schmidt, K., Gesellschaftsrecht, 1991, zweite Auflage, S. 10, nach der das Kapitalmarktrecht nur Marginalie des Gesellschaftsrechts ist; siehe auch Möllers, T. M. J., Kapitalmarkttauglichkeit des deutschen Gesellschaftsrechts, AG, 1999, S. 434.

262 Siehe Altmeppen, H., Die Auswirkungen des KonTraG, ZGR, 1999, S. 292.

4.3 Die börsennotierte Aktiengesellschaft

4.3.1 Begriffliche Abgrenzung im Sinne des Aktiengesetzes

Zahlreiche Vorschriften des Aktiengesetzes und des Handelsgesetzes nehmen seit neuem eine deutlichere Abgrenzung zwischen der börsennotierten und der nichtbörsennotierten[263] Aktiengesellschaft vor. So definiert der § 3 Abs. 2 AktG (neue Fassung) solche Gesellschaften als börsennotiert, deren Aktien an einem Markt gehandelt werden, der von staatlich anerkannten Stellen geregelt und überwacht wird, regelmäßig stattfindet und für das Publikum mittelbar oder unmittelbar zugänglich ist. Mit dieser weiten Differenzierung ist die Notierung an einer deutschen Börse als auch an äquivalenten Börsen im Ausland erfasst. Nicht eingeschlossen ist folglich der Freiverkehr[264]. Erfasst sind damit der Amtliche Handel[265] und der Geregelte Markt[266].

---

263 Verwendung findet auch die Bezeichnung „börsenferne" Unternehmen, siehe etwa Möllers, T. M. J., Kapitalmarkttauglichkeit des deutschen Gesellschaftsrechts, AG, 1999, S. 434.

264 Freiverkehr ist der Handel in amtlich nicht notierten Werten, wobei der ungeregelte Freiverkehr im Gegensatz zum geregelten Freiverkehr im Wesentlichen als Telefonverkehr außerhalb der Börse stattfindet. Die in diesem Handel eingeführten Wertpapiere beziehungsweise Unternehmen unterliegen anderen, in der Regel nicht so strengen Anforderungen wie im amtlichen Handel oder dem geregelten Markt, FAZ.NET Investor, Internet, http://www.boersenlexikon.de/freiverk.htm.

265 Der Amtliche Handel ist der umfangreichste an den deutschen Börsen durchgeführte Handel in Wertpapieren, die nach festgelegten, strengen Verfahren zu diesem Handel zugelassen sind. Insbesondere unterliegen solche Unternehmen, deren Aktien in diesem Handel eingeführt werden sollen, einer strengen Publikationspflicht, FAZ.NET Investor, Internet, http://www.boersenlexikon.de/amtliche.htm.

266 Der Geregelte Markt ist ein seit 1987 an den deutschen Börsen eingerichtetes Marktsegment, das hinsichtlich der Anforderungen für die Zulassung, der nachzukommenden Publizitätspflicht usw. dem amtlichen Markt nachgeordnet, dem geregelten Freiverkehr vorgeordnet werden kann. Die Kursermittlung erfolgt hier in Anlehnung an die Verfahrensweise des amtlichen Markts. Der Geregelte Markt bietet vor allem (noch) kleineren Unternehmen die Möglichkeit der Kapitalbeschaffung über die Börse, da das Mindestkapital hier nur Euro 250.000 betragen muss, Deutsche Börse, Internet, http://www.deutsche-boerse.com.

Ebenso wie die Corporate-Governance-Regeln einem ständigen Wandel unterliegen, um sich verändernden Gegebenheiten anzupassen, prägte die unterschiedliche Ausgestaltung der Organisation der Aktiengesellschaft deren Entwicklung und Stellenwert in den verschiedenen Ländern. Die Bedeutung der Aktiengesellschaft steht in einem engen Verhältnis zu der zeitlichen, örtlichen und jeweils wirtschaftlichen Situation.

4.3.2 Ownership and Control

Der primäre Ansatz im Aktienrecht knüpft dabei an die Frage nach den Strukturen und Funktionen der inneren Organe der Gesellschaft. Die Diskussion um die leitungs- und kontrollspezifischen Besonderheiten in der Publikumsaktiengesellschaft fand ihren Ausgangspunkt in der grundlegenden Studie von *Berle* und *Means*. Im Gegensatz zu eigentümergeleiteten Unternehmen werden in einer Gesellschaft mit gestreutem Aktienbesitz die beiden grundlegenden unternehmerischen Funktionen, das Tragen des Risikos und die Entscheidungsfindung, nicht von der Institution des „Unternehmers" ausgeübt, sondern verteilen sich in die Leitungsmacht des handelnden Managements und die Risikolast der Anteilseigner[267]. Dieses empirisch bestätigte Phänomen der zunehmenden Trennung von Eigentum und Verfügungsmacht ist darauf zurückzuführen, dass Eigentümer einer Publikumsaktiengesellschaft mit einem weit gesplitterten Anteilsbesitz nicht in der Lage sind, das Tagesgeschäft durchzuführen, und daher ein Management anstellen müssen, welches diese Aufgabe wahrnimmt.

---

267 Vgl. Gollnick, J., Vorstandsleistung, 1997, S. 21.

Der Vorteil dieser Trennung von „Ownership and Control" besteht in der effizienten Kapitallenkung, indem bei der Verteilung des Risikos auf viele Anleger ein großer Kapitalbedarf leichter gedeckt werden kann. Damit wird es den Anteilseignern ermöglicht, ihr Vermögen in effizienten Portfolios zu halten und zugleich ein qualifiziertes Management mit der Führung der Unternehmen zu beauftragen. Aus agency-theoretischer Sicht jedoch stehen dem als Nachteil die aus der Auftragsbeziehung resultierenden Konflikte zwischen dem Auftraggeber (Principal) und dem Auftragnehmer (Agent) entgegen.[268] An erster Stelle besteht hier der Informationsvorsprung des Auftragnehmers, den er zum Nachteil beziehungsweise nicht vollständig zum Vorteil des Auftraggebers ausnutzen kann. Da die Anteilseigner keine genauen Informationen darüber besitzen, ob die von ihnen angestellten Auftragnehmer[269] in ihrem Interesse handeln, sind sie auch nicht in der Lage, die Qualität der Leistung des Managements unmittelbar zu beurteilen. So können sie beispielsweise nicht differenziert erkennen, inwieweit gute Unternehmensergebnisse auf direkte Handlungen des Managements zurückzuführen sind oder auf dem Eintritt günstiger Gegebenheiten in dessen Entscheidungsfeld beruhen.[270]

Besondere Beachtung in der Öffentlichkeit finden hinlänglich nicht nur Unternehmen mit guter Performance, sondern auch mit außergewöhnlichen Fehlentwicklungen. Gerade die in jüngster Vergangenheit infolge Missmanagements aufgetretenen Unternehmenskrisen beziehungsweise -insolvenzen machen die Schwachstellen des geltenden Aktienrechts deutlich. Nicht zuletzt die kürzlich

---

[268] Siehe hierzu Elschen, R., Agency-Theorie, zfbf, 1991, S. 1001, 1006.

[269] Nach dem deutschen Aktienrecht wird gemäß § 84 AktG der Vorstand nicht direkt von den Aktionären beziehungsweise der Hauptversammlung bestellt, sondern vom Aufsichtsrat.

[270] Vgl. Gollnick, J., Vorstandsleistung, 1997, S. 22.

bekanntgewordenen Vorkommnisse unternehmerischen Fehlverhaltens in den unterschiedlichen Formen und Dimensionen – allenfalls die Spitze eines Eisbergs – signalisieren eine eklatante strategische Kontroll-Lücke[271] und geben den Anlass dafür, dass die Diskussion um „Corporate Governance" insofern vor allem auch mit Blick auf die Überwachung der Unternehmensleitung geführt wird.[272]

Da die vom Gesetz ermöglichte weitreichende Machtstellung des Managements zugleich dessen Kontrolle erfordert, besteht bei der großen, börsennotierten Aktiengesellschaft im speziellen die Hauptproblematik darin, der Leitungsgewalt der aktionsberechtigten Verwaltung ein wirksames Korrektiv von seiten der vermögensberechtigten Mitglieder entgegenzusetzen.

Dies führt zu der Überlegung, inwieweit das geltende, zuletzt reformierte Gesetz die nötigen Instrumente zur Wahrung von Aktionärsinteressen tatsächlich zur Verfügung stellen kann,[273] um die oftmals widerstreitenden Interessen der verschiedenen Aktionärsgruppen einerseits und die des Vorstands als auch des Aufsichtsrats andererseits in Einklang zu bringen.[274]

Hierzu scheint es erforderlich, sich die Organe der Aktiengesellschaft in ihrer jeweiligen Bedeutung sowie Funktion zueinander aus aktienrechtlicher als auch ökonomischer Perspektive zu vergegenwärtigen.

---

271 So bereits Hofmann, R., Kapitalgesellschaften auf dem Prüfstand, 1992, S. 7.

272 Siehe etwa Feddersen, D.; Hommelhoff, P.; Schneider, U. H., Corporate Governance, 1996, S. 2 f., 33 f., 217 ff., 234 ff.

273 Siehe auch Becker, M., Verwaltungskontrolle durch Gesellschafterrechte, 1997.

274 Siehe Wellkamp, L., Vorstand, Aufsichtsrat und Aktionär, 1998, S. V.

5 Anteilseigner ohne Eigentümerposition?

5.1 Hauptversammlung

Der Aktionär verfügt als Inhaber einer Aktie über einen mitgliedschaftlichen Anteilsschein an der Aktiengesellschaft.[275] Die Aktie verkörpert primär weder Forderungen noch Sachenrechte, sondern Mitgliedschaft in einem Verband.[276] Da die Aktiengesellschaft als juristische Person selbst Trägerin der Rechte und Pflichten und damit Eigentümerin des Gesellschaftsvermögens ist, vermittelt die Aktie rein sachenrechtlich keinen Wert, also kein Eigentum an dem Vermögen der Gesellschaft. Der Aktionär ist im Rechtssinne nicht Eigentümer beziehungsweise Miteigentümer, sondern allenfalls wirtschaftlich Eigentümer des Gesellschaftsvermögens.[277]

Auch ist er nicht Eigentümer oder Miteigentümer der Gesellschaft selbst, weil Eigentum nur an Sachen und nicht an Personen bestehen kann, und zwar weder an natürlichen noch an juristischen Personen. Wie dargelegt, ist die Aktiengesellschaft aber eine juristische Person. Zutreffenderweise wird der Aktionär deshalb auch nicht als Eigentümer oder Miteigentümer der Gesellschaft betrachtet, sondern als Anteilseigner, der mit seinem Anteil am Grundkapital der Gesellschaft beteiligt ist.[278]

---

[275] Henn, G., Handbuch des Aktienrechts, 1998, S. 9.
[276] Vgl. Henn, G., Handbuch des Aktienrechts, 1998, S. 769.
[277] Henn, G., Handbuch des Aktienrechts, 1998, S. 770.
[278] Henn, G., Handbuch des Aktienrechts, 1998, S. 770.

Eine besondere Machtposition verleiht das Mitgliedschaftsrecht aus der Aktie jedoch hinlänglich nicht. Herkömmlicherweise verfügt der Einzelaktionär neben dem Recht, eine Aktie zu kaufen, zu verkaufen oder zu übertragen über Vermögensrechte (Dividendenrecht, Recht auf den Liquidationserlös und Bezugsrecht) und über die grundsätzlich nicht zu unterschätzenden Herrschaftsrechte, welche ihm bei Besitz einer Stammaktie mit dem Stimmrecht[279], dem Auskunftsrecht[280] und dem Recht auf Teilnahme an der Hauptversammlung[281] die Einflussnahme gestatten.

Nach den gesetzlichen Bestimmungen verfügt die Hauptversammlung der Aktionäre über den erwirtschafteten Bilanzgewinn[282] und bestellt die Aufsichtsratsmitglieder[283]. Dieser Leitsatz des Aktienrechts indes, nach dem die Hauptversammlung als wichtigstes Beschlussorgan den obersten gesetzlichen Entscheidungsträger der Aktiengesellschaft bildet,[284] ist bei großen börsennotierten Aktiengesellschaften eine Fiktion. Dies ist darin begründet, dass eine meist deutlich überwiegende Mehrzahl von Aktionären an der Hauptversammlung gar nicht teilnimmt, da weder mit dem Eigentum an einer Einzelaktie noch in der Zusammenfassung in der Hauptversammlung ein Machteinfluss verbunden ist, der demjenigen der Organfunktionäre im Aufsichtsrat oder Vorstand gleichwertig wäre. Offenkundig ist die geringe und in der Tendenz weiter rückläufige Hauptversammlungspräsenz auf den tatsächlich geringen Stellenwert des Mitgliedschaftsrechts aus Aktien zurückzuführen. Im Besonderen in den größten börsennotierten Akti-

279 §§ 12, 134 bis 136 AktG.
280 §§ 131, 132 AktG.
281 § 123 Abs. 2 bis 4 AktG.
282 § 174 Abs. 1 AktG.
283 § 101 Abs. 1 AktG.
284 Vgl. Henn, G., Handbuch des Aktienrechts, 1998, S. 243, 347.

engesellschaften mit einer großen Zahl anonymer Anleger verdeutlicht die erheblich unter dem Durchschnitt liegende Präsenzziffer die „Ohnmacht des Einzelstimmrechts“[285]. Aktionäre fällen hieraus mehrheitlich den Entschluss, ihr Stimmrecht entweder nicht auszuüben oder den depotführenden Banken zu überlassen[286].

Für die den Aktionären de facto vom Gesetz zugebilligte Befugnis, die Mitglieder des Aufsichtsrats zu bestimmen oder die Dividende festzusetzen, lässt sich somit in der Praxis schwerlich eine Evidenz feststellen. Selbstverständlich wird man nicht an der Tatsache zweifeln können, dass die Hauptversammlung den Aufsichtsrat *wählt*. Es darf jedoch angenommen werden, dass die gesetzliche Kompetenz des Aktionärs mit der Möglichkeit, den Aufsichtsrat *auszuwählen* zum Ausdruck kommen sollte. Dies ist tatsächlich in Wirklichkeit kaum ersichtlich.

Letztlich konzentriert sich die Macht im Unternehmen auf das Management und darüber hinaus – insbesondere im deutschsprachigen Raum – die Banken. Die vom Gesetzgeber ursprünglich etablierte Machtbalance zwischen Unternehmensleitung und Eigentümerschaft sei aus dem Lot geraten, der Aktionär in der Publikumsgesellschaft „zum bloßen Statisten verkommen“[287], wie *Abt* behauptet. Aufgrund der „Pulverisierung des Aktionariats“ seien Unternehmensleitungen

---

285 Vgl. Henn, G., Handbuch des Aktienrechts, 1998, S. 774, 908; als Fürsprecher der Kleinaktionäre haben sich in der Bundesrepublik Deutschland die Schutzgemeinschaft der Kleinaktionäre (SdK) und die Deutsche Schutzgemeinschaft für Wertpapierbesitz (DSW) hervorgetan, welche auf Hauptversammlungen sich dafür einsetzen, dass die Anliegen von Kleinanlegern bei Vorständen und Aufsichtsräten Gehör finden, vgl. Kast, G., Kleinaktionäre, Börse Online, 2000, S. 116.

286 Die formelle Legitimation des Vollmachtstimmrechts der Kreditinstitute ergibt sich aus § 135 Abs. 1 bis 8, Abs. 10 bis 11 AktG, Henn, G., Handbuch des Aktienrechts, 1998, S. 755.

287 Abt, H., Balance der Macht, Der Schweizer Treuhänder, 1995, S. 1024 f.

jeder ernst zu nehmenden Einflussnahme seitens der Inhaber entzogen.[288] Insofern scheinen Bedenken an der Wirksamkeit der Hauptversammlung als aktienrechtliches Instrument der Einflussnahmemöglichkeit der Aktionäre zu bestehen. Allzu oft können sich Vorstände und Aufsichtsräte gegenüber kritischen Aktionären, vornehmlich Kleinaktionären, behaupten[289]. Auch stehen Vorstände der Hauptversammlung vielfach mit Argwohn gegenüber, indem sie offensiv geäußertes Misstrauen seitens der Anteilseigner als „Aktionärsinquisition"[290] werten. Aus diesem Grund entsprechen Auskünfte auf brisante Fragen vielfach nicht „den Grundsätzen einer gewissenhaften und getreuen Rechenschaft"[291], wie es das Aktiengesetz nach § 131 AktG vorsieht.

In dieser Hinsicht scheinen die bestehenden Organstrukturen den Aktionären grundsätzlich nur wenig eine effektive Überwachungsmöglichkeit managerialer Unternehmensentscheidungen zu ermöglichen. Bei unzufriedenen Aktionären, insbesondere institutionellen Investoren, riefen Missstände dieser Art zu der Forderung nach signifikanten Änderungen in den Governance-Strukturen, um die Transparenz von Entscheidungen der Unternehmensleitung gegenüber den Shareholders zu erhöhen.[292]

---

288 Abt, H., Balance der Macht, Der Schweizer Treuhänder, 1995, S. 1024 f.

289 Siehe hierzu anschaulich etwa Henry, A.; Spegel, H., Thermoskanne und Henkelmann, Wirtschaftswoche, 1998, S. 210 ff.; siehe zur abnehmenden Bedeutung der Hauptversammlung angesichts der Internationalisierung der Anlegerschaft, Baums, T., Transparenz, Das Wertpapier, 2001, S. 9.

290 Andererseits findet das Auskunftsrecht nach § 131 AktG seine Grenzen, sofern es rechtsmissbräuchlich ausgeübt wird, indem etwa bewußt überwiegend unsachlich oder belästigend Aufklärung verlangt wird, vgl. o. V., AG, 2001, S. 425 f.; o. V., Auskunftsanspruch des Aktionärs, ZIP, 2001, S. 1200; o. V., DB, 2001, S. 1080 ff.

291 Siehe § 131 AktG.

292 Vgl. Westphal, J. D.; Zajac, E. J., Corporate Governance Reforms, Administrative Science Quarterly, 1998, S. 127.

In der Analyse der Beziehung zwischen Eigentümern und Management wird nachfolgend mit Blick auf die Shareholder-Interessen der These nachgegangen, inwieweit unterschiedliche Eigentümer-Überwachungs-Strukturen voneinander abweichende Unternehmenswertentwicklungen zur Folge haben. Es wird unterstellt, dass unkontrollierte Unternehmensführungsorgane nicht hinreichend effizient operieren würden. Sofern bestimmte Shareholders als Überwachungsinstanz des Managementverhaltens und gleichzeitig als Akteure an den internationalen Kapitalmärkten auftreten – sei es entweder aufgrund tatsächlichen Aktivwerdens oder kraft der Autorität ihrer bloßen Präsenz – würde sich nach der Annahme eine positivere Wertentwicklung zeigen als in Unternehmen ohne eine derartige Managementüberwachung.

5.2 Aktionärsstruktur und Unternehmenswertentwicklung

5.2.1 Shareholder Activism – Interessenidentifizierung weltweit agierender institutioneller Investoraktionäre

Obgleich sich auf deutschen Hauptversammlungen Vorstände oder Aufsichtsräte erfolgreich gegen Aktionärseinflussnahme abschirmen können, ist im vorangehend skizzierten Verhältnis zwischen Aktionären und Unternehmensleitung ein fortschreitender Wandel festzustellen. Würdigt man die verbalen Bekundungen in Geschäftsberichten und auf Pressekonferenzen, nimmt das Ziel der Mehrung des Shareholder Value in etlichen Unternehmen bereits eine ähnlich dominierende Stellung ein wie bei den meisten angelsächsischen Unternehmen[293].

[293] Vgl. Thielemann, R., Shareholder Value, Going Public, Sonderausgabe „Praxis", 1999, S. 105.

Bemerkenswert ist angesichts der in Deutschland vorherrschend gelebten Stakeholder-Ausrichtung umso mehr die im internationalen Vergleich wachsende Beachtung, die den Interessen der Anteilseigner vorgeblich entgegengebracht wird. So zeigen die Ergebnisse einer von der Prüfungs- und Beratungsgesellschaft *Coopers & Lybrand Deutsche Revision* durchgeführten Studie, dass im Herbst 1996 rund 90 Prozent der 277 befragten deutschen Unternehmen ihre Strategie überwiegend an Eigentümerinteressen ausrichten sowie strategische und routinemäßige Unternehmensentscheidungen nach Shareholder-Value-basierenden Methoden vorgenommen werden[294]. Obgleich in Deutschland die Unternehmen in ihrer Selbstdarstellung zwar verstärkt Wert auf Shareholder Value legen, scheinen demgegenüber in der konsequenten Umsetzung gegenwärtig noch erhebliche Defizite zu bestehen[295]. Bisher nur begrenzte Überzeugungskraft besitzen Willensbekundungen zur Würdigung der Aktionärsinteressen bei Betrachtung der Eigenkapitalrenditen deutscher Unternehmen im internationalen Vergleich.[296]

---

[294] Anzumerken ist, dass es sich bei diesen Unternehmen sowohl um börsennotierte als auch nicht börsennotierte Unternehmen verschiedener Branchen handelte, vgl. Achleitner, A.-K.; Bassen, A., Entwicklungsstand des Shareholder Value-Ansatzes, 2000, S. 2 ff.

[295] Insbesondere scheitert die Realisierung einer Wertsteigerung im Sinne der Aktionäre vielfach an mangelndem Wissen der Mitarbeiter sowie der zögerlichen Anwendung von Shareholder-Value-Größen wie DCF, EVA und MVA beziehungsweise CFROI; Die Qualität der Unternehmensführung zeigt sich hier in der Fähigkeit, die strategische Ausrichtung des Unternehmens jedem Mitarbeiter als Selbstverständnis zu verinnerlichen, vgl. Hamel, G.; Prahalad, C. K., Competing for the Future, 1994, S. 136 f.; siehe auch Achleitner, A.-K.; Bassen, A., in: o. V., Kapitalgeber machen Druck, Der Tagesspiegel, 1999, S. 34; dass es mit der Wertorientierung in Wahrheit nicht weit her ist, belegen die Ergebnisse einer Studie „Shareholder Value Konzepte" der Prüfungs- und Beratungsgesellschaft KPMG, vgl. Schäfer, A., Erhebliche Vorbehalte, Wirtschaftswoche, 2000, S. 140; siehe auch Kapitel 2.2 Wertsteigerungsanalyse: Verfahren zur Performancebewertung börsennotierter Aktiengesellschaften, S. 45.

[296] So haben beispielsweise die deutschen Großbanken, zu denen etwa Deutsche Bank, Dresdner Bank und Commerzbank zählen, noch 1995 allesamt eine Eigenkapitalrendite von zehn Prozent erwirtschaftet, während internationale Banken wie etwa Standard Chartered oder Wells Fargo 25 Prozent erzielen konnten, vgl. Schätzle, R. J., Alle Macht den Aktionären?, Gablers Magazin, 1996, S. 45.

Welche Gruppe sollte am meisten von Ihrer Geschäftsstrategie profitieren?				
Gruppe / Land	Anteilseigner	Kunden	Mitarbeiter	Andere
Niederlande	93 %	7 %	0 %	0 %
Deutschland	92 %	6 %	0 %	0 %
Österreich	83 %	7 %	0 %	10 %
Schweden	65 %	18 %	17 %	0 %
Großbritannien	57 %	26 %	17 %	0 %
Frankreich	57 %	23 %	10 %	0 %
Schweiz	57 %	16 %	17 %	0 %

Abbildung 7: Empirische Relevanz des Shareholder-Value-Konzepts[297]

Die sichtbar gestiegene Aufmerksamkeit, die den Aktionärsinteressen vom Top-Management entgegengebracht wird, erhält ihren Impuls durch den Shareholder

[297] Gemäß einer Analyse von Englert, J.; Scholich, M., Unternehmensführung, BB, 1998, S. 684.

Activism[298], die zunehmende Zahl aktiver Investoren, welche sich maßgeblich aus verschiedenen institutionellen Investoren zusammensetzen.

Institutionelle Investoren[299] bilden eine heterogene Gruppe von Unternehmen, zu denen neben Banken und Versicherungsgesellschaften im Wesentlichen öffentliche und private Pensionsfonds sowie Investmentfonds[300] zählen. Charakteristisch ist institutionellen Investoren ihre globale Präsenz im Sinne ihrer weltweiten Eigentümerstellung in nahezu sämtlichen börsennotierten Aktiengesellschaften jeder Branche. Konstituiert als juristische Personen richtet sich ihr Fokus weitgehend übereinstimmend auf die Wertentwicklung und die kapitalmarktorientierte Informationspolitik der Unternehmen in allen Ländern.

Im Gegensatz zu den individuellen Aktionären werden Investmentarrangements für die Anteilseigner dieser Fonds von Fondsmanagern vorgenommen, denen die Treuepflicht obliegt, die treuhänderisch verwalteten Gelder möglichst profitabel zu investieren. Ihre Aufgabe besteht dahingehend nicht primär darin, die Geschicke von Aktiengesellschaften per se mitzubestimmen. Sollten Bedenken an dem Wertschöpfungspotential eines Unternehmens oder an seinem Management bestehen, dürfte ihre Pflicht vielmehr darin gesehen werden, die entsprechenden Aktienpositionen abzubauen und die Liquidität in aussichtsreichere Gesellschaften umzuleiten.

---

298 Im Folgenden wird der Begriff „Shareholder Activism" gemeinhin verstanden als sämtliche wertsteigernde Aktivitäten seitens der Aktionäre gegenüber der Unternehmensführung und steht synonym für „Einflussnahme" und „Überwachung" sowie „Intervention" durch die Anteilseigner.

299 Aufgrund ihres berufsmäßigen Investmentverhaltens werden institutionelle Investoren auch als „professionelle Anleger" bezeichnet.

300 David, P.; Kochhar, R.; Levitas, E., Institutional Investors, A. Man. J., 1998, S. 200.

5.2.2 Aktive Beteiligung als Verantwortlichkeitskriterium

Infolge der massiven Zuflüsse in Investment- und Pensionsfonds hat der Anteil institutioneller Aktionäre am Eigenkapital börsennotierter Aktiengesellschaften im Verlauf der letzten beiden Jahrzehnte des 20. Jahrhunderts unvorhersehbar zunehmende Dominanz erlangt[301], die allem Anschein nach beständig fortschreiten dürfte[302]. Damit wird deutlich, dass die Wertentwicklung börsennotierter Aktiengesellschaften die wesentliche Performancedeterminante institutioneller Investoren darstellt.

Im Folgenden soll mit Blick auf eine kapitalmarktbasierte Corporate Governance der Stellenwert großer institutioneller Investoren hinsichtlich effizienterer Unternehmensführungen und verbesserter Unternehmenswertentwicklung analysiert werden. Hierbei ist zu ergründen, ob und inwieweit aus der Präsenz institutioneller Investoren als Institution der Unternehmenskontrolle eine Disziplinierung der Unternehmensführung resultiert, so dass nichtaktionärskonformes Verhalten für Manager an Attraktivität verliert[303].

---

[301] So werden gegenwärtig über 60 % des Streubesitzes der Aktien der größten US-amerikanischen und britischen Aktiengesellschaften von institutionellen Anlegern gehalten; die modernen institutionellen Investoren werden bezeichnet als „New Owners" bei Monks, R. A. G., Active Shareholders?, Long Range Planning, 1999, S. 20 f.

[302] So wird der Vermögensbestand in Pensionsfonds zum Jahr 2000 weltweit auf nahezu zwölf Billionen US-$ prognostiziert, vgl. Griffin, Mark, Pension Time Bomb and Its Capital Market Impact, Research report, Goldman Sachs Global Research, New York, 28.05.1997, in: Ambachtsheer, K.; Capelle, R.; Scheibelhut, T., Pension Fund Performance, Financial Analysts Journal, 1998, S. 20.

[303] Zu der Möglichkeit, die inhomogenen Interessen von Management und Eigner mithilfe agencytheoretischer Ansätze in Einklang zu bringen, siehe Zimmermann, G.; Wortmann, A., Shareholder-Value-Ansatz, DB, 2001, S. 289 ff.

Innerhalb der Corporate-Governance-Diskussion wird hervorgehoben, dass der Eigentümerstruktur eine zunehmende Bedeutung zukommt, mit variablen Einflussnahmemöglichkeiten auf den Unternehmenswert einzuwirken. So sind institutionelle Investoren zuallererst in die Lage versetzt, am Markt, an dem die Aktie des Unternehmens gehandelt wird, die Liquidität und somit ihren Wert[304] zu variieren. Zum zweiten ist es Großaktionären[305], etwa Fonds mit Vermögenswerten von mehr als einer Milliarde US-$, aufgrund des beträchtlichen Umfangs ihres kollektiven finanziellen Arrangements gestattet, Corporate-Governance-Standards mitzubestimmen. Institutionelle Anleger sind daher gefordert, schlicht aus Eigeninteresse, eine proaktivere Rolle einzunehmen und ihre Einwirkungsmöglichkeiten wahrzunehmen, um sicherzustellen, dass die Aktivitäten derjenigen Unternehmen, in welchen sie investiert sind, mit den Aktionärsvorstellungen korrespondieren. Zu einem intensiven Dialog zwischen Aktiengesellschaften und institutionellen Anlegern fordert etwa der *„Cadbury Report"* auf:

> „Institutional investors should encourage regular, systematic contact at senior executive level to exchange views and information strategy, performance, board membership and quality of management"[306].

Ebenso erklärt der *„Combined Code"*:

---

[304] Siehe hierzu die Untersuchungen etwa bei Zechner, J, Comment on Monitoring, E. Fin. Rev., 1997, S. 165 ff.

[305] Ambachtsheer und Ezra definieren „große" Aktionäre etwa als Fonds mit Vermögenswerten von mehr als einer Milliarde US-$, vgl. Ambachtsheer, K.; Capelle, R.; Scheibelhut, T., Pension Fund Performance, Financial Analysts Journal, 1998, S. 20.

[306] Cadbury, A., Report of Committee on the Financial Aspects of Corporate Governance, London, 1992, in: Clarke, R. N.; Conyon, M. J.; Peck, S. I., Directors' Remunieration, Bus. Strat. Rev., 1998, S. 26.

„The chairman of the board should ensure that the company maintains contact as required with its principal Shareholders about remuneration in the same way as for other matters“[307].

Diese Überlegungen stützen sich auf Untersuchungen börsennotierter Aktiengesellschaften, bei denen bei Präsenz institutioneller Aktionäre bereits ein positiver Effekt beziehungsweise bei deutlich erkennbarem und ausgeprägtem Shareholder Activism eine substantielle Wirkung[308] auf die Shareholder-Value-Steigerung nachgewiesen werden konnte.[309] Entgegengesetzt zu breit gestreutem Anteilseigentum führt eine höhere Konzentration des Eigentums am Eigenkapital dann zu einer Steigerung des Unternehmenswerts, wenn in der Managementüberwachung die maßgebliche Investorenaufgabe gesehen wird[310]. Als ihre „moralische Pflicht“ gegenüber allen Anlegern leitet sich diese her aus dem weitgehend alleinigen Recht jener „Shareholdings“, Leitungsorgane zu ernennen. Für das Interesse institutioneller Investoren, kraft ihrer Autorität konsequent in die Überwachung der Unternehmensführung involviert zu werden, besteht die notwendige Voraussetzung, dass sie sich selbst als Eigentümer der Unternehmensanteile verstehen.[311] Während *Zechner* grundsätzlich eine positive Relation zwischen dem Umfang des Eigenkapitalanteils und dem Anreiz zur Überwachung ausmacht[312] und *Hutton* auf die Verpflichtungen institutioneller Anleger als Ei-

---

307 Combined Code, Comittee on Corporate Governance: The Combined Code, B. 26, London, 1998, in: Clarke, R. N.; Conyon, M. J.; Peck, S. I., Directors' Remunieration: Views from the Top, Bus. Strat. Rev., 1998, S. 26; siehe auch Böer, B. P., Großanleger, FAZ, 1998, S. 23.

308 Vgl. Crutchley, C. E.; Hudson, C. D.; Jensen, M. R. H., Shareholder Wealth Effects, Fin. Serv. Rev., 1998, S. 9.

309 Vgl. Keasey, K.; Wright, M., Corporate Governance, 1997, S. 10; Zhang, G., Ownership concentration, European Econ. Rev., 1998, S. 1752.

310 Habib, M. A., Monitoring, E. Fin. Rev., 1997, S. 145.

311 Vgl. Short, H.; Keasey, K., Corporate Governance, 1997, S. 23, 25 f.

312 Vgl. Zechner, J., Comment on Monitoring, E. Fin. Rev., 1997, S. 166.

gentümer verweist[313], ist indes aus gesellschaftsrechtlicher Perspektive nicht ersichtlich, wie diese Verpflichtungen näher zu bestimmen wären, wenn diese Verpflichtungen tatsächlich bestünden.

5.2.3 Interessenkonflikte aufgrund differierender Investmentstrategien

Wenig Beachtung findet darüber hinaus in der wissenschaftlichen Auseinandersetzung die Frage nach der Intention und den Anreizen sowie der tatsächlichen Befähigung von Großanlegern, auf Managemententscheidungen Wirkung auszuüben.

5.2.3.1 Aktionärsspezifische Abhängigkeitssensitivität

Mit Einschränkung der Kreditinstitute und Versicherungsgesellschaften sind institutionelle Investoren im Gegensatz zu den privaten Aktionären nicht Eigentümer der Anteile, sondern vielmehr treuhänderisch als Investoren tätig.[314] Zum einen wird daher hinsichtlich der beiden erstgenannten Institutionen angeführt, dass diese ihre verfügbaren Aktien nicht primär als Investmentinstrument zur Erreichung von Wertsteigerungszielen betrachten, sondern eher indifferent dem Anlagevermögen zuordnen. Da mit diesen Anteilsscheinen insofern nicht gehandelt wird, aktienkursbestimmende Transaktionen also nicht stattfinden, können sie von den aktiven Marktteilnehmern überhaupt nicht wahrgenommen werden. Hinzu kommt, dass diese institutionellen Investoren häufig Geschäftsbeziehungen mit den Aktiengesellschaften unterhalten, in denen sie zugleich investiert sind.

---

313 Vgl. Short, H.; Keasey, K., Corporate Governance, 1997, S. 26.
314 Vgl. Short, H.; Keasey, K., Corporate Governance, 1997, S. 23 ff.

Investoren etwa mit Kredit- beziehungsweise Versicherungsvertragsverhältnissen sind im Gegensatz zu ausschließlich am Eigenkapital Beteiligten der Willenslenkung durch das Management ausgesetzt und sehen sich bezüglich ihrer Investorinteressen mit einem Konflikt konfrontiert. Die Mutmaßung, dass managementunkritische Aktionäre folglich weniger effektiv die Unternehmensperformance überwachen können, wird durch den Nachweis der positiven Wirkung unabhängiger Institutionen allein auf Unternehmensinnovationen von *Kochhar/ David* bestätigt[315]. Die Einflussnahmefunktion auf das Corporate-Governance-System durch Investoren muss dann scheitern, weil die Unternehmensführungen so nicht zuverlässig die Anschauungsweise jener Aktionäre erwidern können, welche es ihrerseits aufgrund mangelnder Interaktion mit dem Management unterlassen, ihre Verantwortlichkeit als Shareholder zu akzeptieren[316].

5.2.3.2 Free-Rider-Problem

Andererseits ist zu ergründen, inwieweit die Rolle institutioneller Anleger als Großaktionäre börsennotierter Aktiengesellschaften überhaupt mit ihrer Investorfunktion als Investoren von Investmentfonds korrespondieren kann.

Modelle zur Erklärung von Auswirkungen spezieller Eigenkapitaleigentümerstrukturen legen hinlänglich die Existenz eines großen Shareholders zugrunde beziehungsweise gehen davon aus, dass bei mehreren großen Investoren keinerlei

---

315 Vgl. Kochhar, R.; David, P., Institutional investors, Strat. Man. J., 1996, S. 73 ff.

316 Vgl. Charkham, J. P., Are shares just commodities? In Creative Tension?, London, National Association of Pension Funds, S. 34-42, in: Short, H.; Keasey, K., Corporate Governance, 1997, S. 25. Demgegenüber wird darauf hingewiesen, dass Investoren als Gegenleistung für ein langfristiges Engagement die Einhaltung einiger grundlegender Corporate-Governance-Kriterien von der Unter-

Interessendivergenzen bestehen würden. In der Realität hingegen scheint es sich bei der Koordination überwachungsrelevanter Aktionärsaktivitäten und der Annäherung der Interessen der Shareholders untereinander keineswegs um ein triviales Problem zu handeln.[317]

Zunächst ist hier zu vergegenwärtigen, dass alle Shareholders mit einem potentiellen „free-rider"-Problem konfrontiert sind. Eine Investmentfondsgesellschaft beispielsweise, die aufwandswirksam gegen Managementhandlungen interveniert, wird zu Lasten ihrer Kapitalanleger einen geringeren Erfolg ausweisen können als ein inaktiver Investor, wodurch ihrerseits unter wachsenden Wettbewerbsbedingungen gewiss Reputations- und folglich Kundenverluste entstehen dürften. Wie sich feststellen lässt, entstehen mit der Beschaffung der notwendigen Informationen zur Überwachung des Managementverhaltens relativ fixe Kosten[318]. Für einen einzelnen Anleger dürften hinreichende Anreize also bestehen, die maßgeblichen Daten zu erhalten, wenn die damit verbundenen Kosten durch den Nutzen der Überwachung mindestens kompensiert werden.

Obwohl bezogen auf den Anteilsbesitz das Nutzen-Kosten-Verhältnis augenscheinlich bei großen Investoren vorteilhafter sein dürfte als bei vergleichsweise kleineren Investoren, bleibt weiterhin die Frage, mit welcher Wahrscheinlichkeit die erwarteten Vorteile der Einflussnahme die Überwachungskosten übersteigen. Unterstellt man eine positive Korrelation zwischen der Größe des Anlegers und dem Nutzen-Kosten-Verhältnis, reduziert sich die vorliegende Problematik auf

---

nehmensleitung fordern, vgl. Goobey, Alastair Ross, Hermes, in: OECD-Report, Corporate Governance, 1998, S. 68, 94.

317 Vgl. Zechner, J., Comment on Monitoring, E. Fin. Rev., 1997, S. 167.

318 Vgl. Short, H.; Keasey, K., Corporate Governance, 1997, S. 29.

die Überlegung, inwieweit ihre bestehenden prozentualen Anteilsbestände institutionelle Investoren befähigen, Aktivitäten von Aktiengesellschaften und die ihnen dadurch zugute kommenden Vorteile zu dirigieren. Im Lichte des Erfordernisses der Portfoliodiversifikation und der Prävention potentiell auftretender Liquiditätsprobleme werden professionelle Anleger nicht bereit sein, einen substantiell größeren Eigenkapitalanteil einer einzelnen Gesellschaft zu erwerben, sich auf diese Weise de facto in die Gesellschaft „einzuschließen" und damit vermindert transaktionsfähig zu sein. Während der Prozentsatz der einzelnen von Institutionellen gehaltenen Anteile im Bereich von zwei Prozent bis drei Prozent im Vergleich zu den Privaten relativ groß erscheint, ist er gemessen am institutionellen Portfolio im ganzen und an der gesamten Aktienanzahl des Unternehmens gering und dürfte nicht die Kosten einer aktiveren Beteiligung rechtfertigen.[319] Mit über Tausend verschiedenen Aktien in einem breit gestreuten Portfolio ist die Möglichkeit der Einwirkung institutioneller Investoren auf die Gesellschaften, an denen sie beteiligt sind, tendenziell beschränkt. Die Rolle als institutioneller Anleger kann daher darin bestehen, die Corporate Governance über den Markt zu beeinflussen.

Angesichts dieser Konstellation scheinen für die jeweiligen Großanleger individuell kaum Anreize zu bestehen, selbst mit den Kosten für dieses quasi „öffentliche Gut"[320] – Überwachung der Unternehmensperformance – konfrontiert zu

---

319 Mit über Tausend verschiedenen Aktien in einem breit gestreuten Portfolio ist die Möglichkeit der Einwirkung institutioneller Investoren auf die Gesellschaften, an denen sie beteiligt sind, tendenziell beschränkt. Die Rolle als institutioneller Anleger könne daher darin bestehen, die Corporate Governance über den Markt zu beeinflussen, so Hasegawa, Kimitoshi, Dai-ichi Life Research Institute Inc., in: OECD-Report, Corporate Governance, 1998, S. 53; Short, H.; Keasey, K., Corporate Governance, 1997, S. 29 f.

320 Sofern es sich bei der Managementüberwachung um ein öffentliches Gut handelte, bestünden unter dem Gesichtspunkt der Eigennutzmaximierung für den einzelnen Investor Anreize, sich an dessen Finanzierung nicht zu beteiligen. Dieser Mechanismus lässt sich dadurch erklären, dass der

werden. Die klassische Problematik des „öffentlichen Guts" wird hier um so offenkundiger, da die unterschiedlichen institutionellen Investoren nicht zwingend übereinstimmende Beweggründe haben, in Angelegenheiten der Unternehmensführung eingehend involviert werden zu müssen.[321] Die wesentlichen Unterschiede institutioneller Investmentstrategien bestehen in den voneinander abweichenden Zeitrahmen ihrer Portfolios. Während beispielsweise Aktienfondsverwaltungen im Allgemeinen dem Markt gegenüber eine kurzfristige Betrachtungsweise erkennen lassen[322], besitzen Pensionsfonds aufgrund des Wesens ihres Geschäftsbetriebs sicherlich eine langfristige Perspektive hinsichtlich ihrer Erfolgsrealisierung. Innerhalb einer kurzfristigen Performanceorientierung, deren wesentliche Investitionsvoraussetzung gleichwohl eine anhaltende, zukünftige Unternehmenserfolgsentwicklung darstellt, werden Transaktionen im Umfeld einer sich ständig verändernden Börsensituation nach Maßgabe von Preis und Handelbarkeit der Aktien vorgenommen.

Folglich scheint maßgeblich das Wesen des Markts einem aktiven, direkten Einfluss auf Unternehmensbelange seitens der Finanzakteure entgegenzustehen: die hervortretende Logik des Marktmechanismus begünstigt „exit rather than voice"[323], also eine Handlungsweise, welche die treffende Bezeichnung „Wall

jeweilige Aktionär, der alleinig einen Beitrag zur Erstellung dieses Gutes geleistet hat, ohne eine Ausschlußmöglichkeit zu besitzen den gesamten Aktionärskreis profitieren lassen würde, auch wenn letzterer keinen Kostenbeitrag zahlt. Weil sich aber alle Investoren vor der gleichen Situation sähen, würde bei zunehmender Streuung der Anteile somit das gleichgerichtete – passive – Verhalten der Investoren eine anlegerinitiierte Einflussnahme auf das Management unmöglich machen; vgl. Habib, M. A., Monitoring, E. Fin. Rev., 1997, S. 140; zur Theorie der öffentlichen Güter siehe auch Blankart, C. B., Öffentliche Finanzen, 1994, S. 55-57.

321 Vgl. Short, H.; Keasey, K., Corporate Governance, 1997, S. 25 f.

322 Ferner ist festzustellen, dass innerhalb der Fondsmanagementgruppen die Investment-Methoden in Abhängigkeit des Sitzes der Fondsgesellschaft differieren, vgl. Blake, D.; Timmermann, A., Mutual Fund Performance, E. Fin. Rev., 1998, S. 75.

323 Short, H.; Keasey, K., Corporate Governance, 1997, S. 27.

Street rule“[324] erhalten hat, bei der weniger die unmittelbare Interaktion mit der Unternehmensführung („voice“) als vielmehr die Veräußerung der Unternehmensanteile („exit“) favorisiert wird.

5.2.4 Shareholder-Intervention versus Marktliquidität

Dagegen kann eingewandt werden, dass es selbst für einzelne institutionelle Anleger aufgrund ihres hoch aggregierten Aktienbestands unter den jeweils gegebenen Handelsvolumina beziehungsweise Marktmodalitäten nur eingeschränkt möglich ist, einen großen Aktienbestand einer Gesellschaft vor allem mit schwacher Wertentwicklung zu verkaufen, da dies wiederum negative Folgen auf den Aktienkurs haben dürfte. Dies begründet sich zum einen in der in diesem Fall vergleichsweise geringeren Aufnahmebereitschaft der Akteure. Die „exit“-Entscheidung großer institutioneller Investoren hat außerdem eine prinzipiell negative Signalwirkung für den Markt. Dies führt daher auf seiten der Großaktionäre zu der zwingenden Notwendigkeit, sich eher aktiv zu beteiligen, als sich kurzerhand aus dem Unternehmen zurückzuziehen.

Andererseits wird argumentiert, dass ein wesentlicher Parameter für die aktive Einflussnahme die Liquidität des Kapitalmarkts darstellt. So ließe sich aus empirischen Beobachtungen verschiedentlich die Vermutung ableiten, ein liquider Markt würde die Intention zur aktiven Managementeinflussnahme verringern, da er eine leichtere Veräußerbarkeit der Aktien gewährt, ein weniger liquider Markt

---

[324] Siehe Kahn, C.; Winton, A., Ownership Structure, J. Fin., 1998, S. 99.

hingegen Investoren zwinge, ihre Anteile zu halten und im Wege der aktiven Einflussnahme die Unternehmenswertentwicklung zu verbessern[325].

Folgt man der hierzu konträren These, ermöglichen liquide Märkte durchaus die Ausübung der Einflussnahme der Shareholders, indem mit ihrem Auftreten Missmanagement korrigiert werden könne. Hierzu soll veranschaulicht werden, wie sich hohe Liquidität des Markts aus zwei entgegengesetzten Richtungen auf die Corporate Governance auswirken kann.

An Märkten mit hoher Liquidität kann eine Synergie zwischen der Informationsbeschaffung zur Vornahme von Transaktionen am Aktienmarkt und intelligenter Shareholdereinflussnahme auf die Unternehmensführung bestehen. Entsprechend des jeweiligen Anteils am Unternehmen erhält ein institutioneller Investor bei aktiver Überwachung einen Informationsvorsprung gegenüber dem Markt[326]. Aus den Kenntnissen über die mögliche weitere Unternehmensentwicklung profitiert dieser Großaktionär in zweifacher Weise auf Kosten vergleichsweise weniger informierter Kleinanleger. Zum einen wird die Institution befähigt, bei Identifizierung zukünftiger negativer Unternehmensentwicklungen frühzeitig tatsächlich eine Reduktion des Anteilsbestands an dieser Aktiengesellschaft vorzunehmen – freilich umso problemloser je liquider der Markt ist –, um sowohl die Kosten zur Intervention als auch den wahrscheinlich bevorstehenden Kursverfall zu vermeiden und sich somit Tradingeffekte nutzbar zu machen. Andererseits eröffnet sich

---

325 Maug, E., Large Shareholders as Monitors, J. Fin., 1998, S. 65.

326 Zu beachten ist gleichwohl das Gleichbehandlungsgebot gegenüber den Aktionären gemäß § 131 Abs. 4 AktG. Siehe hierzu auch die Anregung, Aktionären über Kommunikationsmedien wie etwa das Internet Zugang zu sämtlichen Informationen zu gewähren, die Finanzanalysten und vergleichbaren Adressaten mitgeteilt worden sind, vgl. Baums, T., Regierungskommission Corporate Governance, 2001, S. 248.

ein positives Renditepotential einem intervenierenden Großaktionär aus dessen Informationsvorsprung in Verbindung mit der Absicht, in einer schwach performenden Gesellschaft eine Änderung der Unternehmensführung herbeizuführen. Mit der Kenntnis um das momentan niedrige Aktienkursniveau, welches noch nicht die Information reflektiert, könnte der institutionelle Investor gegebenenfalls zusätzliche Positionen dieses Werts in seinem Portfolio aufbauen, um nachfolgend aus den Auswirkungen seiner Einflussnahme einen Kursvorteil zu ziehen und damit aus Interventionseffekten zu profitieren.

Da die jeweilige Vorgehensweise durch die tatsächlich zu erzielende Investmentrendite determiniert wird, ist der prognostizierte, positive Wertzuwachs dem Interventionsaufwand gegenüberzustellen. Die relative Ausprägung der Tradingeffekte hängt davon ab, in welchem Ausmaß eine Wertsteigerung oder Wertminderung der Informationen für den intervenierenden institutionellen Investor im Verhältnis zu den uninformierten Kapitalmarktakteuren generiert wird. Besteht etwa am Markt verbreitet Einvernehmen darüber, dass ein Unternehmen wahrscheinlich einer wenig chancenreichen Marktwertentwicklung entgegenblickt, gibt das überraschende Arrangement eines Großanlegers dem Aktienkurs unerwarteten Auftrieb, woraus für jenen Aktionär tendenziell positive Tradingeffekte resultieren dürften.

Unterdessen erfährt eine am Markt bereits vorhandene Einschätzung einer aussichtsreichen Kursentwicklung lediglich eine Bestätigung, wenn ein einflussreich erscheinender Anleger in Erscheinung tritt. Die insgesamt von den Marktteilnehmern bereits erwartete positive Unternehmenswertentwicklung wirkt sich grundsätzlich negativ auf die Tradingchancen aus, so dass gleichsam Interventionsbestrebungen unterbleiben. Wird nach dem Erwerb solcher Anteilsscheine von institutioneller Seite indes bei unerwartetem Unternehmensmisserfolg tatsächlich keine Geltung ausgeübt, resultieren daraus nicht zuletzt deswegen negative Tradingeffekte, weil der inaktive Großaktionär seiner vom Markt vermuteten Präventionsfunktion zur Vermeidung einer Minderleistung des Managements nicht gerecht werden konnte. Ferner verringern sich Tradingerfolge aus einer Einflussnahme umso mehr, je mehr die zeitliche Differenz zwischen der Vornahme der Intervention und dem Eintritt ihres Resultats zunimmt.[327]

Andererseits sind bei der Ermittlung der maßgeblichen Gegebenheiten, welche Interventionen auslösen können, nicht nur die Beteiligungsgröße des institutionellen Anlegers zu betrachten, sondern auch unternehmensspezifische Faktoren, die den Umfang und das Vorzeichen institutioneller Tradingprofite beeinflussen. So ist etwa zu beachten, dass es unwahrscheinlich ist, dass sich lediglich ein einzelner Investor mit Tradingabsichten Informationen einer bestimmten Aktiengesellschaft beschafft. Solange die Grenzkosten zur Informationsbeschaffung geringer sind als der Tradingprofit ist es für einen tradingorientierten Investor ökonomisch rational die entsprechende Gesellschaft zu betrachten. Sowie andere Investoren gleichsam tradingrelevante Unternehmensanalysen vornehmen und solange diese mindestens den Break-even-Punkt[328] antizipieren, limitieren deren Grenzkosten der Informationsbeschaffung die Größe ihres Tradingprofits. Sobald sich die Kosten zur Informationsbeschaffung verringern, treten mithin vermehrt informierte Investoren auf, so dass der jeweilige Informationsstand in den jeweiligen Aktienkursen umfassender abgebildet wird. Da in kleinen, jungen oder anderen weniger bekannten Unternehmen aufgrund der schwieriger zu bewerkstelligenden Informationsbeschaffung eine effektive Eintrittsbarriere für die

---

327 Vgl. Kahn, C.; Winton, A., Ownership Structure, J. Fin., 1998, S. 100, 121.

328 Der Break-even-Punkt, auch Gewinngrenze genannt, signalisiert den Eintritt in beziehungsweise den Austritt aus der Gewinnzone.

Marktteilnehmer besteht, werden hier bei institutionellen Entscheidungsvorgängen hohe Tradingprofite ins Kalkül gezogen. Bei großen, etablierten, sogenannten „Blue-Chip"-Firmen hingegen, die einer permanenten Beobachtung seitens einer Vielzahl von Marktteilnehmern und Analysten unterliegen, sind die Kosten zur Informationsbeschaffung vergleichsweise niedriger und folglich der Stellenwert von Tradingeffekten in Interventionsentscheidungen institutioneller Investoren von geringerer Relevanz.[329] Investoren wählen daher den langfristigen Weg der direkten Einflussnahme auf die Unternehmensleitung, um diese zu mehr Renditeorientierung zu bewegen.

Wie in empirischen Studien dokumentierte Ergebnisse verdeutlichen, ist die Liquidität hinsichtlich einer Aktie umso ausgeprägter je größer die Marktkapitalisierung der Unternehmung ist[330]. Da sich die Marktkapitalisierung einer Aktiengesellschaft aus dem Ergebnis der Multiplikation der Anzahl der Aktien mit dem aktuellen Aktienkurs definiert, sind die ausschlaggebenden Zusammenhänge zwischen den aktienkursbeeinflussenden Faktoren und der jeweils aktienbezogenen Liquiditätsentwicklung im Rahmen einer wertorientierten Unternehmensführung zwingend zu berücksichtigen.

Im Ergebnis kann festgestellt werden, dass eine höhere Konzentration von Anteilseigentum einerseits zu einer Verbesserung der Corporate Governance beiträgt, andererseits hingegen zur einer reduzierten Liquidität bezüglich der Aktie am Markt führt. Jede börsennotierte Aktiengesellschaft ist somit grundsätzlich einem Konflikt ausgesetzt: breit gestreuter Anteilsbesitz generiert einen positiven

---

329 Vgl. Kahn, C.; Winton, A., Ownership Structure, J. Fin., 1998, S. 101, 121.
330 Vgl. Bolton, P.; von Thadden, E.-L., Blocks, Liquidity, and Corporate Control, J. Fin., 1998, S. 2.

Liquiditätseffekt, während damit gleichzeitig agency costs erhöht und effiziente Managementkontrolle erschwert werden.[331] Die Zielsetzung einer effizienten Corporate Governance besteht mithin auch in der Schaffung einer optimalen Eigentümerstruktur, deren Maßstab durch das ideale Verhältnis der Kosten der Corporate Governance zur unternehmenswertrelevanten Liquidität abgebildet wird.

Ungeachtet der Tatsache, dass sich gegenwärtig die weltweiten Kapitalmärkte durch eine bislang nicht gekannte Liquidität und Effizienz auszeichnen[332], der Marktmechanismus eine aktive Überwachung also zu beeinträchtigen scheint, gibt es in jüngster Zeit vermehrt Fälle, in denen institutionelle Investoren in das Management von in Schieflagen geratenen Unternehmen interveniert haben. Obgleich viele Investoren zu dem Schluss gekommen sind, dass sie ihre Kapitalrenditen erhöhen können, wenn sie die Unternehmenspolitik besser verfolgen, ist gleichzeitig feststellen, dass derartige Interventionen vornehmlich außerhalb der öffentlichen Wahrnehmung und zudem oftmals als letzte mögliche Maßnahme aus einer Krisensituation heraus vorgenommen werden[333].

Tatsächlich sind selbst institutionelle Investoren mit einem großen Aktienanteil an einer börsennotierten Aktiengesellschaft infolge der grundsätzlich bestehenden Informationsmängel in ihrer Möglichkeit limitiert, die Unternehmensaktivitäten aktiv zu überwachen. Gleichwohl konnte *Maug* die Behauptung widerlegen, dass liquide Märkte eine effektive Corporate Governance beeinträchtigen, und nachweisen, dass die vorgebliche Gegensätzlichkeit zwischen gestiegener

---

[331] Vgl. Amihud, Y; Mendelson, H; Uno, J., Shareholders and Stock Prices, J. Fin., 1999, S. 1182.
[332] Maug, E., Large Shareholders as Monitors, J. Fin., 1998, S. 66.

Marktliquidität und Unternehmenskontrolle durch die Kapitalmarktakteure nicht existiert[334].

5.3 Schlussfolgerung: Bestimmende Einflussnahme globaler Kapitalmarktakteure jenseits aktienrechtlicher Leitgedanken

Es kann konstatiert werden, dass durch die wachsende Konzentration von Anlageentscheidungen vor dem Hintergrund der zunehmenden internationalen Verflechtungen der Finanzplätze vergleichsweise wenige Akteure bedeutsamen Einfluss auf das Marktgeschehen nehmen können. Mit ihren am Shareholder-Value-Ansatz ausgerichteten Strategien sind Investmentgesellschaften als „key player" aufgrund ihrer Transaktionsvolumen von vielfach mehreren Millionen US-Dollar befähigt, mit ihren Entscheidungen signifikante Kursbewegungen herbeizuführen. Individuelle Börsenkurse und infolgedessen auch die (Eigen-)Finanzierungsmöglichkeiten der einzelnen Gesellschaften durch Aktienemissionen beziehungsweise Anleiheemissionen oder andere Finanzierungsformen werden auf diese Weise in erheblichem Ausmaß mitbestimmt. In welcher Gestalt sich der Kursverlauf einer börsennotierten Aktiengesellschaft der Öffentlichkeit präsentiert, kann durchaus von einzelnen Entscheidungen großer Investmenthäuser abhängen.

Die Kursentwicklung der Aktien einer Unternehmung stellt indes nicht nur einen Faktor für ihre Möglichkeit dar, neues Eigenkapital aufzunehmen. Vielmehr re-

---

333 Vgl. Short, H.; Keasey, K., Corporate Governance, 1997, S. 27.
334 Maug, E., Large Shareholders as Monitors, J. Fin., 1998, S. 66.

flektiert eine offenkundig überdurchschnittliche Shareholder-Value-Entwicklung die wirtschaftliche Leistungsfähigkeit einer Unternehmung, was gleichsam positive Auswirkungen auf die Entscheidungskalküle anderer Unternehmensinteressenten haben kann. Insbesondere ist in diesem Kontext etwa der Zusammenhang zwischen den Fremdfinanzierungsbedingungen und den verfügbaren Ressourcen für Investitionen zur Sicherung und Steigerung der technischen und finanziellen Leistungsfähigkeit, zum Erhalt des Produktionspotentials sowie der Arbeitsplätze nicht zu unterschätzen.[335] Die Relevanz internationaler Großaktionäre, mit ihren Anlageentscheidungen beträchtlichen Einfluss auf Unternehmensführungen ausüben zu können, ist daher ebenso offenkundig wie das diesbezügliche Ausmaß an Respekt, das Unternehmensführungen den richtunggebenden Vorgaben institutioneller Investoren entgegenzubringen haben[336]. Mit Blick auf die Diskussion um die Würdigung der verschiedenen Stakeholderinteressen wird deutlich, dass sich das begrifflich und inhaltlich nicht bestimmbare Unternehmensinteresse als Ergebnis des Ausgleichs zwischen den Interessen derjenigen Kräfte ergibt, die das Unternehmen bilden und tragen.

---

335 Auf die Möglichkeiten der Fremd- und auch Selbstfinanzierung als praktisch wichtigste Form der Finanzierung und eine in diesem Zusammenhang nicht nachweisbare Relevanz einer Shareholder-Value-Orientierung verweist hingegen v. Werder, A., Shareholder Value-Ansatz, ZGR, 1998, S. 80 ff.

336 Einen authentischen Eindruck der Autorität institutioneller Investoren im Umgang mit Vorständen börsennotierter Aktiengesellschaften am Beispiel der „Road-Shows" vermittelt ein Zeitungsgespräch mit Klaus Pohle, stellvertretender Vorsitzender des Vorstands der Schering AG, vgl. Wetzel, D., Der Tagesspiegel, 30. April/1. Mai 1997, S. 24; siehe auch v. Werder, A., Shareholder Value-Ansatz, ZGR, 1998, S. 81; die Abhängigkeit der Vorstände in großen börsennotierten Aktiengesellschaften von den Fondsmanagern verdeutlicht die Äußerung des ehemaligen Continental-Chefs Hubertus von Grünberg: „Die Investoren sind die Könige, ich der Diener"; dies veranschaulicht auch die Tatsache, dass Investmentfonds bei der DaimlerChrysler AG etwa 54 % und bei der Siemens AG 40 % der Aktien halten, Lezius, M., Arbeitnehmer-Shareholder-Value, Der Betriebswirt, 2000, S. 10.

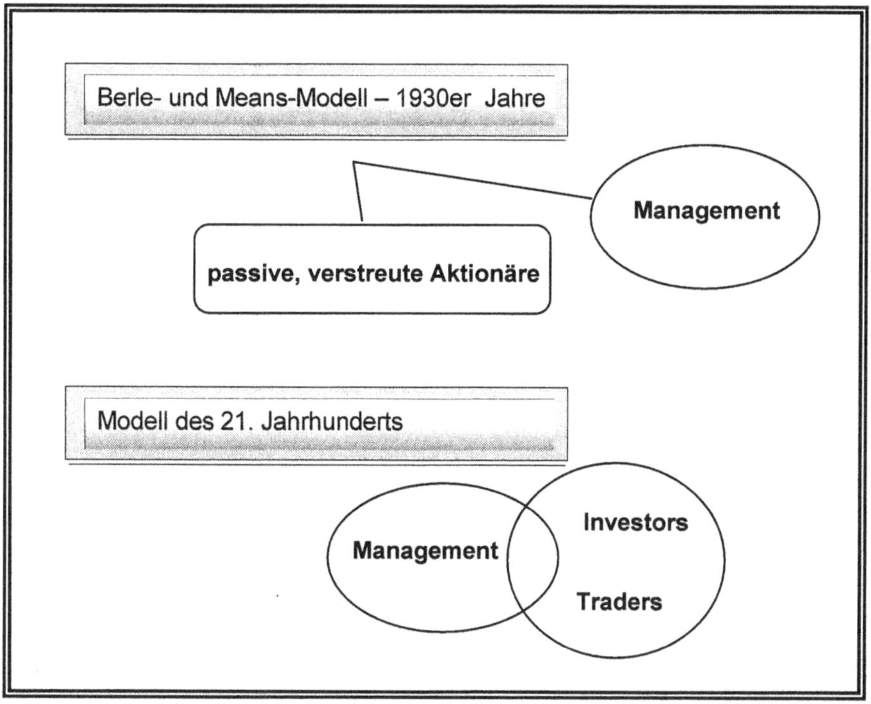

Abbildung 8: Modelle der Unternehmensführungs-Aktionärs-Beziehung[337]

gesellschaft vorgenommenen Handlungen, wobei der Aktionär lediglich das individuelle Risiko seines Investments trägt. In diesem System ist es grundsätzlich nicht vorgesehen, dass der Aktionär, vor allem der Kleinaktionär mit nur unbedeutendem Anteilsbestand, unmittelbaren Einblick erhalten und Einfluss nehmen kann auf die strategischen Unternehmenspläne. Nach der Ausgestaltung dieser Rechtsordnung ließe sich als logische Konsequenz schlussfolgern, dass dem

---

337 In Anlehnung an Brancato, C. K., Institutional Investors, 1997, S. 5.

Anteilseigner als einzig wirksames Mittel der Willensbekundung lediglich der Aktienverkauf verbleibt. Hierzu konform verhält sich das von *Berle* und *Means* begründete Modell der Trennung der Funktion der Eigentümer und des Managements, nach dem Aktionäre grundsätzlich von der Einflussnahmemöglichkeit auf die Managementhandlungen separiert sind.

Obgleich jene enge Auslegung des Aktienrechts impliziert, dass alle Aktionäre genau dieselben Rechte besitzen, haben sich die Finanzmärkte zu einem komplexen Netzwerk von Beziehungen zwischen Unternehmen und unterschiedlichen Typen institutioneller Investoren ausgebildet. Die gegenwärtige Entwicklung wirtschaftlicher und politischer Stärke institutioneller Investoren lässt die diesbezüglich bestehende aktienrechtliche Betrachtungsweise insofern obsolet erscheinen, da nicht mehr davon ausgegangen werden kann, dass alle Aktionäre als gleich zu betrachten sind. Die Differenzierung in die beiden Gruppen, Aktionäre und Management, wie gleichsam im Modell von *Berle* und *Means* zugrundegelegt, geht von einer weit gestreuten und passiven Anteilseignerbasis aus. Dieses im Aktienrecht vorherrschende Bild weist den Aktionär aus als einzeln stehendes Subjekt, weit entfernt von den Unternehmensbelangen und daher weitgehend unbedeutend für Entscheidungsfragen der Unternehmensführung.

Tatsächlich gilt es heute umgekehrt für die Unternehmensführung zu ermitteln, welche Vorstellungen die am Unternehmen beteiligten Investoren besitzen, um mit den wichtigsten Anteilseignern bezüglich der Strategie des Unternehmens in einen Dialog zu treten. Essentiell ist hierfür, zwischen Investoren und Unternehmensführungsorganen Strukturen für eine positive Wertkommunikation zu schaffen, welche zugleich auf die Vorteile der aktiven Einflussnahme institutioneller (Langfrist-)Investoren und korrespondierend dauerhafte Wertzuwächse für die Investoren gerichtet ist[338].

Zu Recht kann mithin angenommen werden, dass aufgrund des bedeutenden Einflusses der Kapitalmarktmechanismen die Idee des Shareholder-Value-Konzepts zukünftig, insbesondere in Deutschland, weiter verstärkt die Entscheidungen der Organe börsennotierter Aktiengesellschaften determiniert.

Zu erwarten ist fortan, dass sich der zunehmende Trend intensiverer Anteilseigner-Management-Zusammenarbeit auch auf weitergehende Details der Unternehmensführung und -strategie erstreckt. Von den Auswirkungen solcher Einflussnahme werden vor allem jene Gesellschaften tangiert werden, welche keine klaren, der Zielerreichung dienenden Konzepte vorweisen oder die gesteckten Ziele beziehungsweise die Erwartungen der Kapitalgeber voraussichtlich nicht erfüllen können[339]. Auch im Interesse der etwa über Aktienoptionsprogramme von der Wertsteigerung des Unternehmens profitierenden Unternehmensführung kann dem gemeinsamen Erfolgsziel „Shareholder Value" größtmögliche Würdi-

---

338 Im Englischen findet sich hierfür der Begriff des „Investor Targeting".

339 Obgleich im Zeitalter weltweit offener Finanzmärkte noch in jüngster Vergangenheit Vorstände, so beispielsweise Siemens-Konzernchef Heinrich von Pierer, der Macht institutioneller Investoren zu entkommen versuchten, „Unser Unternehmen kennen wir selbst am besten", haben sich etliche Vorstände auf die Realitäten der neuen Aktienkultur auch in Europa bereits eingestellt und konstatieren, wie etwa der stellvertretende Vorstandsvorsitzende der Schering AG, Klaus Pohle, einen Lernprozess, bei dem „vorhandene Erkenntnisse sich durch die Diskussion mit kompetenten Investoren verstärken", vgl. Balzer, A.; Nölting, A., Die schiere Macht, manager magazin, 1997, S. 72 ff.; einflussreiche Analysten können mit ihren Urteilen über Finanzstruktur und Strategie von Unternehmen Finanzströme in Milliardenhöhe auslösen, so dass sie indirekt über Kapital, Arbeit und Investitionen von Gesellschaften mitentscheiden, Ehren, H.; Nölting, A., Neue Macht, manager magazin, 1997, S. 138 ff.; vgl. Frei, N.; Schlienkamp, C., Aktie im Fokus, 1999, 102 f.; zu den Manipulationsmöglichkeiten zur Darstellung von Unternehmenskennzahlen durch Manager zum Nachteil der Aktionäre, vgl. Vorwold, G., Gewinn-Management, DB, 1999, S. 2321 ff.

gung und Berücksichtigung entgegengebracht werden, wenn Aktionäre als strategische Partner der Unternehmensführung betrachtet werden.

Nähert man sich der Frage nach den Pflichten der Unternehmensführung, so ist unter den gegebenen Kapitalmarkt-Wettbewerbsbedingungen zu diskutieren, inwieweit der Idee des Wertmanagements aus der Perspektive wirtschaftsrechtlicher Grundsätze gefolgt wird. Unter Berücksichtigung betriebswirtschaftlicher Überlegungen sollen dabei die Gewichtung und Konkretisierung der Aktionärsinteressen in der juristischen Diskussion analysiert werden.

6 Vorstand: Geschäftsführendes Organ mit Unternehmerfunktion

Bei der Frage nach der Verträglichkeit der deutschen Unternehmensverfassung mit dem Wertgedanken stellt man fest, dass Shareholder Value kein scharf umrissener Rechtsbegriff ist. Auf der Grundlage der bestehenden gesellschaftsrechtlichen Rahmenbedingungen soll untersucht werden, ob und in welchem Ausmaß die Leitung börsennotierter Aktiengesellschaften den Wertvorstellungen der Eigenkapitalgeber Rechnung tragen kann. Vor diesem Hintergrund ist im Folgenden auf den Gedanken abzustellen, inwieweit aus den kapitalmarktspezifischen Gegebenheiten eine aktionärsorientierte Managementphilosophie in den gesetzlichen Vorgaben Berücksichtigung findet beziehungsweise sich gar als Handlungsmaxime für den Vorstand ableiten lässt[340]. Um die Rechtsnormverträglichkeit einer verbindlichen, am Shareholder Value orientierten Zielvorgabe der Aktiengesellschaft zu thematisieren, ist zunächst eine Analyse der rechtlichen Stellung des Vorstands im Leitungsgefüge der Aktiengesellschaft vorzunehmen.

6.1 Der Leitungsbegriff des § 76 AktG

Gemäß § 76 Abs. 1 AktG hat der Vorstand unter eigener Verantwortung die Gesellschaft zu leiten und ist damit zentrales Unternehmensführungsorgan[341]. Defi-

---

[340] Hommelhoff verweist demgegenüber darauf, dass eine präzise rechtlich ausgeformte Verhaltensanweisung sich aus dem Leitgedanken des Shareholder Value nicht entwickeln ließe, vgl. Hommelhoff, P., ZfB-Ergänzungsheft, 1997, S. 18.

[341] Als gleichermaßen zentrales Organ für gute Corporate Governance wird der Aufsichtsrat angesehen, vgl. Baums, T., Regierungskommission Corporate Governance, 2001, S. 48.

niert wird vom Gesetz nicht, was unter dem Begriff der Leitung im Einzelnen zu verstehen ist. Es ist überwiegend anerkannt, dass nach dem Sinngehalt des § 76 Abs. 1 AktG mehr ausgedrückt werden soll, als dass der Vorstand lediglich das zur Geschäftsführung befugte und verpflichtete Organ ist.[342] Leitung lässt sich deshalb in diesem Zusammenhang nicht auf den Oberbegriff von Geschäftsführung und Vertretung beschränken.[343] Sinnvoll erscheint es, den Leitungsbegriff anhand seines Verhältnisses zur Geschäftsführung und Vertretung zu bestimmen.

Unter Geschäftsführung wird eine Tätigkeit verstanden, die vornehmlich auf die Durchsetzung und Verwirklichung der grundlegenden unternehmerischen Entscheidungen sowie die Ausführung von Zielkonzeptionen gerichtet ist. Geschäftsführung umfasst auch die Vertretung gegenüber Dritten und ist damit weiter gefasst als alleinig der Vertretungsbegriff. Leitung impliziert mithin die Gestaltung der Unternehmenspolitik und die Ausübung oberster Entscheidungs- und Überwachungsbefugnisse. Problematisch sind allerdings die zum Teil in der Literatur bedeutungsgleich verwendeten Begriffe Leitung und Geschäftsführung,[344] weil eben die Leitungsfunktion nicht auf nachgeordnete Ebenen delegiert werden kann.[345] Die eigenverantwortliche Unternehmensleitung ist nicht nur ein Recht, sondern auch eine Pflicht des Vorstands, die er sich nicht aus der Hand nehmen lassen darf. Ebenso wie der Vorstand Geschäftsführungs- und Vertretungsaufgaben nicht auf den Aufsichtsrat oder die Hauptversammlung übertragen darf, ist

---

342 Vgl. Mertens, H.-J., Kölner Kommentar, 1996, S. 19; Abeltshauser, T. E., Leitungshaftung, 1998, S. 28; Schmidt, K., Gesellschaftsrecht, 1997, S. 812 f.

343 Vgl. Abeltshauser, T. E., Leitungshaftung, 1998, S. 28.

344 Vgl. Semler, J., Leitung und Überwachung, 1996, S. 6 ff.

345 Hüffer, U., AktG, 1995, S. 303, 312; Mertens, H.-J., Kölner Kommentar, 1996, S. 19.

er nicht an Weisungen der anderen Organe gebunden.[346] Insbesondere hat der Aufsichtsrat kein Recht, den Vorstand rechtsverbindlich anzuweisen.[347]

6.2 Funktionaler Leitungsbegriff als Synonym für „Führungsentscheidungen"

Die Aufgaben, die der Vorstand kraft eigener Verantwortung ausübt, umfassen originäre unternehmerische Entscheidungsfunktionen in den Bereichen Unternehmensplanung, -koordination und -kontrolle sowie die Besetzung von ihm unmittelbar nachgeordneten Führungsstellen. Konfliktpotential kann jedoch der Begriff „Führungsentscheidung" bergen, soweit dieser zur Definition von Geschäftsführungsaufgaben herangezogen wird. Wenn nämlich Führungsentscheidungen interpretiert werden als „Festlegungen, welche die Entwicklung des Unternehmens mittel- und langfristig steuern und bedeutsamen Einfluss auf die Ertrags- und Finanzlage des Unternehmens sowie die Belegschaft haben"[348], dann findet dies nicht nur Anwendung für Vorstands-, sondern gleichermaßen für Aufsichtsratskompetenzen im Rahmen zustimmungspflichtiger Geschäfte nach § 111 Abs. 4 AktG oder für Hauptversammlungskompetenzen.

Die von *Semler* in den Vordergrund gerückte Fragwürdigkeit des Leitungsbegriffs nach § 76 Abs. 1 AktG scheint insoweit den Standpunkt zu bestätigen, im Leitungsbegriff eine funktionslose Größe zu identifizieren, da dieser regelmäßig auf

---

[346] Raiser, T., Recht der Kapitalgesellschaften, 1992, S. 88; Mertens, H.-J., Kölner Kommentar, 1996, S. 19.

[347] Vgl. Lutter, M.; Krieger, G., Rechte und Pflichten des Aufsichtsrats, 1993, S. 35.; vgl. auch die Regelungen in § 111 Abs. 1, Abs. 4, S. 1 AktG.

[348] Semler, Die Überwachungsaufgabe des Aufsichtsrats, 1996, S. 11 unter Bezugnahme auf Gutenberg, E., Unternehmensführung, 1962, S. 60.

Führungsentscheidungen zurückführbar sei[349]. Unter der Annahme, dass die Träger von Führungsentscheidungen die Eigentümer des Unternehmens sowie die Mitglieder der jeweiligen Führungsorgane sind, beziehen sich Leitungsfunktionen nicht ausschließlich auf das geschäftsführende Organ einer Aktiengesellschaft, sondern umfassen auch entsprechend der vom Gesetzgeber geforderten Kompetenzverteilung oberste Entscheidungs- und Überwachungsbefugnisse anderer Gesellschaftsorgane.[350]

Damit ist erkennbar, dass Leitung im Sinne des AktG funktional bestimmt werden kann und sich die Leitungsfunktion des Vorstands nach § 76 Abs. 1 AktG auf die unternehmerische Tätigkeit innerhalb des Aktien-Unternehmens bezieht.

6.3 Gegenstand der Leitung

6.3.1 Aktienunternehmen als Netzwerk der Vertragsbeziehungen

Obgleich § 76 Abs. 1 AktG davon spricht, dass der Vorstand die Gesellschaft leitet, kann damit in keinem Sinne gemeint sein, der Vorstand habe die zu einem Verband zusammengeschlossenen Gesellschafter zu leiten.[351] Die Leitungsmacht, über die der Vorstand zu verfügen hat, bezieht sich vielmehr auf das hinter der Gesellschaft stehende Wirtschaftsunternehmen. Wird indes aus juristischem Blickwinkel das Wirtschaftsunternehmen als „eine auf die Dauer angelegte Vereinigung personeller Kräfte und sachlicher Mittel zu einem wirtschaftlichen

---

349 Vgl. Abeltshauser, T. E., Leitungshaftung, 1998, S. 29.
350 Abeltshauser, T. E., Leitungshaftung, 1998, S. 30.
351 Im Kontext der Publikumsaktiengesellschaft kann von einem Verband der Gesellschafter in juristischem Sinne ohnehin nicht gesprochen werden, Mertens, H.-J., Kölner Kommentar, 1996, S. 20.

Zweck im Interesse der Erzielung einer durch Teilnahme am Marktverkehr zu realisierenden materiellen Wertschöpfung" charakterisiert, so könnte daraus das Missverständnis abgeleitet werden, dass gegenüber dem Unternehmen als einer Organisation, an der mehrere Personengruppen funktional beteiligt wären, Ansprüche auf organschaftliche Repräsentation geltend gemacht werden könnten. Diese Betrachtungsweise assoziiert die Vorstellung, dass die Organisation selbst zielgerichtet sei und als solche selbst denken, handeln und Bedürfnisse entwickeln würde. Eine solche Ansicht vom Eigeninteresse der Aktiengesellschaft ist fragwürdig, weil sie wenig konstruktiv zur Findung möglicherweise effizienterer Lösungswege juristischer Problemkonstellationen beiträgt.[352]

Vielmehr lässt sich feststellen, dass vom Gesetz das Aktienunternehmen als juristische Person selbst als die rechtliche Gestalt der wirtschaftlichen Zweck-, Handlungs- und Wirkungseinheit verstanden wird. In Übereinstimmung befindet sich diese Sichtweise auch mit dem transaktionskostentheoretischen Denkansatz, nach dem die wirtschaftliche und soziale Wirkungseinheit des Unternehmens als Geflecht von Vertragsbeziehungen verstanden wird. Da die juristische Person danach lediglich eine juristische Fiktion und ein verbindendes Glied für die mannigfaltigen Vertragsbeziehungen verkörpert, bezieht sich die Leitung hier auf die Herrschaftsmacht über einen Großteil dieses vertraglichen Netzwerks und die Verpflichtung, die über die einzelnen Verträge vermittelten Inputs in die Unternehmung zu modifizieren beziehungsweise mit anderen Inputeigentümern neue Vereinbarungen zu treffen.[353]

---

352 Vgl. Kessler, M. H., Kompetenzkonflikte in einer Aktiengesellschaft, AG, 1993, S. 254.
353 Vgl. Abeltshauser, T. E., Leitungshaftung, 1998, S. 32; Mertens, H.-J., Kölner Kommentar, 1996, S. 20.

6.3.2 Aktionärsorientierung als positive Zielvorgabe

Der in der Aktiengesellschaft institutionalisierten relativen Unabhängigkeit der Leitungs- und Kontrollorgane vom Anteilseignerverband wird mit § 76 Abs. 1 AktG dahingehend Ausdruck verliehen, indem er dem Vorstand nicht vorschreibt, die Gesellschaft im Sinne des tatsächlichen oder hypothetischen Willens der Aktionäre zu führen. Innerhalb der von Gesetz und Satzung gegebenen Grenzen hat dieser vielmehr eine – von keinem Organ beeinflusste – eigene unternehmerische Entscheidungsmacht sowie eine allein gegenüber der Aktiengesellschaft selbst bestehende unternehmerische Verantwortung. Der an der Aktiengesellschaft beteiligte Aktionär muss hiernach diese Verselbständigung der unternehmerischen Verantwortung der Verwaltung billigen[354]. Insofern könnte die Zuweisung der selbständigen und weisungsfreien Leitungsmacht an den Vorstand auf den ersten Blick in Widerspruch zu der Beachtung von den Individualzielen der Aktionäre stehen.

Nach Maßgabe des § 76 Abs. 1 AktG bedeutet eigenverantwortliches Handeln allerdings nicht notwendig auch schrankenlose Freiheit.[355] Ein Vorhandensein rechtlich verbindlicher inhaltlicher Schranken der Geschäftsführung sollte aus Sicht der Aktionäre insbesondere darauf gerichtet sein, einer Verselbständigung der Interessen des Managements Einhalt zu gebieten.

Erforderlich ist es daher, der Geschäftsführung der Aktiengesellschaft einen maßgeblichen, deutlich konturierten Verhaltensmaßstab vorzugeben. Obgleich

---

[354] Mertens, H.-J., Kölner Kommentar, 1996, S. 22.
[355] Kessler, M. H., Kompetenzkonflikte in einer Aktiengesellschaft, AG, 1993, S. 272.

keine Einigkeit über die operationalisierbare Abgrenzung dieses Verhaltensmaßstabs besteht, bezieht sich das gesellschaftsrechtliche Schrifttum in diesem Zusammenhang regelmäßig ganz allgemein auf das Unternehmensinteresse, an dem sich Vorstand und Aufsichtsrat in Ausübung ihrer Tätigkeit auszurichten hätten.[356]

Die bereits zuvor diskutierte Frage nach der Bedeutung des Unternehmensinteresses als Verhaltensmaßstab für die zur Entscheidungsfindung berufenen Organe lässt den Schluss zu, dass sich mangels eindeutiger inhaltlicher Vorgaben aus dem Unternehmensinteresse wenig positive Verhaltensgebote ableiten lassen[357]. Berechtigung mag das Wesen des Unternehmensinteresses durchaus im Einzelfall besitzen, wenn unternehmensträgerfremde Interessen in den Entscheidungsprozess einzubeziehen sind. Als unternehmensrechtliches Kriterium zur Orientierung der Verhaltensordnung sind allein der Unternehmensgegenstand und das Unternehmensziel heranzuziehen.

6.4 Anhaltspunkte für die rechtliche Relevanz des Aktionärsanspruchs auf Wertsteigerung

6.4.1 Aktienrechtliche Fixierung des Unternehmensziels

Die auch für die Aktiengesellschaft zugrundeliegenden Bestimmungen für den bürgerlichen Verein schreiben im § 57 Abs. 1 BGB ausdrücklich vor, dass in der

---

[356] Vgl. Tieves, J., Unternehmensgegenstand der Kapitalgesellschaft, Köln, 1998, S. 92.

[357] Sogar noch weitergehend Schmidt-Leithoff, C., Die Verantwortung der Unternehmensleitung, 1989, S. 154, mit der Empfehlung, auf den Begriff gänzlich zu verzichten.

Satzung eine Bestimmung über den Zweck angegeben werden muss. Setzt sich der Zweck zusammen aus den beiden Komponenten Gegenstand und Ziel, so ergibt sich in Anwendung auf den Verein daraus die Notwendigkeit, in der Satzung zum einen den Gegenstand als auch das Ziel der Vereinstätigkeit aufzunehmen. Insbesondere handelt es sich bei Festlegung des Ziels um einen verbandskonstituierenden und mithin notwendigen Satzungsbestandteil, welcher notwendig einer Bestimmung bedarf, da nur dadurch die Verbandsmitglieder davor geschützt werden können, dass der Verein von diesen nicht angestrebte Ziele verfolgt.[358]

Im Unterschied zum allgemeinen Vereinsrecht fordern die gesetzlichen Regelungen bezüglich der Aktiengesellschaft nach § 23 Abs. 3 Nr. 2 AktG explizit lediglich die Bestimmung des Unternehmensgegenstandes. Unzutreffend wäre es jedoch hieraus zu folgern, dass auch im Falle der Aktiengesellschaften die Festlegung des Zieles nicht zu den notwendigen Satzungsbestandteilen zu zählen wäre. Ein Verzicht auf die Fixierung des Ziels in der Satzung ist vielmehr insoweit gestattet, als dass im Gegensatz zum Vereinsrecht im Fall der Aktiengesellschaft ein dem Gesetz immanentes Normalziel besteht. Da bei der Aktiengesellschaft somit die Normalzielbestimmung einen ungeschriebenen Satzungsbestandteil darstellt, würde eine ausdrückliche Wiederholung in der Satzung schlichtweg einen entbehrlichen Formalismus darstellen. Folglich ist die verbandstypische Zielsetzung einer Aktiengesellschaft, sofern nicht die Satzung eine ausdrückliche Regelung enthält, an Hand des Gesetzes zu ermitteln.[359]

---

[358] Vgl. Tieves, J., Unternehmensgegenstand der Kapitalgesellschaft, 1998, S. 34 f.
[359] Vgl. Tieves, J., Unternehmensgegenstand der Kapitalgesellschaft, 1998, S. 36.

Aus gesellschaftsrechtlicher Perspektive ist hier zu ergründen, inwieweit die Unternehmensführung einer Aktiengesellschaft, namentlich der Vorstand, bei ihrer Organtätigkeit das Marktwertmaximierungsziel und damit das Interesse eines Investors an der Steigerung seines Wohlstands zugrunde legen dürfen beziehungsweise als Leitungsmaxime für ihr Handeln zu berücksichtigen haben.

6.4.2 Bestimmung des gesetzlichen Normalziels „Gewinnerzielung"

Weder den Vorschriften des AktG noch dem Dritten Buch des HGB lässt sich eine präzise Bestimmung des Normalziels der Aktiengesellschaft entnehmen. Es ist also zu ergründen, welche Anhaltspunkte für eine gesetzesimmanente Normalzielbestimmung nachzuweisen sind. Angesichts der gestiegenen Shareholder-Value-Forderung der Aktionäre ist dabei zu prüfen, inwieweit hieraus womöglich ein Anspruch gegen die Gesellschaft auf Steigerung des Unternehmenswerts abzuleiten wäre.

Auf das Erfordernis einer wertorientierten Unternehmensführung könnte als Anknüpfungspunkt zunächst der Begriff der Gewinnerzielung hinweisen. Für den Gewinnbegriff lässt sich in der Betriebswirtschaftslehre eine Reihe unterschiedlicher Definitionen finden. Während sich an den Kapitalmärkten die Gewinnermittlung nach der Deutschen Vereinigung für Finanzanalyse und Anlageberatung (DVFA)[360] durchgesetzt hat, verwendet das Aktiengesetz selbst mehrere Gewinnbegriffe. Durch ihre Stellung als Endgrößen der Gewinn- und Verlustrechnung erscheinen als deren wichtigste der Jahresüberschuss und der Bilanzgewinn, wobei der Unterschied dieser beiden Größen darin besteht, dass sich der

Bilanzgewinn aus den um die offenen Rücklagen gekürzten Jahresüberschuss errechnet und vollständig an die Aktionäre ausgeschüttet werden kann (§§ 58, 60 AktG).

Nach verbreiteter Meinung der Rechtsprechung besteht das Ziel einer Aktiengesellschaft grundsätzlich in der selbständigen, eigennützigen und erwerbswirtschaftlichen Teilnahme am Wirtschaftsverkehr.[361] Die in dieser Formel enthaltene letztgenannte, vorrangig relevante Zielentscheidung bedarf einer genaueren Betrachtung.

Seitens der Aktionäre kann ein Erwerbsinteresse aufgrund der Tatsache nachgewiesen werden, dass schließlich die Existenz von Unternehmen auf ein akutes Erwerbsinteresse der Anteilseigner zurückzuführen ist[362]. Wie *Semler* zutreffend bemerkt, resultiert Gewinnorientierung zwingend schon daraus, dass das Erfordernis der Gewinnerwirtschaftung die Voraussetzung für den Fortbestand einer Gesellschaft darstellt[363]. Obgleich empirisch außer Frage steht, dass Kapitalgesellschaften per se in der Praxis gemeinhin überwiegend dem erwerbswirtschaftlichen Prinzip verpflichtet sind, ist der rechtlichen Frage nachzugehen, ob eine Aktiengesellschaft auf Gewinnerzielung gerichtet ist oder ob sie etwa nach gemeinwirtschaftlichen Gesichtspunkten geführt werden soll.

---

360 DVFA: Deutsche Vereinigung für Finanzanalyse und Anlageberatung GmbH.

361 Vgl. etwa Hommelhoff, P., Unternehmensverbindung, ZGR, 1994, S. 395, 403; Beinert, S., Konzernhaftung, 1995, S. 32 ff.

362 Vgl. Kessler, M. H., Kompetenzkonflikte in einer Aktiengesellschaft, AG, 1993, S. 125.

363 Semler, J., Leitung und Überwachung, 1996, S. 26 f.

6.4.2.1 § 58 Abs. 4 AktG als Gewinnanspruch

Die Festlegung der Aktiengesellschaft auf das Gewinnziel könnte sich aus den für die Gewinnfeststellung sowie -verwendung und den Gewinnanspruch maßgeblichen Bestimmungen der §§ 58 Abs. 4, 174 AktG ableiten[364]. Weitergehend erwägt *Schilling*, ob sich gar „eine Art Anspruch"[365] gegen die Gesellschaft auf Gewinnerzielung aus § 58 Abs. 4 AktG herauslesen ließe[366]. Diese Überlegung jedoch spiegelt im Ansatz bereits die Problematik wider, welche sich aus dem Gleichsetzen von Shareholder Value und (Bilanz-)Gewinn ergibt. Insofern bedarf auch die unpräzise Vorstellung, dass mit dem Shareholder-Value-Ansatz letztlich nichts anderes als „das gute alte Ziel der Gewinnmaximierung" gemeint sei[367], einer Korrektur.

Der Frage der Verwandtschaft zwischen dem dem Shareholder-Value-Konzept innewohnenden Wertsteigerungsgedanken und dem Gewinnmaximierungsgrundsatz versucht allerdings *Schilling* auf den Grund zu gehen. So würde dem Shareholder-Value-Ansatz und dem ökonomischen Gewinnprinzip einiges gemeinsam sein.[368] Im Gegensatz zum aktienrechtlichen nach dem Nominalwertprinzip ermittelten Gewinn errechnet sich in einem weiteren Schritt als Ertragszuwachs der ökonomische Gewinn auf Grundlage des aktienrechtlich festgestellten, um einige Bereinigungen und Hinzurechnungen modifizierten Jahresüber-

---

364 Vgl. Tieves, J., Unternehmensgegenstand der Kapitalgesellschaft, 1998, S. 37.
365 Schilling, W. U., Shareholder Value, BB, 1997, S. 374.
366 Schilling, W. U., Shareholder Value, BB, 1997, S. 374.
367 So Simon, H., Manager Magazin, 1996, S. 164.
368 Vgl. Schilling, W. U., Shareholder Value, BB, 1997, S. 376.

schusses. Das Prinzip des ökonomischen Gewinns[369], der nur dann erzielt wird, wenn der Ertragswert am Ende der Berechnungsperiode über dem Ertragswert zu Beginn der Berechnungsperiode liegt, bildete den Anknüpfungspunkt für Überlegungen im Zusammenhang mit zusätzlichen Ausschüttungsgrenzen zur Substanzerhaltung. Diesbezüglich wurde vorgeschlagen, de lege ferrenda den aktienrechtlichen Gewinn durch den ökonomischen Gewinn zu korrigieren. Die Obergrenze für Ausschüttungen wird jedoch nach § 58 Abs. 4 AktG durch den zur Ausschüttung verbleibenden Bilanzgewinn festgelegt. Sollte der ökonomische Gewinn höher ausfallen als der aktienrechtliche Gewinn, beschränkt eine Ausschüttung in voller Höhe § 57 Abs. 3 AktG, wonach vor Auflösung der Gesellschaft nur der Bilanzgewinn unter die Aktionäre verteilt werden darf. Der bestehende Differenzbetrag wäre in eine „Rücklage zur Unternehmenserhaltung" einzustellen.

Fällt der ökonomische Gewinn indes niedriger aus als der unter aktienrechtlichen Gesichtspunkten zur Ausschüttung bereitstehende, könnte Veranlassung dazu bestehen, selbst die Ausschüttungsgrenze nach § 58 Abs. 4 AktG zu unterschreiten. In diesem Fall wäre die Ausschüttung des gesamten aktienrechtlich zur Verfügung stehenden Betrags verwehrt und eine Erhöhung der anderen Gewinnrücklagen im Sinne des § 58 Abs. 2 AktG unter Berücksichtigung der Dotierungsgrenzen vorzunehmen[370].

---

369 In Abgrenzung zum buchhalterischen Gewinn, der die Differenz aus dem Erlös und der expliziten Kosten bildet, werden bei der Berechnung des ökonomischen Gewinns Opportunitätskosten berücksichtigt, also implizite Kosten, die sich typischerweise auf Vorprodukte, Arbeitskräfte und Kapital beziehen. Zur Ermittlung des ökonomischen Gewinns ist im Modell von der Prämisse des vollkommenen Kapitalmarkts auszugehen und die Höhe des Kapitalisierungszinsfußes zu bestimmen.

370 Siehe Schilling, W. U., Shareholder Value, BB, 1997, S. 374.

Diese in Richtung der – wenn auch gescheiterten – Substanzerhaltungsrücklage deutenden Überlegungen markieren die zwei fundamentalen Elemente des Aktienrechts, den Grundsatz der Kapitalerhaltung, an welcher vor allem die Gläubiger interessiert sind, und den Grundsatz der Substanzerhaltung. Letztere findet ihren Ausdruck etwa in § 58 Abs. 2 AktG.

Der strenge Grundsatz der Kapitalerhaltung, der in § 57 Abs. 1 AktG zum Ausdruck kommt, verbietet vor der Auflösung der Gesellschaft jede im Gesellschaftsverhältnis begründete Leistung an die Aktionäre außer der Dividendenzahlung nach ordnungsmäßigem Gewinnverwendungsbeschluss. Nicht gestattet ist neben der Auszahlung auch die sogenannte verdeckte Gewinnausschüttung, welche jede direkte Nutzenzuwendung an den Aktionär darstellt, für die dieser keine angemessene Gegenleistung wie jeder andere Geschäftspartner der Aktiengesellschaft erbringt. Dieses gesellschaftsrechtliche Verbot der direkten Nutzenzuwendung dient zum einen der Kapitalerhaltung im Interesse der Gläubiger. Andererseits trifft gewiss zu, dass die Regelungen zur Unzulässigkeit der verdeckten Gewinnausschüttung gleichsam den Interessen der Aktionäre dienen.

6.4.2.2 Beschränkung des Gewinnverteilungsanspruchs durch den Vorstand

Die Regelungen zur Feststellung und Verwendung des Gewinns hat der Gesetzgeber im Aktiengesetz in der Annahme getroffen, den Aktionären fehlten grundsätzlich die notwendigen Einblicke und Erfahrungen zur Beurteilung der Geschäftslage. Mit den aktienrechtlichen Beschränkungen zur Gewinnverwendung sollte verhindert werden, dass die Aktionäre die dem Vorstand zugewiesene Kompetenz unterbinden, indem sie Ausschüttungen beschließen, die geplanten Geschäftsführungsmaßnahmen die Substanz entziehen. Erforderlich seien mithin Normen, um nicht jede vom Vorstand als notwendig erachtete Investition und die damit einhergehenden Liquiditätsabflüsse indirekt durch einen Hauptversammlungsbeschluss genehmigen lassen zu müssen. Vorkehrungen zur Ausschüttungsbeschränkung wurden andererseits getroffen, um das System „Aktiengesellschaft" durch die Gewährleistung eines Minderheitenschutzes gegen rücksichtslose Verfolgung individueller Ziele durch einzelne Aktionäre abzuschirmen.

Die hier zum Vorschein kommenden, dem verbandsrechtlichen Denken entstammenden Regelungen indes scheinen keine Schlüsse auf einen Anspruch auf Gewinn zuzulassen, geschweige denn auf einen Anspruch auf eine kapitalmarktorientierte Unternehmenswertoptimierung gegen die Gesellschaft. Einem in diese Richtung gehenden Aktionärsanspruch aus § 58 Abs. 4 AktG wird entgegengesetzt, jene Vorschriften stellten lediglich Rechenregeln dar, aus denen sich aber keine Verpflichtung des Vorstands zur Erzielung von Gewinn ableiten ließe[371]. Nach § 58 Abs. 4 AktG bestimmt sich vielmehr die Ober- und Untergrenze des den Aktionären zur Ausschüttung zur Verfügung stehenden Betrags. Ebenso wird hervorgehoben, dass sich der mitgliedschaftliche Anspruch allenfalls auf Teilhabe an dem real erzielten Reingewinn bezieht, nicht jedoch darauf, dass grundsätzlich ein Reingewinn oder gar ein bestimmter Reingewinn erzielt werde[372].

Die These hingegen, dass die Vorschriften über die Gewinnverwendung und den Gewinnanspruch ausschließlich zur Regelung des Verhältnisses der Aktionäre untereinander dienten und daher den Vorstand und den Aufsichtsrat nicht betref-

---

371 Vgl. Daumke, M.; Keßler, J., Gesellschaftsrecht, 2000, 126 f.; siehe auch Albach, H., Werte und Unternehmensziele, 1994, S. 30.

fen würden[373], ist unzutreffend, verkennt sie doch den rahmengebenden Charakter des Gesetzes. Unverkennbar reflektiert die Funktion des § 58 Abs. 4 AktG nämlich das Verhältnis der Aktionäre zur Unternehmensführung der Aktiengesellschaft, indem der Vorstand durch die Bewertung der Bilanzpositionen (§§ 153-156 AktG) und die Entscheidung über die Bildung offener Rücklagen (§ 58 Abs. 2 AktG) die Ermittlung des verteilbaren Gewinns mehrfach beeinflussen kann.

Im Ergebnis ließe sich aus diesen Vorschriften auf den ersten Blick interpretieren, dass das Aktiengesetz einer angemessenen expliziten Verpflichtung des Vorstands zur Gewinnerzielung keine Bedeutung zumisst. Entsprechend kommt *Kessler* zu dem Schluss, die Ermessensfreiheit des Vorstands, die Hälfte des Jahresüberschusses in Rücklagen einstellen zu können, sowie die Vorschriften über die Feststellung des Bilanzgewinns ignorieren geradezu die Erwerbsinteressen der Anteilseigner[374].

Wenngleich die §§ 58 Abs. 4, 174 AktG originär die Frage der Gewinnverteilung regeln, so lässt sich diesen Bestimmungen doch unverkennbar entnehmen, dass der Gesetzgeber davon ausgegangen ist, mit der Errichtung einer Aktiengesellschaft würde typischerweise der Zweck verfolgt, Gewinne für ihre Gesellschafter zu erzielen[375]. Weiterhin geht das Aktiengesetz in § 150 AktG davon aus, dass die Gesellschaft grundsätzlich auf Gewinnerzielung ausgerichtet ist, indem es nach Maßgabe der § 150 Abs. 2 Nr. 1, Abs. 3, Abs. 4 AktG vorschreibt, dass

---

372 Großmann, A., Unternehmensziele im Aktienrecht, 1980, S. 63 ff.
373 So Großmann, A., Unternehmensziele im Aktienrecht, 1980, S. 64.
374 Vgl. Kessler, M. H., Kompetenzkonflikte in einer Aktiengesellschaft, AG, 1993, S. 265.
375 Vgl. Hommelhoff, P., ZfB-Ergänzungsheft, 1997, S. 17, 18.

Teile des Gewinns in eine gesetzliche Rücklage einzustellen sind, um im Bedarfsfalle eingetretene Verluste auszugleichen. Es wäre wenig nachvollziehbar, wenn das Gesetz im Regelfall Gesellschaften berücksichtigen würde, die keinen eigenen Gewinn erzielen, und damit gewinnerzielende Gesellschaften einen Teil ihrer Gewinne in eine Rücklage stellen müssen, hingegen gewinnlose und dadurch krisenanfälligere Gesellschaften dazu nicht verpflichtet sind[376]. Dass dies nicht dem Sinn des Gesetzes entsprechen kann, belegt im Kontext mit dem Konzernrecht auch § 304 Abs. 1 S. 2 AktG, welcher zugrundelegt, dass der Abschluss eines Unternehmensvertrags bei der beherrschten Gesellschaft eine Beeinträchtigung der Gewinnerzielorientierung zur Folge hat[377].

6.4.3 Gewinnmaximierung als verbandsrechtliches Formalziel aus § 3 AktG

Dem aktienrechtlichen Strukturprinzip folgend unterliegt der Vorstand als Organ des Personenverbands der Aktiengesellschaft der uneingeschränkten Bindung an den Verbandszweck. Dieser determiniert eine überindividuelle, von den konkreten Interessen der einzelnen Verbandsmitglieder abgelöste und für alle Gesellschaftsorgane gleichermaßen verbindliche Leitungsmaxime. Das Kernelement des Verbandszwecks ist in Ansehung des Gesellschaftsinteresses im Sinne der überindividuell aggregierten Anteilseignerinteressen zu identifizieren. Aus gewohnheitsrechtlichem Blickwinkel ließe sich dem § 3 AktG entnehmen, dass der Zweck einer Aktiengesellschaft regelmäßig im Betrieb eines Gewerbes bestehe. Der Gewerbebetrieb definiert sich nun typischerweise über die Absicht der

---

376 Vgl. Semler, J., Leitung und Überwachung, 1996, S. 25.
377 Vgl. Tieves, J., Unternehmensgegenstand der Kapitalgesellschaft, Köln, 1998, S. 39.

Gewinnerzielung[378]. In Analogie hierzu steht in betriebswirtschaftlicher Terminologie das Formalziel, das in Form der langfristigen Gewinnmaximierung zugunsten der Interessen der vorhandenen Aktionäre zu konkretisieren ist[379].

Jeder Aktiengesellschaft stellt sich die Aufgabe der Gewinnerzielung – sofern dies in der Satzung von den Gründern nicht ausdrücklich ausgeschlossen wurde – allein deshalb, weil andernfalls die Entscheidung, inwieweit das Unternehmen sich am Gewinnziel auszurichten hat, von der Willkür des Vorstands abhinge. Dies widerspricht der gesetzlichen Bestimmung, dass die Satzungsgeber, also die Anteilseigner, bestimmen müssen, auf welchen Gebieten die Unternehmung tätig werden darf (§§ 2, 119, 179 AktG). Es entbehrte jeder Plausibilität, wenn eben diese Vorschrift die sehr viel gewichtigere Entscheidung, ob mit den Aktivitäten der Aktiengesellschaft Gewinne erzielt werden sollen, dem Ermessensspielraum des Vorstands ausgesetzt wäre[380].

Nicht bestritten werden kann mithin, dass eine Aktiengesellschaft regelmäßig auf Erzielung von Gewinn gerichtet ist. Schwerlich gefolgt werden kann jedoch *Großmann*, der die Existenz eines gesetzlich vorgegebenen, die Organe der Gesellschaft bindenden Gewinnziels in Zweifel zieht. Da die Organe einer Kapitalgesellschaft nur an ein operationales Unternehmensziel gebunden werden könnten, ein solches aber rechtlich nicht konkretisiert wird, würde eine rechtlich fundierte Verpflichtung zur Gewinnerzielung nicht bestehen[381]. Diese Argumentation

---

[378] Vgl. Großmann, A., Unternehmensziele, 1980, S. 71 f.
[379] Mülbert, P. O., Shareholder Value, ZGR, 1997, S. 141.
[380] Vgl. Semler, J., Leitung und Überwachung, 1996, S. 26.
[381] Seine Kardinalthese lautet: „Das AktG kennt kein Unternehmensziel als Maßstab für das Handeln von Vorstand und Aufsichtsrat. Das AktG hat vielmehr durch Organisationsregeln Kompetenzen und Einfluss in der Aktiengesellschaft geregelt und der Verwaltung einen von Zuständigkeitsbe-

ist allein deshalb problematisch, da hier in unzulässiger Weise die Frage der Existenz eines gesetzlich vorgegebenen Ziels mit dem Kriterium der Operationalität gleichgesetzt wird.

6.4.4 Gewinnmaximierung versus Gewinnoptimierung

Fraglich ist jedoch, ob dem verbandsrechtlichen Regelungsansatz des AktG folglich zu entnehmen ist, dass sich der Vorstand der normtypischen Aktiengesellschaft bei seiner Tätigkeit am Ziel der Gewinnmaximierung[382] und nicht lediglich am Ziel der Gewinnerzielung auszurichten habe. So argumentiert etwa *Mertens*, aufgrund seines unternehmerischen Ermessens, welches die Verfolgung anderer Ziele prinzipiell nicht begrenze, würde der Vorstand in seiner Geschäftspolitik nicht auf das Ziel eines nachhaltig zu erwirtschaftenden möglichst hohen Gewinns verpflichtet sein[383].

Insbesondere scheint es schon problematisch, im Rahmen des Formalziels der Gewinnerzielung zwischen Gewinnmaximierung und angemessener Gewinnerzielung zu unterscheiden, wenn eine solche Differenzierung aus der Aktionärssichtweise vorgenommen wird. Unzutreffend wäre es insofern, das Prinzip der Gewinnmaximierung mit „Gewinnoptimierung" gleichzusetzen[384], da ein optimaler bilanzieller Gewinn aus Shareholdergesichtspunkten durchaus angemessen

stimmungen, strikten Normen und formalen Sorgfaltspflichten umgrenzten Entscheidungsraum zur rechtlich freien Entscheidung zugewiesen", Großmann, A., Unternehmensziele, 1980, S. 86, 125, 257, und zum Erfordernis der Operationalität der Zielbestimmung siehe S. 39 ff.

382 Vgl. Schön, W., Einfluß öffentlich-rechtlicher Zielsetzungen, ZGR, 1996, S. 440; Hüffer, U., AktG, 1995, S. 383; im Ansatz auch Mertens, H.-J., Kölner Kommentar, 1996, S. 124; siehe auch Mülbert, P. O., Shareholder Value, ZGR, 1997, S. 141.

383 Vgl. Mertens, H.-J., Kölner Kommentar, 1996, S. 22.

384 So etwa Schmidt-Leithoff, Die Verantwortung der Unternehmensleitung, 1989, S. 217 f.

sein kann, während der maximal mögliche Gewinn in der Abrechnungsperiode nicht erzielt wurde. Dies wäre beispielsweise der Fall, wenn die von der Unternehmensführung angesetzten beziehungsweise vom Kapitalmarkt erwarteten Gewinnaussichten – vor allem in einem schwierigen Marktumfeld – erreicht oder übertroffen werden würden, obgleich aufgrund alternativer Geschäftsaktivitäten wie etwa unterlassener Investitionsaufwendungen ein höherer Gewinn durchaus erzielbar gewesen wäre. Die Höhe eines Gewinns wäre dann als angemessen und zugleich als optimal zu bezeichnen, wenn die hieraus resultierenden positiven Auswirkungen auf den Shareholder Value maximiert werden würden.

Insbesondere bei überdurchschnittlich stark expandierenden, wie etwa verhältnismäßig jungen Wachstumsunternehmen, ist es nicht immer sinnvoll, den Ertragsmaßstab überzustrapazieren, denn sowohl für Unternehmen wie auch Anleger wäre es wenig vorteilhaft, wenn das Unternehmen kontinuierliche Gewinne erzielt, aufgrund der dann mangelnden Investitionsaufwendungen für weiteres Wachstum auf erhebliche zukünftige Marktanteile verzichtet. Im Hinblick auf Erklärungen zukünftiger Gewinnprognosen besteht für die Unternehmensführung insofern der Konflikt darin, als die Anleger vehementes Wachstum sehen wollen, dieses Wachstum jedoch finanziert werden muss, was sich in der Wachstumsperiode naturgemäß negativ in der Ertragsbilanz widerspiegelt. Ferner führen Gewinnprognosen, die sich ex post als nicht realisierbar und daher als falsch herausgestellt haben, im Regelfall zu deutlichen Kursabschlägen. Weiterhin können dadurch die Glaubwürdigkeit der Unternehmensführung und damit der Shareholder Value nachhaltig belastet werden. Mit der Kenntnis um die Sensibilität bei gestellten Gewinnprognosen ist es daher im Rahmen der Kapitalmarktkommunikation von besonderer Bedeutung, dass hier ein hoher Maßstab an Sorgfalt und Vorsicht angelegt wird. Insofern kann die Erzielung des Gewinns als Handlungsmaxime für den Vorstand nur im Zusammenhang mit der optimalen Würdigung der Erwartungen verstanden werden, die die Eigenkapitalgeber an die Unternehmensentwicklung stellen.

Bei der alleinigen Zielvorgabe „Gewinnerzielung“ ist zu bedenken, dass der in der Gegenwart realisierte Gewinn keine Rückschlüsse auf die Unternehmenswertsteigerung zulässt. Allenfalls führt eine in Zukunft zu erwartende Ausweitung des Unternehmenserfolgs zu einer Steigerung des Shareholder Value. Bei der Leitung des Aktienunternehmens hat der Vorstand aber die Interessen der gegenwärtigen Aktionäre zu berücksichtigen und daher auch den künftigen Unternehmenserfolg sicherzustellen. Der maßgebliche Unterschied der beiden Erfolgsgrößen „Gewinn“ beziehungsweise „Shareholder Value“ kommt hier in ihrem jeweiligen Zeitbezug zum Vorschein. Während Gewinn gegenwartsbezogen sich erst verteilen lässt und so zur Wohlstandsmehrung der Anteilseigner beiträgt, nachdem dieser tatsächlich realisiert ist, reflektiert einzig der Shareholder Value mehrperiodisch die Zukunftserfolgsperspektiven der Aktiengesellschaft wider und kann damit den Wert des Eigenkapitals aktuell abbilden. Da es das Interesse des Aktionärs ist, sich mit einem Investment der Gegenwart das zukünftige Wertsteigerungspotential des Unternehmens zu erschließen, wird der Vorstand mit der Fokussierung auf den Shareholder Value den Vermögensbelangen der Aktionäre am ehesten gerecht.

Festzuhalten ist überdies, dass das Gewinneinbehaltungsrecht von Vorstand und Aufsichtsrat und auch die beschränkte Transparenz hinsichtlich der stillen Reserven infolge umfangreicher handelsrechtlicher Bilanzierungswahlrechte jedenfalls ein Indikator dafür sind, dass der Gesetzgeber des Aktiengesetzes von 1965 auf das Funktionieren der Kapitalmärkte als Ausgleichsmechanismus zwischen Börsenbewertung und innerem Wert der Aktiengesellschaft nicht vollständig vertraut hat.

6.4.5 Rentabilität des Eigenkapitals

Allein aus der Größe der Kennzahl Gewinn lässt sich keine direkte Aussage treffen über die effektiv erzielte Rentabilität des eingesetzten Kapitals; noch weniger lassen sich unmittelbar Rückschlüsse auf die relative Wertsteigerung des Aktionärsvermögens ziehen. Von weitaus größerer Relevanz für den Aktionär als die Erzielung eines – möglichenfalls beschränkt ausschüttbaren – Bilanzgewinns ist dabei die Größe der Rentabilität seines eingesetzten Kapitals. Rentabilitätsüberlegungen werden in den von den Kapitalmarktakteuren vorgenommenen Transaktionen zugrundegelegt, so dass der Sinngehalt dieser Erfolgskennzahl sich dem Kerngedanken des Shareholder Value annähert.

6.4.5.1 Ableitung des Rentabilitätsgebots aus § 90 Abs. 1 Nr. 2, Nr. 4 AktG

Das Aktiengesetz kennt den Begriff der Rentabilität im Zusammenhang mit den Berichtspflichten des Vorstands an den Aufsichtsrat. Diese Bestimmungen nach § 90 Abs. 1 Nr. 2, Nr. 4 AktG zur Erstattung von Berichten über Geschäftsvorgänge, die für die Rentabilität oder die Liquidität der Gesellschaft von erheblicher Bedeutung sein können[385], indizieren zugleich die Pflicht des Vorstands, kraft seiner Leitungsverantwortung und Geschäftsaktivitäten eine Rentabilität zu gewährleisten. Als Bestandteil pflichtgemäßer Unternehmensleitung besagt das Erfordernis der Rentabilität indes lediglich, dass eine angemessene Verzinsung des insgesamt eingesetzten Kapitals als Gesamtkapitalrentabilität beziehungsweise gemessen am Eigenkapital eine Eigenkapitalrentabilität innerhalb der Abrechnungsperiode zu erreichen ist.

In Ansehung des im Vermögen des Aktionärs selbst gebundenen Kapitals hat man sich hier die zum Vorschein kommenden Grenzen der aktienrechtlichen Sichtweise in Bezug auf das Rentabilitätserfordernis zu vergegenwärtigen.

6.4.5.2 Divergenz der relativen Wertsteigerung des Unternehmenswerts zur Rentabilität des Gesellschaftskapitals

Rentabilität im Sinne des Aktiengesetzes bezieht sich auf das auf der Passivseite der Bilanz ausgewiesene Gesamtkapital respektive Eigenkapital der Aktiengesellschaft. Die Gesamtheit der Aktionäre sind als Anteilseigner zum einen Interessenberechtigte des nominellen Eigenkapitals der Aktiengesellschaft, daneben umfasst ihr Investment den Betrag des Unternehmenswerts wie er durch die Börsenkapitalisierung reflektiert wird. Den Wert ihres Kapitaleinsatzes repräsentiert somit der jeweilige Aktienpreis[386], welcher regelmäßig vom Nominalwert des bilanziellen Kapitals abweicht. Da die Rentabilität des Kapitaleinsatzes des Gesamtkapitals der Gesellschaft einerseits und die Rentabilität des Gesamtkapitals der Aktionäre in Form der relativen Aktienperformance andererseits jeweils nicht auf derselben Berechnungsgrundlage basieren, kann eine eingeschränkt auf die bilanzielle Gesamt- beziehungsweise Eigenkapitalrentabilität ausgerichtete Unternehmensstrategie den Erfordernissen wertorientierter Unternehmensführung nicht gerecht werden.

---

[385] Vgl. Semler, J., Leitung und Überwachung, 1996, S. 362.

[386] Das von den Aktionären investierte Kapital ist nicht aus einer statischen Sichtweise beziehungsweise bilanziellen, sondern aufgrund der sich beständig vollziehenden Kursveränderungen der Aktien als dynamischer Kapitalbestand zu betrachten.

Dieser Tatsache liegt das Phänomen zugrunde, dass an der Börse auf der Grundlage individuell geprägter Erwartungen ein Aktienpreis und somit ein Unternehmenswert ermittelt werden, die dem aktuell von den Aktionären investierten Kapitalbestand ökonomisch entsprechen. Infolge von entscheidungsbedingt variierenden Kurswertveränderungen erzielen Aktionäre im mittel- und insbesondere langfristigen Zeithorizont eine Rentabilität, welche die zukünftigen Unternehmensentwicklungen zum gegenwärtigen Zeitpunkt vorwegnimmt und daher regelmäßig nicht mit der momentanen Kapitalrentabilität der Gesellschaft korrespondieren muss. Erst in der Totalperiode, also mit Beendigung des Geschäftsbetriebs und Auflösung der Gesellschaft, würde sich die Gesamtrentabilität des eingesetzten Gesellschaftskapitals mit der gesamten prozentualen Wertsteigerung des Shareholder Value in Übereinstimmung befinden.[387]

Demnach zeigt sich, dass das gesellschaftsinterne Rentabilitätsziel in Anbindung an den Wertsteigerungsgedanken des Shareholder-Value-Ansatzes nur als eine wichtige Komponente zur Synthese des aktionärsspezifischen Rentabilitätsziels zu sehen ist[388]. Ohne die Verwirklichung der angestrebten Wertsteigerung des Aktionärsvermögens ist insofern mit einer angemessenen Verzinsung des bilanziellen Eigenkapitals lediglich eine Zwischenstufe des Shareholder-Value-Konzepts erreicht[389]. Das Aktiengesetz indes liefert bisher diesbezüglich kaum Hinweise, die auf ein über eine angemessene Gesellschaftskapitalverzinsung hinausgehendes Rentabilitätserfordernis schließen lassen. Nachzugehen ist daher

---

387 Diese Annahme gilt unter Zugrundelegung eines rationalen Investorentscheidungsverhaltens, bei dem alleinig den fundamentalen Unternehmensfakten Bedeutung zugemessen wird und kapitalmarktspezifische Entwicklungen außerhalb der Unternehmenssphäre unberücksichtigt gelassen werden.

388 Insbesondere zum Verhältnis von Rechnungslegungspublizität und Kapitalmarktstrukturen vgl. Böcking, H.-J., business reporting, zfbf Sonderhaft, 1998, S. 17 ff.

389 So zutreffend Schilling, W. U., Shareholder Value, BB, 1997, S. 375.

der Frage, ob sich aus juristischer Sicht nicht nur Anhaltspunkte zur Ermittlung der Rentabilität, insbesondere der Eigenkapitalrentabilität aus Aktionärsperspektive, sondern auch zur Qualifizierung ihrer Angemessenheit entnehmen ließen.

6.4.6 Anteilseigentum – Anspruch auf Börsenkurssteigerung nach Artikel 14 GG

6.4.6.1 Grundgesetz und Aktieneigentum

Das Grundgesetz gewährleistet in Art. 14 Abs. 1 Grundgesetz (GG) den Schutz des Eigentums, wie unter anderem das bürgerliche Recht und die gesellschaftlichen Anschauungen es geformt haben[390]. Der verfassungsrechtliche Schutz erstreckt sich auch auf jedes private Vermögensrecht. Damit erstreckt sich der Schutz des Art. 14 GG auch auf das in der Aktie verkörperte Anteilseigentum und auf das Eigentum der Unternehmensträger.

Anteilseigentum ist allerdings in seinem mitgliedschaftsrechtlichen und seinem vermögensrechtlichen Element gesellschaftsrechtlich vermitteltes Eigentum. Im Gegensatz zum Sacheigentum, bei der die Freiheit zum Eigentumsgebrauch nach eigener Entscheidung und die Zurechnung der Wirkungen des Eigentumgebrauchs in der Person des Eigentümers zusammenfallen, werden diese Rechte beim Anteilseigentum durch Mitgliedschaftsrecht vermittelt[391]. Der Anteilseigner kann dabei sein Eigentum regelmäßig nicht unmittelbar nutzen und die mit

---

[390] Vgl. BGHZ 6, 1952, S. 270.
[391] BVerfGE 50, S. 340 ff.

ihm verbundenen Verfügungsbefugnisse wahrnehmen. Anteilseigentum kann zwar veräußert und belastet werden, darüber hinaus hat der Gesetzgeber im Gesellschaftsrecht die Rechte des Anteilseigners dergestalt bestimmt und beschränkt, dass er sonstige mit seinem Eigentum verbundene Verfügungsbefugnisse regelmäßig nicht unmittelbar nutzen kann, sondern nur mittelbar über die Gesellschaft und deren Organe ausüben lässt[392].

Insofern sind unmittelbare Ausübungen der Rechte auf Nutzungen des Vermögenswerts des Anteilseigentums beschränkt. Gerade darin liegt das Charakteristikum des Aktionärseigentums. Dabei gehört zum Kernbereich der das Anteilseigentum umfassenden Eigentumsgarantie gleichsam die Privatnützigkeit, also die Zuordnung des Eigentumsobjekts zu einem Rechtsträger, dem es als Grundlage privater Initiative von Nutzen sein soll, auch die grundsätzliche Verfügungsbefugnis über den Eigentumsgegenstand zu besitzen[393]. Art. 14 GG soll das Erworbene und seine freie Verfügbarkeit schützen[394], wobei Eigentumsnutzung primär legitim eigennützig ist und nicht in Sozialpflichtigkeit aufgeht[395].

Wie Formulierungen des Bundesverfassungsgerichts[396] zeigen, wird nicht nur die Haben-Relation, sondern darüber hinaus der Anspruch auf ökonomische Verwertung des Eigentums aus Art. 14 GG hergeleitet. Geschützt ist allerdings nur die rechtliche Möglichkeit der ökonomischen Nutzung. Ob tatsächlich ein Ertrag er-

---

392 Dreier, H.; Bauer, H., Grundgesetz Kommentar, 1996, S. 858; v. Mangoldt, H.; Klein, F.; Starck, C., Bonner Grundgesetz, 1999, S. 1698.

393 So BVerfGE 50, S. 339 ff.

394 BVerfGE 14, S. 293; 24, S. 401; 35, S. 276 ff., 361.

395 v. Mangoldt, H.; Klein, F.; Starck, C., Bonner Grundgesetz, 1999, S. 1727.

396 BVerfGE 52, S. 1, 30 ff.; 37, S. 132 ff.; 51, S. 218.

zielt wird, ist eine Frage des Markts.[397] Bloße Gewinnchancen und Verdienstmöglichkeiten sollen dabei nicht unter Art. 14 GG fallen[398].

In Hinblick hierauf steht außer Frage, dass für Kleinaktionäre wie für institutionelle, wertsteigerungsorientierte Investoraktionäre beim Aktieneigentum die vermögensrechtliche Komponente im Vordergrund steht. Insbesondere der Inhaber eines geringen Aktienbestands wird rechtlich regelmäßig allein auf seine Kapitalanlageinteressen verwiesen[399]. Aufschlussreich und zutreffend ist hier die Ansicht des Bundesgerichtshofs, nach der Kleinaktionäre auf die Unternehmenspolitik keinen Einfluss nehmen könnten und die Aktie vorwiegend als Kapitalanlage betrachten würden[400].

Die Aktie wird insofern gleichsam von den Kapitalmarktakteuren wie von der Rechtsprechung als Investmentinstrument betrachtet, bei der die Erzielung einer Kapitalrentabilität das maßgebliche Kriterium darstellt. Aus dieser Sichtweise besteht der Nutzen des Anteilseigentums weniger in dem gesellschaftsrechtlichen Mitsprachebefugnis als primär in seiner Möglichkeit der Vermögensmehrung.

Wenn diesbezüglich das Privatnützigkeitsprinzip für den Anteilseigner gelten soll, wäre die Reduktion seiner Wertsteigerungsabsicht allein auf die Bewahrung seines Vermögens im Sinne eines Bestandserhalts indes widersinnig. Kaum als angemessen zu beurteilen wäre es vor allem, wenn im Zusammenhang mit dem

---

397 Azzola, A., Kommentar zum Grundgesetz, 1989, S. 1088, 1103.
398 BVerfG v. 20.12.1990 – 1 BvR 1418/90, o. V., NJW, 1967, S. 175.
399 v. Mangoldt, H.; Klein, F.; Starck, C., Bonner Grundgesetz, 1999, S. 1698.
400 Vgl. BGHZ 120, 1993, S. 141, 151; BB, 1993, S. 521.

Aktieneigentum das grundgesetzlich gesicherte Vermögensrecht lediglich die Sicherung des Nominalwerts des Investments beziehungsweise die vermögensrechtlichen Ansprüche auf Gewinnbeteiligung respektive auf eine Liquidationsquote umfassen würde.

Die Sicherung des Aktionärsvermögens ist vielmehr daran zu bemessen, inwieweit aus dem Vermögen solche Renditen zu erzielen sind wie bei adäquaten Anlageformen am Kapitalmarkt.

In dieser Konstruktion besteht das wahre Substrat des Eigentumsanspruchs im künftigen Erfolgswert der Gesellschaft, der in einer zeitlich vorgelagerten Periode seinen Niederschlag im Shareholder Value findet. Auch Art. 14 GG schützt im Zusammenhang mit dem Anteilseigentum keine Vermögenssubstanz, sondern einen Anspruch auf künftige Teilhabe an den Geschicken der Unternehmung.[401] Damit ist ersichtlich, dass die Verfassung ihrem Wesen nach der Philosophie des Wertsteigerungsgedanken durchaus nicht entgegensteht.

6.4.6.2 Artikel 14 GG als Schutz des Zukunftserfolgswerts des Unternehmens?

Während das Bundesverfassungsgericht zu Beginn seiner Rechtsprechung den Gewerbebetrieb als Sach- und Rechtsgesamtheit mit dem reinen Sacheigentum gleichgestellt hatte[402], vertrat es später die Auffassung, nur ein Eingriff in die Substanz der Sach- und Rechtsgesamtheit Gewerbebetrieb könne Art. 14 GG verletzen. Inzwischen stellt das Gericht den eigentumsrechtlichen Charakter des

---

[401] Vgl. hierzu v. Mangoldt, H.; Klein, F.; Starck, C., Bonner Grundgesetz, 1999, S. 1718.
[402] BVerfGE 1, S. 277 f.

Gewerbebetriebs in Frage. Die konstituierenden Merkmale des verfassungsrechtlichen Eigentumsbegriffs würden hier deshalb nicht erkennbar, da das Unternehmen eigentumsrechtlich betrachtet nicht die rechtliche sondern die tatsächliche Zusammenfassung der zu seinem Vermögen gehörenden Sachen und Rechte darstellt.[403] Diese an sich schon würden dem verfassungsrechtlichen Schutz unterliegen, einen übergreifenden Schutz ökonomisch sinnvoller und rentabler Eigentumsnutzung als auch des Betriebsvermögens gewähre die Verfassung indes nicht[404]. Demzufolge würden sich weder tatsächliche Gegebenheiten, wie bestehende Geschäftsverbindungen, ein erworbener Kundenstamm oder die Marktstellung eines Unternehmens als bloße Chancen noch die Kapitalisierung von Gewinnerwartungen dazu eignen, Gegenstand verfassungsrechtlich geschützten Eigentums zu werden. Die Befürworter eines Eigentumsschutzes des Unternehmens verweisen darauf, dass das Unternehmen in seiner Gesamtheit und nicht nur isoliert die Summe aller Gegenstände des Unternehmensvermögens über die wichtigsten Konstitutivelemente des Eigentums verfüge, denn der Betrieb sei aus Leistung entstanden, auf dessen Einheit der Unternehmer zur Sicherung seiner Existenz vertraue[405]. Daher sollen Erwerbsaussichten als Eigentum im verfassungsrechtlichen Sinne behandelt werden, wonach mit dem Eigentumsschutz Gewinnerwartungen zu kapitalisieren sind. Diese Sichtweise hebt auf den Mehrwert eines Unternehmens ab[406], der auf dem Umstand gründe,

---

403 BVerfGE 51, S. 221.

404 BVerfGE 77, S. 118.

405 Vgl. Leisner, W., Eigentum, 1996, S. 117, 128; vgl. auch Badura, P., Eigentumsschutz, in: Wilke, D., Juristische Gesellschaft, 1984. S. 1 ff.

406 Bislang als nicht konkrete Vermögenswerte betrachtete Erfolgsgrößen wie der sich im Umsatz und Gewinn ausdrückende Marktanteil stellen nach Auffassung des Verfassers durchaus als vom Grundgesetz geschütztes Leistungseigentum eine konkrete Vergegenständlichung des Vermögenswerts des Betriebs dar, obwohl und gerade weil der durch marktwirtschaftlichen Erfolg erzielbare Erfolg auf unternehmerischem Wagnis beruht, vgl. hierzu mit weiteren Verweisen zur historischen Rechtsprechung, Badura, P., Eigentumsschutz, in: Wilke, D., Juristische Gesellschaft, 1984, S. 14.

dass die tatsächliche Zusammenfassung von Sachen, Rechten, Chancen und faktischen Gegebenheiten zu einem Unternehmen einen größeren Wert repräsentiert als seine einzelnen Bestandteile.

Entgegengehalten werden kann dieser Meinung unter anderem die bislang fehlende Inhaltsbestimmung zum einen des Eigentums und des Rechtsinstituts „Unternehmen“ oder „(Gewerbe)Betrieb“ durch den Gesetzgeber. Nicht missgedeutet werden darf daher, dass Art. 14 Abs. 1 GG mit dem Eigentum ein Recht und nicht auf dem Markt realisierbare Vermögenswerte schützt.

Die Bedingungen in der Wettbewerbswirtschaft und die sich verändernden ökonomischen Strukturen und Wertigkeiten geben andererseits Anlass zu Überlegungen, ob die Rechtsordnung sehr wohl unternehmensbezogene Gegebenheiten und Chancen dem geschützten Bestandswert des einzelnen Unternehmens zuzuweisen hat. Die Rechtsprechung der Zivilgerichte stand diesbezüglich einer marktorientierten Bewertung von Unternehmen ablehnend mit der Begründung gegenüber, der an der Börse stattfindende Preisbildungsprozess wäre bestimmt von diversen, nicht hinreichend objektiven Einflussfaktoren, wie der Größe oder der Enge des Markts, spekulativen Einflüssen oder auch politischen Ereignissen[407].

Nachdem die Bedeutung des Börsenkurses für die Unternehmensbewertung im Schrifttum[408] und in der Judikatur[409] vielfach umstritten war, zeigte erstmals das

---

[407] BGH-Urteil vom 30. März 1967 – II ZR 141/64, o. V., WM, 1967, S. 479 f.; BGHZ 116, 1992, S. 359, 370 f.

[408] Vgl. etwa Hergeth, A., Berücksichtigung des Börsenkurses, DStR, 1999, S. 1408 f.; Kropff, B.; Semler, J., Aktiengesetz, 2000, S. 640.

Bundesverfassungsgericht eine den Kapitalmarktzusammenhängen angenäherte Urteilsfähigkeit. In dem DAT/Altana-Beschluss vom 27. April 1999 des Bundesverfassungsgerichts wurde entschieden, dass es aus Aktionärssicht bei der Bestimmung des tatsächlichen Werts des Unternehmens „mit Art. 14 Abs. 1 GG unvereinbar [sei], . . . den Börsenkurs der Aktien außer Betracht zu lassen“[410]. In der Entscheidung wurden implizit die charakteristischen Merkmale für einen funktionierenden, real existierenden Markt anerkannt und mithin der bislang kritisierte Einfluss vielfältiger Elemente auf den Preisfindungsprozess, in dem sich der Börsenkurs als Ergebnis von Angebot und Nachfrage aus den Wertvorstellungen der Marktteilnehmer bildet. Im Kontext mit Konzernierungsentscheidungen ist zum Zwecke der Festsetzung des angemessenen Ausgleichs und der angemessenen Abfindung von Minderheitsaktionären mindestens der durchschnittliche Börsenkurs als Ausdruck des Verkehrswerts der Aktie zugrundezulegen. Der Bundesgerichtshof geht mit seinem Beschluss vom 12. März 2001[411] über die Entscheidung des Bundesverfassungsgerichts hinaus, indem ausdrücklich auf das Urteil des Kapitalmarkts verwiesen wird. Hiernach muss bei der Ermittlung des Durchschnittskurses das Bekanntwerden der geplanten Konzernierungsmaßnahme auf die Entwicklung des Aktienkurses berücksichtigt werden.[412]

---

409 Vgl. BGH-Urteil vom 30. März 1967 – II ZR 141/64, o. V., AG, 1967, S. 264; BGHZ 116, 359, 370 f.; OLG Celle, Beschluß vom 31.7.1998 – 9 W 128/97, AG, 1999, S. 128 f.; DB, 1998, S. 2006 ff.

410 BVerfG, Beschluß vom 27.4.1999 – 1 BvR 1613/94, BB 1999, S. 1778; mit dem Beschluss hat das Gericht die Gelegenheit gehabt, die neuen verfassungsrechtlichen Vorgaben zur Unternehmensbewertung aktienrechtlich umzusetzen und die Kriterien festzulegen, wie der maßgebliche Börsenkurs zu ermitteln ist, Vetter, E., Börsenkurs, DB, 2001, S. 1345; Hüttemann, R., Börsenkurs, ZGR, 2001, S. 454 ff.

411 Vgl. BGH-Urteil vom 12. März 2001 – II ZB 15/00, o. V., DB, 2001, S. 969.

412 Vgl. Vetter, E., Börsenkurs, DB, 2001, S. 1345 f.

6.4.6.3 Wohlfahrtsökonomische Gemeinwohlbelange des Anteilseigentums

Bei der verfassungsrechtlichen Beurteilung von Regelungen im Sinne des Art. 14 Abs. 1 S. 2 GG sind Änderungen der wirtschaftlichen und gesellschaftlichen Verhältnisse zu berücksichtigen, wobei auch Wandlungen in der Funktion des Eigentums, die „Teil der Entwicklung zum modernen Sozialstaat sind“[413], bei der Auslegung dieses Begriffs zu beachten sind[414].

Die sozialethische Bindung des Eigentums als Ausfluss des in Art. 20 und 28 GG niedergelegten Sozialstaatsprinzips ergibt sich aus Art. 14 Abs. 2 GG[415]. Die Sozialbindung des Eigentums nach Art. 14 Abs. 2 GG steht im Einklang mit dem Sozialcharakter des Art. 20 GG. Sie umschreibt die vom Gesetzgeber zu bestimmenden Pflichten und Beschränkungen des Eigentums vorgesehenen Regelungen, nach denen das Eigentum neben seiner „Privatnützigkeit“ zugleich dem Wohl der Allgemeinheit dienen soll[416]. Art. 14 Abs. 2 GG rechtfertigt aber keine übermäßige, durch die sozialen Belange nicht gebotene Begrenzung privatrechtlicher Befugnisse und dementsprechend keine unzumutbare Belastung im vermögensrechtlichen Bereich.[417] Die Befugnis des Gesetzgebers zur Inhalts- und Schrankenbestimmung ist umso weiter, je mehr das Eigentumsobjekt in einem sozialen Bezug und einer sozialen Funktion steht.

---

[413] Schmidt-Bleibtreu, B.; Klein, F., Kommentar zum Grundgesetz, 1999, S. 377.
[414] Schmidt-Bleibtreu, B.; Klein, F., Kommentar zum Grundgesetz, 1999, S. 377.
[415] BVerfGE 24, S. 367 ff.; Schmidt-Bleibtreu, B.; Klein, F., Kommentar zum Grundgesetz, 1999, S. 375.
[416] BVerfGE 18, S. 131; 25, S. 112 ff.; 34, S. 146 ff.; 37, S. 140 f.; 42, S. 294; 50, S. 340 f.; 56, S. 249 ff.
[417] BVerfGE 37, S. 132 ff.; 52, S. 1 ff.; 53, S. 292 ff.; Schmidt-Bleibtreu, B.; Klein, F., Kommentar zum Grundgesetz, 1999, S. 394.

6.4.6.4 Volkswirtschaftliche Wirkungen positiver Kapitalmarktrenditen

Die positiven primären, das heißt finanziellen Auswirkungen entwickelter Aktienmärkte für Staat und Bürger beispielsweise im Zusammenhang mit überdurchschnittlich hohen Aktienengagements sind eindeutig belegt. Herausgehoben sei hierzu die positive Korrelation zwischen der Marktkapitalisierung des Aktienmarkts und dem Bruttoinlandsprodukt[418] in den marktwirtschaftlich hochentwickelten Nationen. Diese Meßgröße verdeutlicht wohl am konzentriertesten die Bedeutung der wertschaffenden börsennotierten Aktiengesellschaften für eine Volkswirtschaft.

Auch in der Bundesrepublik Deutschland ließen sich positive Effekte von Renditen am Kapitalmarkt etwa auf den Schuldenstand des Staates herleiten. Unbestritten zwischen Politik, Wirtschaft und Interessengruppen ist vor allen Dingen, dass eine zukunftsweisende Gestaltung der Altersvorsorgeinstrumente zu forcieren ist, um zu einem beschleunigten Abbau bestehender Defizite im traditionellen deutschen Altersvorsorgesystem zu gelangen[419]. Für die Schaffung einer breitgefächerten, gleichermaßen von (Privat-)Anlegern wie Wirtschaft getragenen Aktienkultur gibt es, den Willensbekundungen nach zu urteilen, einen hohen Grundkonsens[420].

[418] Bruttoinlandsprodukt: Geldwert aller volkswirtschaftlichen Leistungen beziehungsweise Endprodukte (Waren und Dienstleistungen), die in einem Land per anno erbracht wurden.

[419] Vgl. Laux, M., Pensions-Sondervermögen, Kreditwesen, 1996, S. 12 ff.

[420] o. V., Aktienförderung, Kreditwesen, 1996, S. 2.

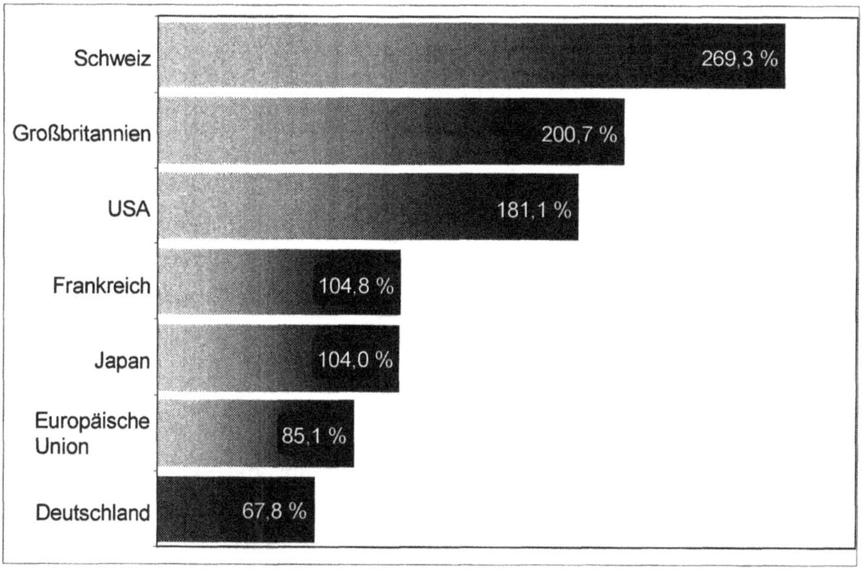

Abbildung 9: Börsenkapitalisierung in Prozent des Bruttoinlandsprodukts[421]

Nachdem zwar die Anzahl privater Aktionäre in der Bundesrepublik Deutschland seit 1988 von 3,19 Millionen auf mehr als fünf Millionen in 1999 und insbesondere signifikant in den Jahren 1997 bis 1999 jeweils um mehr als 500.000 gestiegen ist[422], kann langfristig mit einer Fortsetzung der Liquiditätszuflüsse in Aktien und einer fortschreitenden Akzeptanz der Aktie als Anlageform und als Finanzie-

---

421 Börsenkapitalisierung: hier: wertmäßige Summe der gesamten an einem Wertpapiermarkt gehandelten Werte; Daten in Anlehnung an Merrill Lynch/Cap Gemini Ernst & Young, German Wealth Report 2000, 2001, S. 6.

422 Zahl der Aktionäre in Deutschland (Entwicklung seit 1988 in Millionen): 1988: 3,19; 1992: 3,98; 1994: 3,93; 1996: 3,75; 1997: 3,92; 1998: 4,52; 1999: 5,00, vgl. Grass, D., DAI, Financial Times Deutschland, 11. April 2000, S. 19.

rungsinstrument gerechnet werden. Gleichwohl ist gemessen an der Bedeutung der Wirtschaft und im Vergleich zu den bedeutenden europäischen Nachbarländern und Nordamerika der deutsche Aktienmarkt immer noch eindeutig unterentwickelt[423]. Von den internationalen Standards ist man noch so weit entfernt, dass es noch ein erheblicher Weg sein dürfte, bis mit den bereits weiter fortgeschrittenen Ländern gleichgezogen würde. Insoweit ist der dem deutschen Aktienmarkt selbst seitens der OECD attestierte deutliche Entwicklungsbedarf nach wie vor augenfällig[424]. Weitgehend unstrittig ist indes auch, dass auch die von einem großen und liquiden Aktienmarkt zu erwartenden Sekundärwirkungen auf die Volkswirtschaft positiv sind.

Maßgebend für das Eigentum an Anteilen börsennotierter Aktiengesellschaften ist der in Art. 14 Abs. 2 GG Ausdruck findende Gesichtspunkt, dass Nutzung und Verfügung im Falle des Anteilseigentums am Eigenkapital einer Aktiengesellschaft vornehmlich innerhalb der Sphäre des Eigentümers bleiben und weniger Belange anderer Rechtsgenossen berühren, die auf die Nutzung des Eigentumsobjekts unmittelbar angewiesen sind.

Aus dieser Betrachtungsweise erhält die Verfassungserwartung „Eigentum verpflichtet" das weitergehende Gebot, dass sich der Vorstand seiner Verantwortung gegenüber dem Eigentum der Anteilseigner bewusst ist und sich in der Pflicht sieht, jenen Eigentümerinteressen gerecht zu werden.

---

423 Die Investmentbank J.P. Morgan prognostiziert mit einem steigenden Anteil der Besitzer von Dividendenwerten von neun in 1999 auf 15 % in 2003 durchaus eine positive Entwicklung und bescheinigt Deutschland großes Potential; gleichwohl werden andere europäische Länder wie Niederlande, Großbritannien und Schweden weiterhin ihren deutlichen Vorsprung behalten, vgl. o. V., Börse Online, 2000, S. 127.

424 Vgl. o. V., Aktienförderung, Kreditwesen, 1996, S. 2.

Entwickelte Aktienmärkte begünstigen sowohl direkt wie auch indirekt die Aufnahme von Eigenkapital an der Börse und vor- oder außerbörslich von Risiko-[455] beziehungsweise Wagniskapital[425]. Hierbei ist die Börsenkapitalisierung in Verhältnis gesetzt zum jeweiligen Bruttoinlandsprodukt ein Indikator für den Entwicklungsgrad eines Aktienmarkts, wie in Abbildung 9 ersichtlich ist. Junge Unternehmen können hierdurch für ihre weitere Expansion häufig leichter Kapital erhalten als bei einer Fremdkapitalfinanzierung und so frühzeitiger einen Börsengang durchführen, da Venture-Kapitalgeber bevorzugt in jenen Unternehmen investieren, bei denen frühzeitig Aussicht auf Veräußerung der Unternehmensanteile, beispielsweise über die Börse, und Realisierung von Gewinnen besteht. Sofern die Börse das Potential von Unternehmen optimistisch bewertet, lässt sich zugleich für börsennotierte Aktiengesellschaften wiederum eine erleichterte Kapitalaufnahme realisieren.

Im gesamtwirtschaftlichen Kontext sind weiterhin die wirksamen Effekte des sogenannten „Shareholder Capitalism“ hervorzuheben. Vor allem in den angelsächsischen Ländern sind als unfähig erkannte Manager unmittelbarer von einem Austausch betroffen, hochentwickelte Aktienmärkte stellen die Unternehmensführung insofern vor höhere Anforderungen. Diese dank der Transparenz der Märkte gesteigerte Selektionsfähigkeit führt letztlich unter Allokationsaspekten zu einer zügigeren Verminderung von Marktungleichgewichten und einer verbesserten Verteilung der (Eigenkapital-)Ressourcen.

Mit den vorgenannten Kapitalmarktentwicklungen würde eine Steigerung der Kapitalrentabilität erreicht werden, deren Folgen nicht zuletzt aus sozialpoliti-

---

[425] Im englischen Sprachgebrauch auch „Venture Capital” genannt.

scher Perspektive vorteilhaft wären. In den meisten hochentwickelten Industrieländern haben vornehmlich geringer qualifizierte Arbeitskräfte nur sehr begrenzt am Wirtschaftswachstum während der vergangenen zwanzig Jahre partizipiert. Gerade die Möglichkeiten des Aktieninvestments indes mindern in der häufig angeführten Diskussion um das vermeintlich gegensätzliche Verhältnis der Produktionsfaktoren Arbeit und Kapital die Diskrepanz. Mit einer breiten Streuung des Aktienbesitzes erhielten nahezu alle Bevölkerungsschichten Zugang zu überdurchschnittlichen Renditen. Da sich mit der Aktie auf leicht zugängliche Weise Renditevorteile aus Unternehmensbeteiligungen erschließen lassen, demokratisiert uneingeschränkter Aktienhandel auch die Möglichkeiten individueller Vermögensmehrung.

Damit würde nicht nur der sozial unerwünschten Polarisierung der Einkommensverteilung entgegengewirkt, sondern auch insgesamt zur Steigerung des Wohlstandsniveaus der Gesamtbevölkerung beigetragen. Im Ergebnis wird mithin die These untermauert, dass die konsequente Umsetzung des Shareholder-Value-Gedankens und damit der Wertsteigerung des Anteilseigentums zugleich dem Wohl der Allgemeinheit dient, wie es verfassungsrechtlich vorgesehen ist[426].

6.4.6.5 Wertsteigerung kraft ökonomischer Verwertungsmöglichkeit

Wesentliches Merkmal des Aktieneigentums ist seine vergleichsweise einfache Erwerbbarkeit und Veräußerbarkeit. So ist es auch mit sehr geringen Investitionsbeträgen auch für Kleinanleger möglich, über die Börse Unternehmensanteile

---

[426] Vgl. BVerfGE 18, S. 131; 25, S. 112 ff.; 34, S. 146 ff.; 37, S. 140 f.; 42, S. 294; 50, S. 340 f.; 56, S. 49 ff.

zu handeln. Insbesondere bei hochkapitalisierten Werten werden börsentäglich häufig in Sekundenabständen Kurse gehandelt. Angesichts sich ausweitender Informationsinfrastrukturen wird die Handelbarkeit von Aktien nahezu permanent möglich, so dass Aktieneigentum grundsätzlich eine weitgehend uneingeschränkte Fungibilität aufweist.

Unter der Zugrundelegung eines funktionierenden Kapitalmarkts ist gerade aufgrund ihrer unproblematischen Handelbarkeit die Aktie nicht zuletzt auch aus Sicht des Privatinvestors attraktiv, da er sein Kapital nicht auf längere Zeit bindet, sondern Anteilseigentum fast ständig wieder veräußern kann. Darin besteht der Unterschied der Beteiligung an einer Aktiengesellschaft zu anderen Unternehmensbeteiligungen. Speziell bei einer Beteiligung an börsennotierten Aktiengesellschaften wird es den Gesellschaftern praktisch jederzeit ermöglicht, Kapital nach freiem Belieben zu investieren oder zu desinvestieren. Kraft seiner ausgeprägten Verkehrsfähigkeit begründet Aktieneigentum damit eine Sphäre individueller Freiheit und erschließt sich so nahezu jeder Anlegergruppe.

Aktieneigentum, das durch seine Verkehrsfähigkeit geprägt ist, hat vor allem in der börsennotierten Aktiengesellschaft besonderen Stellenwert für die Aktivitäten des Vorstands. Denn an der Börse führt dieser Freiraum eigenständiger Veräußerbarkeit im Zusammenspiel von Angebot und Nachfrage zur Wertbestimmung der Aktie. Damit bildet sich der Verkehrswert der Aktie, an dem der Aktionär den Wert dieses spezifischen Eigentumsobjekts bemessen kann. Entgegen bisheriger Auffassungen[427] folgt daraus zum einen, dass etwa bei beabsichtigten Konzernierungsmaßnahmen bezüglich der Entschädigungsleistungen an Minderheitsaktionäre der Kurswert der Aktie heranzuziehen ist. Dies begründet sich in der im Aktienkurs zum Ausdruck kommenden Bewertung des Zukunftserfolgs, die dank der Verkehrsfähigkeit der Aktie vorgenommen werden kann[428].

Zum anderen führt die Verkehrsfähigkeit der Aktie zu einer permanenten Neubeurteilung der Aktiengesellschaft am Markt. Relevante Informationen, welche die Bewertung des Anteilseigentums betreffen, manifestieren sich zeitnah im Börsenkurs. Insofern sind Anteilseigner infolge ihrer autonomen Handelsmöglichkeit in die Lage versetzt, ihre Wertschätzung gegenüber der Aktiengesellschaft dem Vorstand unmittelbar kundzutun. Sowohl geplantes, vorgenommenes als auch unterlassenes Vorstandshandeln, das Marktteilnehmern bekannt ist, wird damit am Aktienkurs ablesbar. Auf diese Weise erhält die Unternehmensführung mit der marktlich gesteuerten Beurteilung der Aktiengesellschaft an der Börse sowohl Leitlinie und zugleich Korrektiv für eigene Entscheidungen als auch umfassend die Gelegenheit, wertbeeinflussend mit den Kapitalmarktakteuren in Interaktion zu treten. Für Potentiale in Bezug auf die unternehmerische Wertschöpfung wie auch für Unternehmenskrisen infolge von Risiken kann der Aktienkursverlauf so einen Indikator darstellen.

---

[427] Vgl. OLG Celle, Urteil vom 31.7.1998 – 9 W 128/97, o. V., NZG, Unternehmensbewertung, 1998, S. 987, 988; OLG Celle, Urteil vom 27.4.1999 – 1 BvR 1613/94, o. V., Unternehmensbewertung, BB, 1999, S. 1781.

[428] o. V., Entschädigung von Minderheitsaktionären, BB, 1999, S. 1781.

6.4.6.6 Zwischenergebnis

Wo Shareholder Value als Grundrecht verstanden werden kann – in der börsennotierten Aktiengesellschaft –, darf der Anspruch des Aktionärs auf Wertsteigerung seines Anteilseigentums auf Basis vergleichbarer Investmentalternativen von der Unternehmensführung nicht vereitelt werden. Somit verhält sich eine Geschäftsführung gesetzeskonform, wenn sie darauf abzielt, den Wert des ihr zur Verfügung gestellten Eigenkapitals im Interesse der Kapitalanleger zu steigern. Danach ist die Geschäftsführung gefordert, jeden Unternehmensbereich stetig danach zu durchleuchten, inwieweit das in ihm gebundene Kapital wertvernichtend eingesetzt ist. In einem solchem Fall ergibt sich die Rechtspflicht, die finanziellen Ressourcen aus erfolglosen Unternehmensbereichen in Bereiche mit positiven Erfolgspotentialen zu allokieren und damit Quersubventionen entgegenzuwirken.[429] Um die Attraktivität der Gesellschaft für internationale Kapitalnachfrager aufrechtzuerhalten, ist folglich auch aus verfassungsrechtlicher Sicht nicht zu beanstanden, wenn dem Vorstand in seinem Einflussbereich, in dem er im Aktionärsinteresse Aktivitäten entfalten kann, die Pflicht zur Mehrung des Aktionärsvermögens auferlegt und insoweit strenge Anforderungen gestellt werden.

---

[429] Hommelhoff, P., ZfB-Ergänzungsheft, 1997, S. 18.

6.5 Pflicht zur Sicherung des Unternehmensfortbestands – Einführung von Risikomanagementsystemen als Wertschöpfungsaufgabe

6.5.1 Bedeutung und Intention der Risikoüberwachung im Sinne des KonTraG

Unfraglich ist die Sicherung der Wettbewerbsposition der Aktiengesellschaft eine der existentiellen Unternehmensführungsaufgaben. Eine Pflicht des Vorstands in der Erhaltung der Wettbewerbsfähigkeit der Aktiengesellschaft am Kapitalmarkt sieht etwa *Mertens* durch eine dauerhafte Sicherung der Rentabilität.[430] Entsprechende Hinweise auf eine diesbezügliche Wahrung des Unternehmenserfolgs können sich den Regelungen des KonTraG, des Gesetzes zur Kontrolle und Transparenz im Unternehmensbereich, entnehmen lassen. So werden in Art. 1 Nr. 7 KonTraG durch die Aufnahme des Abs. 2 in § 91 AktG Pflichten bezüglich der Früherkennung von Gefahren konkretisiert. Hiernach wird dem Vorstand aufgegeben, geeignete Maßnahmen zu treffen, insbesondere ein Überwachungssystem einzurichten, damit den Fortbestand gefährdende Entwicklungen früh erkannt werden.

Das Management von Risiken ist gemeinhin bereits vor Inkrafttreten der Gesetzesnovelle in den Aufgaben- und Verantwortungsbereich des Gesamtvorstands gefallen. Das Erfordernis, sich mit den Risiken und Chancen auseinanderzusetzen, die den Unternehmensfortbestand beeinträchtigen beziehungsweise sichern, schreibt das KonTraG mit der Pflicht zur Einrichtung eines Risikoüberwachungssystems jetzt ausdrücklich vor.

---

430 Vgl. Mertens, H.-J., Kölner Kommentar, 1996, S. 27.

Hierzu ist ein Risikomanagement erforderlich, aus denen die Unternehmensleitung strategische Vorgaben zur Steuerung der Risiken, also eine Risikostrategie, abzuleiten hat. Um die Risikostrategie wiederum auf die geschäftspolitische Zielsetzung zu stützen und in die gesamte Unternehmensstrategie einzubinden, ist das Gefährdungspotential hinsichtlich der Eintrittswahrscheinlichkeit und der Schadenhöhe der verschiedenen Risikopositionen zu quantifizieren. Der Vorstand ist also gefordert, Ausmaß und Anzahl bestehender und zukünftiger Gefährdungspotentiale zu ermessen, um eine Antwort auf die Frage zu finden, welche Auswirkungen ein Schadenfall für das Unternehmen im Einzelnen oder in Verbindung mit anderen Risiken hat beziehungsweise haben könnte.

Ferner fordert das KonTraG die Erfassung sämtlicher Risiken, die die Existenz des Unternehmens gefährden. Anhand der Tatsache, dass derartige Risiken im Allgemeinen nicht unvermittelt entstehen, sondern erst im Zeitverlauf bestandsbedrohenden Charakter entwickeln, wird deutlich, dass nach Ansicht des Gesetzgebers das Überwachungssystem lediglich Warnfunktion ausüben soll[431]. Daher sind in gleicher Weise Risiken zu erfassen, die bereits einen wesentlichen Einfluss auf die Vermögens-, Finanz- und Ertragslage haben (können), da sich aus diesen Risiken regelmäßig substanzgefährdende Risiken entwickeln.

6.5.1.1 Risikobezogenheit wertorientierter Unternehmensführung

Risikomanagement soll in erster Linie weniger als Instrumentarium zur Erkennung bereits bestandsgefährdender Risiken im Sinne eines Frühwarnsystems, sondern vielmehr ein Früherkennungssystem darstellen. Risikobehaftete Geschäfte etwa sind im Hinblick auf ihre Auswirkungen auf Entwicklungen der Vermögens-, Finanz- und Ertragslage so zu analysieren, dass eine Existenzgefährdung außer Betracht bleiben kann. Wenn im Gesetzeswortlaut von der nachhaltigen Sicherung des Unternehmensbestands die Rede ist, dann bedeutet dies zwangsläufig, dass eine Aufrechterhaltung der Wettbewerbsfähigkeit zu gewährleisten ist. Dies erfordert bereits die Erfassung einer Vielzahl von Risiken, welche für sich betrachtet keine Auswirkungen auf die Wettbewerbsfähigkeit haben, in ihrer Summe jedoch existenzgefährdend sein können. Im Rahmen eines Früherkennungssystems ist es unter den vorangehend beschriebenen Wettbewerbsbedingungen von gleichrangigem Stellenwert, vorausschauend die für die Gesellschaft relevanten Entwicklungen an den Kapitalmärkten zu identifizieren[432].

Sicherung der Wettbewerbsfähigkeit setzt die Verhinderung von Stagnation in der Unternehmensentwicklung voraus, indem ein kontinuierliches Unternehmenswachstum aufrechterhalten wird. Die im Zuge dieser Expansionsstrategie erforderlichen Mittel werden börsennotierten Unternehmen häufig im Wege einer Kapitalerhöhung durch Ausgabe neuer Aktien zugeführt. Für die erfolgreiche Vornahme einer soliden Kapitalmaßnahme ist es unabdingbar, dass ein entsprechendes Anlegerinteresse zum Zeitpunkt der Kapitalerhöhung besteht. Es ist

431 Vgl. Regierungsbegründung zu § 91 Abs. 2 AktG, in: Bundesrat-Drucksache 872/97, 1997, S. 36 f.; Ernst/Seibert/Stuckert (Hrsg.), KonTraG/KapAEG/StückAG/EuroEG, 1998, S. 53, in: Vogler, M.; Gundert, M., Einführung von Risikomanagementsystemen, DB, 1998, S. 2378.

432 Im Rahmen der unternehmensinternen Risikobeurteilung, also der Risikoeinschätzung durch das Management, werden Risiken im Kontext der Cash-flow-Projektion differenziert in das Markt- beziehungsweise Umsatzrisiko, das leistungswirtschaftliche Risiko sowie das finanzielle Risiko. Marktrisiken leiten sich ab aus der Abhängigkeit der free Cash-flows des Unternehmens von Schwankungen des Konjunkturzyklusses, während leistungswirtschaftliche Risiken durch die Reaktion des Unternehmenserfolgs auf Umsatzschwankungen beschrieben werden. Finanzielle Risiken hingegen

offenkundig, dass denkbare Risiken darin bestehen könnten, dass auf Investorseite die Rentabilitätsaussichten nur dann als genug aussichtsreich empfunden werden, wenn eine nachhaltige, den Aktionärsvorstellungen entsprechende überzeugende Wertschaffung des Unternehmens zu erwarten ist. Risikopotential bezüglich des zukünftigen Unternehmensfortgangs birgt daher eine unzureichende Fokussierung auf den Shareholder Value seitens der Unternehmensführung, sofern hierdurch erforderliche Kapitalmaßnahmen nicht oder nur eingeschränkt durchgeführt werden können.

6.5.1.2 Kapitalmarktorientierte Risikoidentifizierung

Risikomanagement ist als eine prospektive unternehmenswertschöpfende Aufgabe zu sehen. Dem Investoraktionär, dessen Investitionsentscheidungen sich auf die Zukunftsaussichten des Unternehmens stützen, ist zu verdeutlichen, dass der Unternehmensführung einzelne Risiken bewusst sind und dass das Unternehmen jene Risiken im Interesse der Anteilseigner bewusst eingehen sollte, bei denen gezielt Wettbewerbsvorteile erreicht werden können, um eine entsprechend angemessene oder gar überproportionale Wertsteigerung zu erzielen. Damit wird offenkundig, dass die Risiken in den Unternehmensaktivitäten mit den drei wesentlichen Bestandteilen von Shareholder-Value-Rechnungen internalisiert werden, nämlich erstens der Zahlungsbezogenheit durch die Zugrundelegung der Summe aus Ein- und Auszahlungen, zweitens der Zukunftsorientierung durch die Berücksichtigung aller zukünftig zu erwartenden Zahlungsströme sowie drittens der Beachtung des Zusammenhangs zwischen Rendite und Risiko.

---

erfassen die Auswirkungen der Verschuldung des Unternehmens auf die Höhe des Unternehmenserfolgs, vgl. Schmidbauer, R., Risikomanagement, DB, 2000, S. 158.

1. Wie bereits aufgezeigt wurde, bilden allein bilanzielle Erfolgskennzahlen keine verlässliche Grundlage für den Zukunftserfolgswert eines Unternehmens. Bilanzieller Erfolg spiegelt nicht notwendig wider, wieviel Wert im Unternehmen und für die Aktionäre geschaffen werden konnte. Wie gezeigt werden konnte, haben auch als beste anerkannte Unternehmen mit herausragenden Jahresabschlusskennzahlen keineswegs überdurchschnittliche Rendite für ihre Eigenkapitalgeber erwirtschaftet; einige konnten gar nur Wertsteigerungen unterhalb des Branchendurchschnitts vorweisen. Durch die Orientierung an Zahlungsgrößen hingegen wird transparent, wie frühzeitige Einzahlungen zu Werterhöhungen beitragen. Die Bewertung sowie Planung von strategischen Geschäftsfeldern auf Basis von Cash-flows sind insofern von handelsrechtlichen Bilanzierungs- und Bewertungswahlrechten grundsätzlich unbeeinflusst.

2. Traditionelle Planungs- und Steuerungsinstrumente, etwa die Deckungsbeitragsrechnung[433], operieren mit einperiodischen Größen und damit unter kurzfristigen Erfolgsgesichtspunkten. Eine derartige Vorgehensweise berücksichtigt nur unzureichend, dass die zukünftige Performance des Unternehmens von den heutigen Entscheidungen determiniert wird. Der Shareholder-Value-Ansatz indes stellt dem Vorstand ungleich aussagekräftigere, objektivierte Entscheidungskriterien zur Verfügung, so dass basierend auf den zu erwartenden Ein- und Auszahlungen über einen Vergleich der Barwerte dieser Zahlungsströme die vorteilhaftere Strategie ausgewählt werden kann. In heutigen

---

433 Die Deckungsbeitragsrechnung ist eine Kostenrechnungsform, bei der die auftragsabhängigen Kosten im Vordergrund stehen. Zentrale Größe ist der Deckungsbeitrag, welcher sich definiert als Erlös abzüglich der variablen Kosten. Die Deckungsbeitragsrechnung eignet sich in besonderer Weise zur Kalkulation, Ermittlung der Preisuntergrenze, Auftragsbeurteilung, Sortimentsgestaltung und ist damit ein Instrument für kurzfristige Entscheidungsprobleme bei der Produktionsprogramm- und Unternehmensplanung.

Entscheidungen finden damit zukünftige Auswirkungen dieser Entscheidungen bereits Berücksichtigung.

3. Strategische Entscheidungen nach Maßgabe des Shareholder Value folgen operationalen Kriterien. Entgegengesetzt zu Entscheidungsprozessen mit Hilfe statischer oder qualitativer Instrumente wie etwa den überwiegend marketingorientierten Portfolio-Modellen werden hier die zur Diskussion stehenden Strategien an einem eindeutigen Vergleichsmaßstab gemessen. Da als Vergleichsmaßstab der Zusammenhang zwischen Rendite und Risiko zugrundegelegt wird, ist eine Entscheidungsalternative im Grundsatz immer dann als vorteilhaft anzusehen, wenn die Rendite das Risiko überkompensiert. Für jede geplante Entscheidung ist dabei zunächst das jeweilige Risiko zu ermitteln, nach dessen Höhe sich der Diskontierungsfaktor bestimmt. Nachdem die bei den jeweiligen Entscheidungsalternativen anfallenden Summen aus Ein- und Auszahlungen betrachtet wurden, lässt sich die Rendite-Risiko-Relation herleiten: Die Diskontierung der Zahlungsströme auf das eingesetzte Eigenkapital mit ihrem jeweiligen Risiko führen zu einem positiven respektive negativen Ergebnis, was indiziert, dass im Unternehmen (Mehr-)Wert geschaffen werden kann beziehungsweise Wertvernichtung vorliegen dürfte.

In der Begründung des vom Gesetzgeber formulierten Anspruchs zur Erkennung von fortbestandsgefährdenden Entwicklungen wurden explizit Finanzinstrumente wie Derivate genannt. Damit kommt zum Ausdruck, dass das KonTraG zweifelsohne auch auf die Überwachung und Steuerung von Marktpreisrisiken, wie sie heute regelmäßig von den Finanzbereichen der Unternehmen gesteuert werden, im Fokus hat. Eines der bekanntesten Instrumente zur Überwachung derartiger Risiken stellt das Konzept des Value-at-Risk (VaR) dar. Der VaR-Ansatz bildet die Voraussetzung, die Messung und Bewertung nicht nur auf den Finanzbereich zu beschränken, sondern alle wesentlichen Marktrisiken im Unternehmen zu erfassen. Mithilfe dieses markt- und wertorientierten Konzepts finanzmathematischen Ursprungs können somit die Anforderungen an das Risikomanagement im Sinne des KonTraG umgesetzt werden.[434]

Unterzieht man den Wortlaut und den Sinneszusammenhang des KonTraG einer näheren Interpretation, so lässt sich aus der Zielsetzung des Kapitalgebers ableiten, dass unter einem Risiko eine Verlustgefahr, das heißt eine die Geschäftstätigkeit negativ beeinflussende und möglichenfalls existenzbedrohende Entwicklung zu verstehen ist[435]. Diese endet im ungünstigsten Fall mit der Überschuldung oder Zahlungsunfähigkeit. Entscheidendes Charakteristikum eines Risikos im Sinne des KonTraG ist daher gewiss die Gefahr des Vermögensverlustes. Da wiederum aus Shareholder-Value-Sichtweise das Vermögen einer Aktiengesellschaft in dem Marktwert seines Eigenkapitals reflektiert wird, ist es demzufolge schlüssig, dass unter dem Risiko einer den Unternehmensfortbestand gefährdenden Entwicklung letztlich auch die Gefahr einer wesentlichen Wertminderung des Eigenkapitals zu verstehen ist[436]. Das Gebot des Gesetzgebers zur Implementierung eines Risikoüberwachungssystems ist somit dahingehend auszulegen, dass nicht die Vermeidung beziehungsweise Minimierung sämtlicher Risiken oberstes Ziel ist, sondern gegenwärtige und zukünftige Risiken frühzeitig identifiziert, analysiert und bewertet werden.

---

434 Siehe zu verschiedenen VaR-Konzepten im Zusammenhang mit dem Risikomanagement-Vorstellungen des KonTraG Ulmke, H. G.; Schmale, S., Value-at-Risk, in: Saitz, B.; Braun, F., Kontroll- und Transparenzgesetz, 1999, S. 210 ff; zu dem modifizierten, dem Grundsatz der Kapitalmarkttheorie konformeren Konzept siehe Schlenger, C., Value-Added at Risk, Die Bank, 1997, S. 726 ff.

435 Siehe Regierungsbegründung zu § 91 Abs. 2 AktG, in: Bundesrat-Drucksache 872/97, 1997, S. 36 f.; Kromschröder, B.; Lück, W., Unternehmensüberwachung, DB, 1998, S. 1573 ff.

436 Saitz, B.; Braun, F., Kontroll- und Transparenzgesetz, 1999, S. 102.

Im Rahmen der wertorientierten Unternehmensführung sollte ein leistungsfähiges Früherkennungssystem daher geeignet sein, die Gefahr eines wesentlichen Vermögensverlustes nicht nur rechtzeitig zu erkennen, sondern zugleich Vorstand und Aufsichtsrat in die Lage zu versetzen, auf eine sich abzeichnende beziehungsweise bereits eingetretene, negative Entwicklung früh genug zu reagieren und diese zu korrigieren. Abbildung 10 illustriert eine solche kritische Unternehmensentwicklung im Zeitverlauf schematisch. Ein rechtzeitiges Erkennen gravierender Wertverlustquellen ist zu dem Zeitpunkt gegeben, in dem erstmals festgestellt werden kann, dass ein Unternehmen beziehungsweise eine strategische Geschäftseinheit seine Kapitalkosten nicht mehr verdient oder nicht mehr verdienen wird.

Um in aggregierter und koordinierter Form systematisch geordnet risikorelevante Informationen für Entscheidungen der Unternehmensführung bereitzustellen, ist als Grundlage für die Risikosimulation, -dokumentation und -kommunikation ein Risikomanagementsystem zu errichten. Der Systemumfang und die Systematik sind dabei nach Maßgabe des Unternehmenszwecks, der Unternehmensgröße und zweifelsohne der Risiken zu definieren. Umso mehr ein derartiges Risikomanagementsystem praxisnah, integrierend und flexibel gestaltet wird, desto effektiver bildet es die Grundlage für verantwortliches unternehmerisches Handeln. Vorstandshandeln in Verbindung mit risikobezogenen Entscheidungsalternativen bedeutet dementsprechend, zwischen Sicherheitsinteressen und Wertschöpfungsansprüchen eine Balance zu erzielen.[437]

---

[437] Vgl. Füser, K.; Gleißner, W.; Meier, G., Risikomanagement, DB, 1999, S. 753, 758.

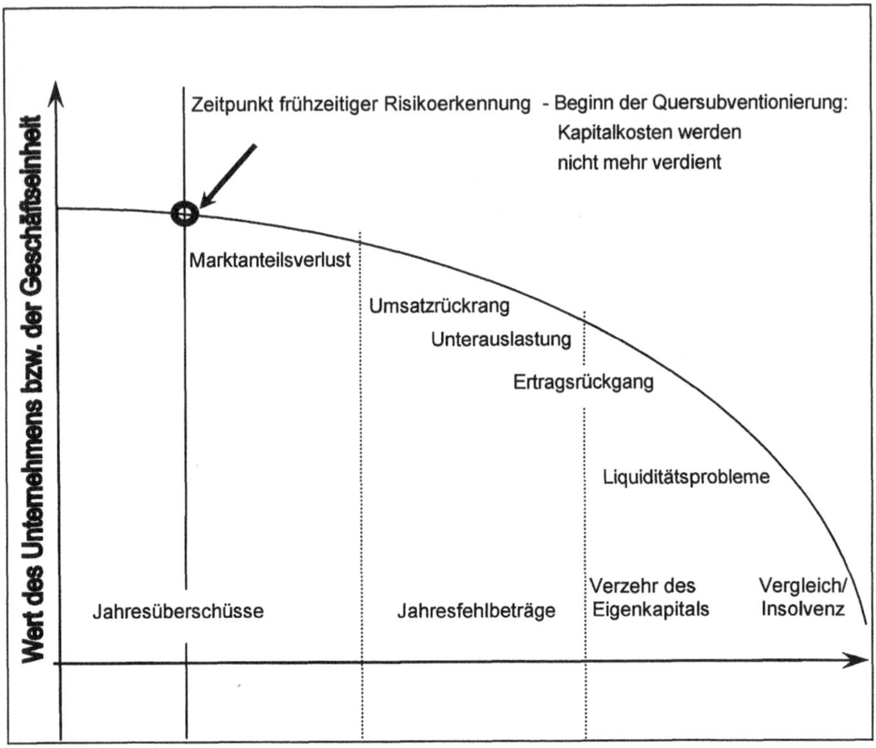

Abbildung 10: Verlauf einer schematischen Unternehmenskrise[438]

Festzuhalten ist hierbei, dass die Erfassung und Bearbeitung von Risiken mittels Risikomanagementsystemen insbesondere in börsennotierten Aktiengesellschaften keineswegs neu sind, sondern unabdingbarer Bestandteil einer erfolgreichen Unternehmensführung darstellt. Dies kann aber nicht bedeuten, dass die Steue-

[438] In Anlehnung an Saitz, B.; Braun, F., Kontroll- und Transparenzgesetz, 1999, S. 106.

rung sämtlicher Risiken vom Vorstand selbst vorgenommen wird. Vielmehr wird die Risikosteuerung dezentralen Entscheidungsgremien im Konzern überlassen, die der Überwachung durch den Vorstand unterliegen müssen. Von seiner Verantwortung wird der Vorstand damit nicht enthoben. Risikomanagementsysteme im Sinne des KonTraG sollen den Vorstand dazu veranlassen, alle wesentlichen Risiken zu vergegenwärtigen, um die Maßnahmenentscheidungen vornehmen zu können, die mögliche nachteilige Folgen dieser Risiken verringern. Wesentliche Risiken, die von der Unternehmensführung als schlechte Nachrichten empfunden und deshalb ignoriert werden, lassen ein wirkungsvolles Risikomanagementsystem fehlschlagen. Hierzu zählen etwa Risiken, die häufig das einzelne Vorstands- oder Aufsichtsratsmitglied unmittelbarer oder persönlich betreffen. Auch wird die in der Vergangenheit häufig vorgenommene Saldierung von Risiken mit Chancen aus anderen Bereichen zu vermeiden sein, da wesentliche Risiken künftig dokumentiert werden. Als Auswirkung auf die Unternehmensführung werden die internen Geschäftsführungsprozesse insoweit transparenter, wodurch sich undurchschaubare Begründungen zu Soll-Ist-Abweichungen problematisch gestalten. Der eigentliche Nachholbedarf der Unternehmen infolge der Neuregelungen durch das KonTraG dürfte daher auch darin liegen, die Restrisiken für Vorstand und Aufsichtsrat zu ermitteln[439].

6.5.2 Konsequenzen für den Vorstand

Eine inhaltliche Neuerung hat die Gesetzesreform insoweit nicht erbracht. Mit der Klarstellung, dass nach § 91 Abs. 2 AktG der Vorstand im Rahmen seiner Leitungsaufgabe zur Errichtung eines Überwachungs- und Frühwarnsystems ver-

---

[439] Vgl. Vogler, M.; Gundert, M., Einführung von Risikomanagementsystemen, DB, 1998, S. 2377 f.

pflichtet wird, wird hingegen die Absicht des KonTraG verdeutlicht, Vorstand und Aufsichtsrat stärker in die Pflicht zu nehmen.

Mit Blick auf die Aktionärsinteressen ist zu hinterfragen, inwieweit es sich bei dem Gebot zur Risikoberücksichtigung um eine wesentliche Änderung des Aktiengesetzes handelt – wurde doch diese Verpflichtung bisher aus der allgemeinen Leitungspflicht nach § 76 AktG hergeleitet. Wie der Gesetzesbegründung zu entnehmen ist, soll der Verantwortungsbereich des Vorstands durch diese Vorschrift nicht erweitert werden[440]. Demgemäß würde die Neuerung weder die Haftung des Vorstands verschärfen noch höhere Ansprüche an das in der Unternehmenspraxis übliche „Controlling“ stellen[441]. Auch die inhaltliche Bedeutung des § 91 Abs. 2 AktG ist weitgehend noch nicht bestimmt; da eine Ausgestaltung von Risikomanagementsystemen unter Erfassung der jeweiligen unternehmensindividuellen Risiken vorzunehmen ist, wurden hierzu vom Gesetzgeber richtigerweise keine konkreten Vorgaben gemacht.

Die Entwicklungen der Praxis werden daher vorgeben, welche allgemeinen Grundsätze zur Ausgestaltung von Risikomanagementsystemen abzuleiten sind, um das bestehende Normvakuum von der Rechtsprechung auszufüllen. Durchaus Unklarheit besteht indes, ob und in welcher Form der Gesetzgeber wirklich eine Vorstellung darüber hat, wie ein von ihm gefordertes Frühwarnsystem aussehen könnte. Zurückzugreifen wäre hierzu naheliegend auf die Methoden der

---

440 BT-Drucksache, 13/9712, S. 15; insofern handelt es sich bei der hier zur Diskussion stehenden Regelung des KonTraG um eine nicht neue Anforderung, vgl. Hommelhoff, P.; Mattheus, D., KonTraG, BFuP, 1999, S. 437; Kuhl, K.; Nickel, J.-P., Risikomanagement im Unternehmen, DB, 1999, S. 133, 135.

441 Siehe Lingemann, S.; Wasmann, D., KonTraG, BB, 1998, S. 853, 859; Kuhl, K.; Nickel, J.-P., Risikomanagement im Unternehmen, DB, 1999, S. 133, 135.

Betriebswirtschaftslehre, welche offenkundig ausgereifte und funktionsfähige Frühwarnsysteme bisher nicht zur Verfügung stellt[442].

Wenngleich dem Gesetzeswortlaut keine explizite Verschärfung der Haftung von Vorstand und Aufsichtsrat zu entnehmen ist, wurde durch die ausdrückliche Normierung der Vorstandspflichten und der daraus resultierenden Erweiterung des Überwachungsspektrums eine faktische Verschärfung der Haftung bewirkt. Verschärfter Haftung ist die Unternehmensführung etwa in Anbetracht des in § 91 Abs. 2 AktG zum Ausdruck kommenden Frühwarnsystems ausgesetzt, das für börsennotierte Unternehmen ab dem Geschäftsjahr 1999 Gegenstand der Abschlussprüfung und vom Wirtschaftsprüfer innerhalb des Prüfungsberichts gesondert zu erläutern ist. Mit § 91 Abs. 2 AktG hat der Gesetzgeber konkretisiert, was bisher bereits eine Pflicht aus dem Selbstverständnis des Vorstands gewesen sein sollte und im Regelfall gewesen ist. Diese Konkretisierung bedeutet aber auch, dass der Vorstand nunmehr zwingend an diese Verhaltensnorm gebunden ist. Mithin stellt ein nicht vorhandenes Überwachungssystem zweifelsfrei eine Pflichtverletzung des Vorstands dar.

Die Regelungen des KonTraG zur Einrichtung eines unternehmensinternen Risikomanagementsystems sind als eine Reaktion auf die verschiedenen Unternehmenskrisen in der jüngeren Vergangenheit und dem in diesem Zusammenhang von der Öffentlichkeit wahrgenommenen offenkundig fehlenden Risikobewusstsein nicht zuletzt des Gesetzgebers zu verstehen. Demgegenüber stehen sie durchaus im Einklang mit dem wachsenden Druck institutioneller Investoren auf

---

[442] Vgl. Mertens, H.-J., Organhaftung, AG, Sonderheft Die Aktienrechtsreform, 1997, S. 71.

Vorstände zur Einrichtung von Risikomanagementsystemen[443]. Gleichwohl entstand mit den Neuregelungen der Eindruck, als sei der Vorstand mit den von ihm ergriffenen „Maßnahmen zur Früherkennung" allen Pflichterfordernissen nachgekommen. Da das möglichst frühe Erkennen problematischer Unternehmensentwicklungen nur ein Teilaspekt der Verpflichtung zur Schadensvermeidung sein kann, wäre es angemessener gewesen, im Gesetzestext die Worte „früh erkannt werden" durch „vermieden werden" zu ersetzen[444]. Damit würde gleichwohl der Akzent der Überwachungspflicht verschoben, indem bereits eine weitreichende Haftung ausgelöst würde, wenn Maßnahmen zur Verhinderung von Unternehmensstörungen nicht wirksam werden.

Das große Interesse, das neben Aufsichtsräten ebenso Aktionäre hinsichtlich der Ausgestaltung des Risikomanagementsystems zeigen, belegt zunächst die Konformität der diesbezüglichen Regelungen im KonTraG mit dem Gedanken des Shareholder Value. Weitere dem Überwachungssystem zeitlich nachgelagerte Maßnahmen werden in der Regierungsbegründung zur Sicherung des Fortbestands der Gesellschaft ausgeführt[445]. Die Intention der Gesetzesnovelle ist hierbei eine Sensibilisierung der Unternehmensführung gegenüber möglichen Gefährdungen der Unternehmensexistenz herbeizuführen. In bisher erfolgreichen, wertschaffenden Unternehmen sind die vom Gesetz propagierten Maßnahmen längst implementiert. Die Kenntnis und Analyse von Unternehmensrisiken bildet eine wesentliche Entscheidungsvoraussetzung wertorientiert agierender Vorstände. Insofern leitet sich aus den Gesetzesänderungen zur Einrichtung von

---

443 Vgl. Tödtmann, C., Wer nicht handelt, Wirtschaftswoche, 1998, S. 98.

444 So Thümmel, R. C., Manager- und Aufsichtsratshaftung, DB, 1997, S. 262.

445 Siehe etwa Regierungsbegründung zu § 90 Abs. 1 Nr. 1 und § 317 Abs. 4 HGB, in: Bundesrat-Drucksache 872/97, 1997, S. 36 f.

Risikomanagementsystemen keine direkte Handlungsanweisung für jene Vorstände ab.

Die Möglichkeit bei eingegangenen Risiken im Verlustfall persönlich in Anspruch genommen zu werden, hat sich nunmehr prinzipiell erhöht. Es kann sicherlich kaum davon ausgegangen werden, dass damit eine Voraussetzung geschaffen wurde, jenen Erscheinungen von Unternehmenskrisen auslösendem Missmanagement wirkungsvoller entgegentreten zu können. Eine Präventionswirkung dürfte aller Voraussicht nach allenfalls nur geringfügig erzielt werden, so wie gesetzliche Sanktionen erfahrungsgemäß dem zu sanktionierenden Verhalten nur selten Einhalt gebieten können.

6.5.3 Rechtspflicht Risikomanagement: Präzisierung des § 93 AktG

Mit der Verpflichtung zur Installation eines Frühwarnsystems vor Risiken folgt § 91 AktG in ausführlicherer Form dem gleichen Rechtsgedanken wie bereits § 93 AktG, der die Sorgfaltspflichten der Vorstandsmitglieder formuliert. Gleichermaßen wird in § 93 AktG[446] eingehend die Innenhaftung der Vorstände geregelt, also die Haftung gegenüber der eigenen Gesellschaft aus der Verletzung organschaftlicher oder dienstvertraglicher Pflichten.

Als Voraussetzung der Organhaftung muss der Vorstand schuldhaft seine Sorgfaltspflichten verletzt haben, wodurch der Gesellschaft ein Schaden entstanden ist. Die gesetzlichen Regelungen beschreiben nur in Randbereichen die Oblie-

[446] Zur Haftung des Vorstands nach § 93 AktG siehe etwa das BGH-Urteil vom 30. April 2001 – II ZR 322/99, o. V., AG, 2001, S. 469 f.

genheiten des Organs. Zu den wesentlichen anspruchsbegründenden Normen gehört die Verpflichtung, keine Einlagen an Aktionäre zurückzugewähren[447] oder Sondervergünstigungen an Vorstands- und Aufsichtsratsmitglieder zukommen lassen[448]. Verpflichtet sind die Organe außerdem zur Verschwiegenheit, zur Unterlassung von Wettbewerb[449] und zur rechtzeitigen Konkursanmeldung[450].

Ein besonderes Risiko für das betroffene Organ ist die für die aktienrechtliche Haftung gesetzlich festgelegte weitgehende Umkehr der Beweislast. Danach hat die Gesellschaft zu beweisen, dass das Verhalten des Organs in ursächlichem Zusammenhang zu dem Schaden bei der Gesellschaft steht[451]. Liegen hierzu beweiskräftige Tatsachen vor, werden eine Pflichtwidrigkeit und ein Verschulden auf seiten des Organs unterstellt. Zukünftig werden Vorstände in Verbindung mit der umgekehrten Beweislast nach § 93 Abs. 2 AktG im Klagefall zu dem Nachweis gezwungen, dass sie ihren Pflichten in ausreichendem Maße nachgekommen sind, also beispielsweise ein funktionsfähiges Risikomanagementsystem eingerichtet und überwacht wurde. Verschärfend wirkt in diesem Zusammenhang die kollektive Verantwortung des Vorstands. Danach besteht für das einzelne Vorstandsmitglied grundsätzlich kaum Möglichkeit auf Exkulpation durch Verweis auf interne Zuständigkeitsregelungen.[452] Wenn die Gesellschaft ein bestimmtes Verhalten des Organs darlegen kann, welches nicht unmittelbar mit dem Unternehmensinteresse korrespondiert und nach der Lebenserfahrung zu einer Ver-

---

447 §§ 57 Abs. 1, 93 Abs. 3 AktG.
448 §§ 89, 113 ff., 93 Abs. 3 AktG.
449 §§ 88, 93 Abs. 1 AktG.
450 § 92 Abs. 2 AktG.
451 Zur Frage der Beweislast bei Inanspruchnahme von Mitgliedern des Vorstands wegen pflichtwidrigen Handelns oder Unterlassens, siehe Fleck, H.-J., pflichtwidriges Organhandeln, GmbHR, 1997, S. 237 ff.; Kau, W. M., Haftung von Vorstands- und Aufsichtsratsmitgliedern, BB, 2000, S. 1046.
452 Vogler, M.; Gundert, M., Einführung von Risikomanagementsystemen, DB, 1998, S. 2377 f.

mögensminderung der beanstandeten Art führt[453], haftet das Organ für jede nachgewiesene Vermögensminderung der Gesellschaft. Solange der betroffene Manager sich nicht entlasten kann, ähnelt damit die Innenhaftung einer Art Garantiehaftung für eingetretene Vermögensschäden[454].

Die Haftung bezieht sich gleichsam auf entgangenen Gewinn, also eine nicht realisierte Vermögenssteigerung. Heranzuziehen wäre in diesem Kontext die Treuepflicht in Verbindung mit der sogenannten „Geschäftschancenlehre". Eine Treuepflichtverletzung ließe sich nach diesem Grundsatz dann benennen, wenn eine Vereitelung sogenannter Geschäftschancen („corporate opportunities") begangen wurde[455].

Eine dergestalt nicht realisierte Geschäftschance respektive Vermögenssteigerung dürfte nicht nur das bilanzielle Vermögen berühren, sondern auch im ganzen den Vermögenswert der Gesellschaft am Markt. Zu überlegen wäre daher, ob sich die Organhaftung ebenso auf eine Minderung beziehungsweise verhinderte Erhöhung des Shareholder Value beziehen könnte. Keinesfalls zu befürworten wäre dies in einem zu kurzfristig angelegten Betrachtungszeitraum, da sich insbesondere strategische Unternehmensaktivitäten durchaus erst im Zeitverlauf niederschlagen und entsprechende Wirkung auf den Shareholder Value zeitigen. Besteht indes kein Zweifel an einem unmittelbaren Zusammenhang zwischen den Handlungen des Organs und einer nachhaltigen, erkennbar nicht umkehrbaren, fundamentalen Wertminderung des Aktionärsvermögens, so ist grundsätzlich eine Haftung in Betracht zu ziehen.

---

[453] Mertens, H.-J., Kölner Kommentar, 1996, S. 318.

Auch in diesem Fall würde es dem Organ dann obliegen, den Entlastungsbeweis für eine etwa fehlende Pflichtverletzung oder für mangelndes Verschulden anzutreten. Entlasten kann sich das Organ, indem es darlegt, dass das für die nachhaltige Minderung des Aktionärsvermögens maßgebliche Verhalten im Rahmen seines unternehmerischen Ermessens gelegen habe respektive dass mit einer pflichtgemäßen, alternativen Vorgehensweise der Eintritt des Schadens nicht abzuwenden gewesen wäre.

6.5.4 Business Judgement Rule

Gesetzlich nicht normiert sind die zentralen Obliegenheiten, zu denen die Verpflichtung zur ordnungsgemäßen Geschäftsführung sowie zu loyalem Einsatz für die Gesellschaft[456] gehören. Besonders problematisch ist hierbei die notwendige Konkretisierung des Pflichtenkreises und die noch innerhalb der Generalklauseln zulässigen unternehmerischen Maßnahmen. Zu hinterfragen ist, inwieweit die in diesem Kontext bestehende Handhabung in der US-amerikanischen Rechtsordnung anerkannt werden kann.

Der unternehmerische Gestaltungsspielraum wird im US-amerikanischen Gesellschaftsrecht unter dem Stichwort Business Judgement Rule[457] behandelt.

---

454 Vgl. Thümmel, R. C.; Sparberg, M., Haftungsrisiken der Vorstände, DB, 1995, S. 1013, 1015.

455 Vgl. Schmidt, K., Gesellschaftsrecht, 1997, S. 601.

456 Mertens, H.-J., Kölner Kommentar, 1996, S. 296 ff., 304 f., 311; Scholz, F.; Emmerich, V., GmbHG, 2000, S. 1846.

457 Vgl. etwa Merkt, H., US-amerikanisches Gesellschaftsrecht, 1991, S. 398 f.; zu den Parallelen bei der Konkretisierung der *duty of care* im US-amerikanischen Managerhaftungsrecht siehe v. Werder, A.; Feld, C., Sorgfaltsanforderungen der US-amerikanischen Rechtsprechung, RIW, 1996, S. 481 ff.

6.5.4.1 Auslegung der Business Judgement Rule

Die Leitung einer Gesellschaft birgt vielfältige Gefahren in sich, wie zum Beispiel die Möglichkeit, als Director aufgrund einer geschäftlichen Fehlentscheidung persönlich zur Haftung herangezogen zu werden. Personen, die eine solche Position bekleiden sollen, muss ein weiter Ermessensspielraum eingeräumt werden, um eine wirksame und flexible Geschäftsführung sicherzustellen.[458] Deswegen ist es erforderlich, die Gesellschaft vor ständigen Angriffen gegen die Geschäftsentscheidungen des Managements[459] bedingt durch umfangreiche Klageerhebungen der Aktionäre zu schützen.[460] Dieser Schutz wird durch die schon Mitte des 19. Jahrhunderts nachweisbare Doktrin vom wirtschaftlichen Ermessen der Directors, der Business Judgement Rule, vollzogen,[461] durch die die Gesellschaft vor dauernden Störungen des Geschäftsgangs durch Klagen bewahrt wird.[462]

Nach der heute gebräuchlichsten Formulierung der Business Judgement Rule gilt die allgemeine Vermutung, dass US-amerikanische Directors eine geschäftliche Entscheidung auf einer informierten Grundlage, in gutem Glauben und der ehrlichen Überzeugung fällen, sie erfolge im besten Interesse der Gesellschaft:

---

458 Vgl. Lammers, B., Verhaltenspflichten von Verwaltungsorganen, 1994, S. 36.

459 Vgl. Chittur, K., The Corporate Director's Standard of Care, 10 Del. J. Corp. L., 1985, S. 505.

460 AC Acquisitions Corp. vs. Anderson, Clayton & Co. 519 A. 2d 103, 111 (Del. Ch. C. 1986); vgl. Trockels, F., Business Judgement Rule, AG, 1990, S. 139 f.

461 Vgl. Spegiel vs. Buntrock, 571 A. 2d 767, 774 (Del. Supr. C. 1990); Citron vs. Fairchild Camera & Instrument Corp., 569 A. 2d 53, 64 (Del. Supr. C. 1989); Smith vs. Van Gorkom, 488 A. 2d 858, 871 (Del. Supr. C. 1985); Pogostin vs. Rice, 480 A. 2d 619, 624 (Del. Supr. C. 1984); Aronson vs. Lewis, 473 A. 2d 802, 812 (Del. 1984); Moran vs. Houshold International, Inc., 500 A. 2d 1346 (Del. Supr. C. 1985), 490 A. 2d 1059, 1076 (Del. Ch. C. 1985).

462 Auch R.M.B.C.A. § 35 kodifiziert neben Loyalitäts- und Sorgfaltspflicht die Business Judgement Rule, Kurth, T., Aktionärsschutz und öffentliche Kaufangebote, 1987, S. 125.

„If the business judgement rule applies, there is a presumption that in making a business decision, the directors of a corporation acted on an informed basis, in good faith and the honest belief that the action taken was in the best interests of the company."[463]

Nach Auffassung des Delaware Supreme Court, einem der bedeutendsten Gerichtshöfe für Gerichtsentscheidungen im Zusammenhang mit US-amerikanischen Aktiengesellschaften, folgt diese Form der Konkretisierung einer Treuebindung zwischen Director und Gesellschaft lediglich konsequent aus der Bestimmung, dass die Directors die Geschäfte der Gesellschaft führen.[464] Andere halten sie lediglich für eine Bestätigung der im Prozess geltenden Beweislastregel, nach der der Kläger Fehler und Verschulden der Geschäftsleitung nachzuweisen hat. Zudem wird darauf hingewiesen, dass die Vermutung nie als unwiderlegbar angesehen wurde.[465]

---

463 Aronson vs. Lewis, 473 A. 2d 812 (Del. Supr. C. 1984); Smith vs. Van Gorkom, 488 A. 2d 872 (Del. Supr. C. 1985); Grobow vs. Perot, 539 A. 2d 180, 187 (Del. Supr. C. 1988); Emerald Partners vs. Berlin, No. CIV.A.9700, 1993 WL 545409 (Del. Ch. C. 1993); Formulierung u. a. übernommen in Unocal Corporation vs. Mesa Petroleum Co., 493 A. 2d 946, 954 (Del. Supr. C. 1985); Revlon, Inc. vs. MacAndrews & Forbes Holdings, Inc., 506 A. 2d 176, 180 (Del. Supr. C. 1986).
Nach einer Auffassung ist der Board of Directors, abgesehen von bestimmten Umständen, grundsätzlich nicht verpflichtet, den kurzfristigen Unternehmenswert zu maximieren, vgl. Paramount Communications, Inc. vs. Time, Inc., Del. Supr. C., 571 A. 2d 571 A. 2d at 1150, 1154 (1990). Vielmehr handelten die Directors im Interesse der Shareholders durch die Schaffung der Kapazitäten, welche eine langfristige Wertsteigerung gewährleisten, vgl. Credit Lyonnais Bank Nederland, N.V. vs. Pathe Communications Corp., C. A. No. 12150, 83-85, Allen, C. (Del. Ch. C. 1991).

464 Smith vs. Van Gorkom, 488 A. 2d 858, 872 (Del. Supr. C. 1985).

465 Vgl. Kurth, T., Aktionärsschutz und öffentliche Kaufangebote, 1987, S. 126.

6.5.4.2 Bedeutung und Ziel der Business Judgement Rule

Die eigentliche Bedeutung gewinnt das Rechtsinstitut der Business Judgement Rule bei der Klärung der Frage, in welchen Ausnahmefällen den Directors der Schutz dieser Regel versagt bleibt. Directors und Officers sollen grundsätzlich Schutz erhalten und für einen Schaden nicht haften, wenn sie ihre unternehmerische Entscheidung auf hinreichend informierter Basis („due care") getroffen und uneigennützig („disinterestedness") gehandelt haben sowie gutgläubig im Rahmen ihres unternehmerischen Ermessens im Sinne des Unternehmenswohls der Gesellschaft und ihrer Aktionäre („good faith") handeln.[466] Diesem Schutz ist dann nicht beizupflichten, wenn das geschäftliche Urteil falsch war und die Directors entweder von unlauteren Motiven geleitet waren oder die Entscheidungsfindung selbst ohne die erforderliche Sorgfalt, mithin ein Ermessensmissbrauch stattfand.[467]

Gerechtfertigt werden kann gleichwohl der Standpunkt des Gesellschaftsrechts von Delaware, in dem zum Ausdruck kommt, dass hinsichtlich unternehmerischer Beschlussfassungen Directors geeigneter wären als Gerichte.[468] Die Gerichte prüfen unter dem Einfluss der Doktrin daher nur, ob das geschäftliche Urteil des Managements außerhalb des Rahmens freien Ermessens lag und nicht, ob die im Einzelnen getroffenen Entscheidungen tatsächlich in einer be-

---

[466] Vgl. Clark, R. C., Corporate Law, 1986, S. 124.

[467] Vgl. Gutman, K. S., Tender Offer Defensive Tactics, 58 N. Y. U. L. Rev., 1983, S. 621, 650. Sofern ein Kläger einem Director grobe Fahrlässigkeit in seiner Entscheidung vorhält, findet die Annahme des pflichtgemäßen Handelns des Directors im Sinne der Business Judgement Rule keine Anwendung mehr. Vielmehr trifft den Director dann die Beweislast, darzulegen, dass die fragliche Entscheidung zweifelsohne redlich gegenüber den Shareholders oder der Corporation getroffen wurde, vgl. Cinerama, Inc. vs. Technicolor, Inc., 663 A. 2d 1156, 1162 (Del. Supr. C. 1995).

stimmten Situation die bestmöglichen waren.[469] Insofern wird den Entscheidungsträgern ein Beurteilungs- und Handlungsspielraum zugesprochen, der einer gerichtlichen Kontrolle weitgehend nicht unterliegt[470].

Ziel der Doktrin ist es, erstens dem Management Spielraum in seinen Entscheidungen zu verschaffen:

> „The business judgement rule exists to protect and promote the full and free exercise of the managerial power granted to Delaware directors."[471]

Zweitens sollten kompetente Personen dazu bewegt werden, ohne die Sorge vor einer persönlichen Haftung für ehrliche, das heißt nicht treuwidrige Irrtümer[472] eine Stellung als Mitglied des Boards of Directors anzunehmen, und drittens die Gerichte von der Schwierigkeit befreien, ihr Urteil durch das wirtschaftliche Urteil der Geschäftsleitungen zu ersetzen.[473]

Im Prozess folgt aus der Doktrin vom wirtschaftlichen Ermessen, dass der Kläger prima facie einen Beweis für eine unlautere Motivation oder einen grob fahrlässigen Sorgfaltsverstoß erbringen muss, um ein Verfahren um die Richtigkeit oder

---

468 Vgl. Del. Code Ann. tit. 8, § 141 (a) (1991), vgl. Hass, J. J., Directorial Fiduciary Duties, Mich. L. Rev., 1996, S. 2145.
469 Kurth, T., Aktionärsschutz und öffentliche Kaufangebote, 1987, S. 126.
470 Revlon Inc. v. MacAndrews & Forbes Holdings, Inc., 506 A. 2 d (Del. Supr. C. 1986); Abeltshauser, T. E., Leitungshaftung, 1998, S. 152, 201.
471 Smith vs. Van Gorkom, 488 A. 2d 858, 872 (Del. Supr. C. 1985).
472 Vgl. Horsey, H. R., The Duty of Care, 19 Del. J. Corp. L., 1994, S. 976, 980.
473 Vgl. Gutman, K. S., Tender Offer Defensive Tactics, 58 N. Y. U. L. Rev., 1983, S. 621, 650.

Fehlerhaftigkeit eines geschäftlichen Urteils überhaupt zum Prozess- und Beweisgegenstand werden zu lassen:

> „Absent a prima facie showing to the contrary, directors enjoy wide latitude in devising strategies to resist unfriendly (takeover) advance under the business judgement rule."[474]

Die Vermutung von Loyalität und Sorgfalt eines jeden Directors im Zusammenspiel mit dem Recht der Directors, denen eine Treuwidrigkeit nicht zur Last gelegt wird,[475] eine Aktionärsklage aus abgeleitetem Recht als nicht im Interesse der Gesellschaft liegend zu Fall zu bringen und so die Inanspruchnahme eines treuwidrigen Kollegen zu verhindern, erlegt einerseits dem klagenden Aktionär eine hohe Bürde und ein erhebliches Prozesskostenrisiko auf, das abschreckend auf klagewillige Aktionäre wirkt, und führt andererseits zu weitgehender Immunisierung des Managements gegen Angriffe von Aktionären.[476]

Die Business Judgement Rule reflektiert insofern den Versuch des US-amerikanischen Aktienrechts ein Gleichgewicht zu bilden, in dem ein ausreichend handlungsfähiger Board of Directors eine effiziente Unternehmungsführung vollzieht, während gleichsam die Interessen der Aktionäre sichergestellt sind.

Vor dem Hintergrund des Shareholder-Value-Ansatzes nimmt die Business Judgement Rule als Instrument der Rechtsprechung, kalkulierte Risiken der Mana-

---

474 Hanson Trust vs. SCM Corporation, 781 F. 2d 264, 273 (2d Cir. 1986).
475 Vgl. Stepak vs. Addison, 20 F. 3d 398, 403 (11th Cir. 1994).
476 Kurth, T., Aktionärsschutz und öffentliche Kaufangebote, 1987, S. 130.

gementententscheidungen abzusichern und damit grundsätzlich Vermögenszuwächse zu Gunsten der Shareholders zu begünstigen, eine nicht unbedeutende Stellung ein.[477]

Andererseits muss in Frage gestellt werden, ob infolge des zwischen den US-Bundesstaaten bestehenden Wettbewerbs[478] der Umfang des Schutzes für manageriale Entscheidungen durch die Business Judgement Rule beständig ist. Daneben ist zu bedenken, inwieweit die US-amerikanische Rechtsprechung, in denen die Business Judgement Rule zur Anwendung kommt, Auswirkungen auf diesbezügliche Rechtsentwicklungen in anderen Rechtsräumen, etwa der Bundesrepublik Deutschland, haben kann. Im Zuge der zunehmenden Globalisierungserscheinungen könnten Manager sich etwa dazu veranlasst sehen, einen Wechsel des Sitzes der Aktiengesellschaft zu erwägen. Sollten derartige Effekte zu beobachten sein, könnte dies eine Rückwirkung auf die nationale Rechtsprechung haben. Zu einer zurückhaltenden Anwendung etwa der Beweislast des Vorstands sollte hier übergegangen werden, sobald sich bei Vorständen der Eindruck durchsetzen sollte, nicht mehr auf den Schutz ihrer grundlegenden unternehmerischen Entscheidungen im Interesse von Gesellschaft und Aktionären vertrauen zu können.

---

477 Vgl. hierzu die nach Ansicht des Autors unkritische Auffassung des Gerichts in Steiner vs. Meyerson, Fed. Sec. L. Rep. (CCH), 1998, S. 857, 93, 146 (Del. Ch. C. July 18, 1995).

478 Vor dem Hintergrund, dass eine Gesellschaft hinsichtlich des Incorporationsstaats ungeachtet des späteren Geschäftsschwerpunkts Wahlfreiheit besitzt und damit keine Verpflichtung hat, in dem Staat zu inkorporieren, in dem sie hauptsächlich tätig ist, setzte um 1900 zwischen den Staaten ein regelrechter Wettbewerb, benannt als „Race of Laxity“, um die Werbung möglichst vieler neuer Gesellschaften ein. Der Staat Delaware, obgleich zweitkleinster Bundesstaat der USA, wurde in kürzester Zeit zum beliebtesten Inkorporationsstaat und konnte diese Spitzenposition aufgrund weiterer Liberalisierungen behaupten, vgl. Herrmann, R., Haftung der Leitungsorgane, 1996, S. 12; Merkt, H., US-amerikanisches Gesellschaftsrecht, 1991, S. 55.

Die sich aus der Doktrin ergebenden konkreten Pflichten bestimmen sich jeweils aus dem Einzelfall, woraus dem Organ trotz des ihm zweifelsfrei eingeräumten unternehmerischen Gestaltungsspielraums ein nicht unbeträchtliches Risiko erwächst[479]. Verhaltenspflichtmaßstab für den Vorstand dürfte die sorgfältige Abwägung der in Betracht kommenden Entscheidungsalternativen sein. Wird hierbei unter Würdigung der wirtschaftlichen Gegebenheiten der Gesellschaft sichergestellt, dass gänzlich unvertretbare Risiken nicht eingegangen werden, ist der Vorstand für seine Handlungen nicht haftbar zu machen[480].

Tatsächlich dürfte die Business Judgement Rule somit nicht zuletzt auch im Interesse der Directors selbst zur Anwendung kommen. Im Ergebnis kann sie in ihrer Funktion, als Instrument der Rechtsprechung die Belange der Shareholders umfassend zu gewährleisten, als bedingt wirksam bezeichnet werden. Kritisch zu bedenken ist im besonderen, nach welchem Beurteilungsmaßstab die Rechtsprechung bemessen kann, inwieweit eine vernünftige Entscheidung der Unternehmensführung im Interesse der Aktionäre tatsächlich vorgelegen hat.

6.5.4.3 Risikoberücksichtigung bei Wertsteigerungschancen

Als keineswegs unproblematisch ist das kaum zu ermessende Gefährdungspotential des Vorstands selbst anzusehen, das sich infolge der neuerdings durch das KonTraG begründeten Haftungsgrundlagen des deutschen Aktienrechts eröffnet. Dies scheint dem Gedanken der Business Judgement Rule zunächst entgegenzustehen. Wenn der Präventionscharakter des Gesetzes den Vorstand zu

---

[479] Vgl. Merkt, H., US-amerikanisches Gesellschaftsrecht, 1991, S. 398 f.

einer sicherheitsbetonten Verhaltensweise auffordert, so ist zugleich zu bedenken, dass dies den Interessen der Aktionäre nicht zwingend entsprechen muss.

Die Schaffung von Shareholder Value nämlich setzt unternehmerisches Handeln voraus, welches geleitet ist von Visionen, also den Einschätzungen gegenwärtiger Erfolgspotentiale verknüpft mit den erwarteten zukünftigen Erfolgsperspektiven. Überdurchschnittliche Wertschöpfungspotentiale erschließen sich häufig erst in einem nur unbestimmt zu errechnenden Zeitraum in der Zukunft unter sich ändernden Rahmenbedingungen, die zum Planungszeitpunkt nicht konkret prognostiziert werden können. Unternehmerisches Handeln, primär unter dem Wertsteigerungsgedanken, bedeutet folglich unvermeidlich Handeln unter Risiken. Risiken besitzen insoweit konstruktiven Charakter; es ist notwendig sie einzugehen, andernfalls ließe sich ein Zukunftserfolgswert kaum realisieren. Zu beachten ist besonders, dass dabei Fehlentscheidungen unvermeidbar sind. Entscheidend ist jedoch das rechtzeitige Erkennen der Fehlentscheidungen wie auch sich ändernder Rahmenbedingungen durch eine spätere Geschäftsfeldanalyse und -bewertung.

Maßgeblich ist somit nicht die Anzahl oder die Qualität misslungener unternehmerischer Projekte, die grundsätzlich ein Risiko bergen, sondern als Gesamtergebnis die Schaffung von überdurchschnittlichem Shareholder Value. Nicht nur unzutreffend, sondern auch interessenwidrig wäre es, aufgrund der neueren Gesetzesvorstöße Risiken per se zu hoch zu bewerten beziehungsweise vermehrt

---

480 Siehe OLG Düsseldorf, Urteil vom 28.11.1996 – 6 U 11/95; AG, 1997, S. 231 ff., 234 f.; BGHZ 69, 1978, S. 207 ff., 213 ff.; Keßler, J., Leitungsverantwortung, RIW, 1998, S. 614.

als unternehmensexistenzbedrohend zu disqualifizieren. Das Gesetz weist dies so wortwörtlich nicht aus, bietet jedoch entsprechende Interpretationsgrundlage.

Risikofrüherkennung im Sinne des KonTraG in einem System wertorientierter Unternehmensführung ist daher nicht nur als integraler Bestandteil des Planungs- und Steuerungsprozesses der Aktiengesellschaft zu betrachten. Die Vorteilhaftigkeit eines im Sinne des Shareholder-Value-Gedankens integrierten Risikomanagementsystems besteht darüber hinaus darin, dass strategische Risiken nicht isoliert, sondern nur gemeinsam mit Chancen analysiert werden. Hier kann sich das Management an den Methoden zur Bestimmung des Discounted Cashflow orientieren, um im Sinne des Shareholder-Value-Gedankens zu handeln[481]. Dabei wäre das jeweilige Risiko zunächst zu erkennen und anschließend konkret zu quantifizieren, um die risikoadäquaten Eigenkapitalkosten zu ermitteln. Die so determinierten Eigenkapitalkosten erlauben eine Aussage darüber, inwieweit das jeweilige Risiko nach vernünftiger kaufmännischer Beurteilung im Interesse der Shareholder-Value-Steigerung der Gesellschaft als akzeptabel eingeschätzt werden kann.

Grundsätzlich ist das Risiko nicht von der Hand zu weisen, dass Vorstände künftig unternehmerische Entscheidungen unter dem Eindruck eines sich veränderten Risikobewusstseins treffen. Risikobehaftete Investitionsentscheidungen etwa könnten im Interesse einer Risikovermeidung zulasten eines aussichtsreichen Kapitaleinsatzes zurückgestellt werden. Auch aus internationaler Perspektive ist zu überlegen, inwieweit unternehmerisch denkende Führungskräfte – originär

---

[481] Siehe Kapitel 2.2.2.2 Ermittlung der risikoadäquaten Eigenkapitalkosten mit Hilfe des Capital-Asset-Pricing-Modells (CAPM), S. 57.

Inbegriff für Mut und Risikofreude – sich angesichts der veränderten Gesetzeslage verunsichert fühlen.

Es stellt sich die Frage, ob der Gesetzgeber etwaige investitionshemmende Effekte infolge eines risikoaverseren Managements berücksichtigt hat. Verkannt werden darf in diesem Zusammenhang nicht die für die Früherkennung von Risiken bedeutsame Integrität und Urteilskraft des Managements[482]. Selbst bislang ausschließlich im Sinne ihrer Aktionäre agierende Vorstände, bei denen Belange unternehmensgefährdender Aktivitäten grundsätzlich außer Frage standen, werden möglicherweise unter einer weiteren Unsicherheit – den potentiellen neuen Sanktionen des KonTraG – Entscheidungen treffen müssen.

6.5.5 Wertkommunikation

Der für den Aktionär realisierbare Unternehmenswert wird am Aktienmarkt im jeweiligen Aktienkurs widergespiegelt. Danach bestimmen die Einschätzungen der Marktteilnehmer bezüglich der zukünftigen Unternehmensaussichten den Wert, indem die Phantasie des Markts – verstanden als Vorstellungsvermögen der handelnden Akteure – ein Faktor darstellt, der den Marktwert von Aktien entscheidend beeinflusst. Von wesentlicher Bedeutung ist, dass hierbei auch vom Unternehmen unabhängige Parameter ins Gewicht fallen[483]. Die sich im Aktienkurs niederschlagende Erwartungsbildung lässt sich primär ursächlich dadurch herleiten, dass der Markt eine Zukunftserfolgsentwicklung auf der Grundlage

---

482 Vgl. Saitz, B.; Braun, F., Kontroll- und Transparenzgesetz, 1999, S. 106, 113.

483 Das kursrelevante Marktumfeld kann in unterschiedlicher und schwankender Ausprägung bestimmt sein durch makroökonomische Zusammenhänge, wie etwa Zinsentwicklungen, Beschäftigtenzahlen

einer Unternehmensstrategie antizipiert beziehungsweise eine restriktive, falsche oder nicht kursrelevante Kommunikationspolitik der Unternehmensführung dazu führt, dass bewertungsrelevante Informationen und damit der realitätsnahe Wert des Unternehmens nicht im Börsenkurs reflektiert werden.

Eine Voraussetzung zur Schaffung von Shareholder Value mit der Wertentwicklung von an einer Börse gehandelten Unternehmensanteilen wird wesentlich von Reaktionen der Kapitalmärkte auf einen Fluss von Informationen determiniert. Der Informationsgehalt über die gegenwärtigen und zukünftigen Entwicklungen einer Gesellschaft bestimmt dabei die in den Aktienkurs eingepreisten Erwartungen der Kapitalmarktakteure. Gezielte Wertsteigerung setzt voraus, dass eine Beziehung hergestellt werden kann zwischen der externen Bewertung des Unternehmens und einer internen Größe, die direkt vom Management beeinflusst werden kann.

Der bedeutende Einfluss vielzahliger institutioneller, global agierender Investoren führt zu einem wesentlich weitergehenden Interaktionserfordernis zwischen der Unternehmensführung börsennotierter Aktiengesellschaften und den Aktionären als alleinig die Fakten der Unternehmensentwicklung darzustellen, um auf dem Markt entsprechend adäquate Handlungsreaktionen auszulösen.

Die richtige Einschätzung der Kapitalmarktakteure bildet damit die entscheidende Voraussetzung für das Management, unternehmensseitig Maßnahmen zur Beeinflussung der Einschätzung der Marktteilnehmer zu ergreifen. Dies fordert

---

oder Inflationserwartungen sowie politische Einflüsse, aber auch Branchentrends oder rechnungslegungsbedingten Handlungsweisen institutioneller Marktteilnehmer.

vom Vorstand etwa eine aussagekräftige Unternehmensstrategie zu formulieren und präzise zu verdeutlichen und befähigt ihn zugleich die strategischen Unternehmensziele denjenigen Investoren zu kommunizieren, die maßgeblich ihren Fokus auf die Gesellschaft gerichtet haben. Unternehmen, die auf diese Weise erfolgreich die Informationsbedürfnisse dieser Investoren treffen, erfahren eine geringere Aktienkursschwankungsbreite sowie niedrige Kapitalkosten, was sie befähigt, umfassende Investitionen zu tätigen, um ein nachhaltiges Unternehmenswachstum zu generieren.[484]

Eine börsennotierte Aktiengesellschaft schafft nur dann erfolgreich und nachhaltig Shareholder Value, wenn sie volles Vertrauen bei ihren Aktionären aufrechterhalten kann. Eine Reihe von Unternehmensführungen missachtet dieses Gebot, wie die zahlreichen Skandale belegen, die in den letzten Jahren in Aktiengesellschaften unterschiedlicher Marktkapitalisierung und Indexzugehörigkeiten durch unseriöse und aktionärsschädliche Handlungs- und Kommunikationsweise induziert worden sind. Hinsichtlich der Effizienz der Kontrollmechanismen besteht offenkundig Nachholbedarf und die Transparenz der Leitungs- und Kontrollstrukturen zu stärken, wie es auch der Gesetzgeber in den neueren Aktienrechtsreformen im KonTraG vorgesehen hat, ist zweckmäßig. Dem Erfordernis nach Transparenz im Hinblick auf die Aktionen des Vorstands im unternehmerischen Umfeld und die diesbezüglich adäquate Information der Kapitalmarktakteure wird bei weitem noch nicht in wünschenswerter Art und Weise nachgekommen, was in der Folge die Kapitalmarktteilnehmer mit zum Teil enormen Kursabschlägen beantworten. Gerade Aktiengesellschaften, die sich in einer Krise befinden, tendieren dazu, den Anlegern mit irreführenden und verschlei-

[484] Brancato, C. K., Institutional Investors, 1997, S. xx.

ernden Informationen eine unkorrekte Unternehmenssituation vorzutäuschen. Aus Aktionärssicht vorbildlich handeln demgegenüber jene Unternehmen, die in einer solchen Situation rechtzeitig negative Fakten erkennen, mit konkreten zukunftsbezogenen Aussagen Unternehmensprobleme nicht verschweigen und damit Offenheit und Transparenz demonstrieren.

Die bei börsennotierten Aktiengesellschaften in jüngster Vergangenheit zu beobachtenden Unzulänglichkeiten in der Unternehmenskommunikation mit dem Kapitalmarkt spiegeln ein kurzsichtiges und somit zugleich aus Shareholder-Value-Sicht unzulängliches Kapitalmarktverständnis der betreffenden Vorstände wider. Minderwertige Nachrichten, das heißt Informationen, die sich als unzureichend oder im nachhinein als zu optimistisch herausstellen, führen regelmäßig zu nachhaltigen Vertrauenseinbußen gegenüber dem Unternehmen und damit einhergehend Shareholder-Value-Minderungen. Um dieser Informationspraxis zu begegnen und zugleich eine aktionärsinteressengerechte Transparenz zu realisieren, sind einerseits die bestehenden Informationsinstrumente, wie etwa die sogenannte „Ad-hoc-Meldung" im Sinne des Wertpapierhandelsgesetzes gemäß § 15 Abs. 1 WpHG einer umfassenden Analyse zu unterziehen. Missbräuchlich eingesetzten Ad-hoc-Meldungen, dass heißt die geforderten unternehmensbezogenen vielmehr verschleiernden Pflichtveröffentlichungen mit zum Teil irreführenden oder verspäteten Mitteilungen, sind insbesondere für Privat- und Kleinanleger ein akutes Problem.[485] Den Zugang zu wichtigen investorrelevanten Infor-

---

[485] Mit den neuen §§ 37 b und 37 c WpHG soll für den Investor, welcher durch die unterlassene, verspätete oder unrichtige Veröffentlichung kursrelevanter Tatsachen bei seinen Wertpapiergeschäften einen Schaden erlitten hat und die Aktie noch besitzt, erstmals eine Anspruchsgrundlage gegen Unternehmen geschaffen werden, die eine falsche oder verspätete Ad-hoc-Meldung veröffentlichen. Aus Anlegersicht wird allerdings die zu kurz greifende höchstens dreijährige Verjährungsfrist in § 37 b Abs. 3 beziehungsweise § 37 c Abs. 3 WpHG kritisiert. Als unzulänglich zu beurteilen ist daneben die Regelung, dass die Schadenersatzansprüche lediglich gegen die Aktiengesellschaft,

mationen zu verweigern, bedeutet letztlich die Grundlagen für einen funktionierenden Kapitalmarkt, das Vertrauen der Aktionäre und mithin die Schaffung von Shareholder Value als Unternehmensziel zu ignorieren.

Auf der anderen Seite sollte die kapitalmarktseitige Hinterfragung des Informationsgehalts der jeweiligen Meldung forciert werden. Eine gangbare Prävention könnte die Interaktion bedeutender institutioneller Investoren mit der Unternehmensführung herbeiführen. Dies bewirkte eine Neutralisierung des häufig bestehenden Kapitalmarktdrucks auf die Unternehmensführung, aus Anlegersicht eine optimistische Unternehmenseinschätzung aufrechtzuerhalten beziehungsweise zu induzieren.

Ein Schritt in die richtige Richtung im Zusammenhang mit Aktienkäufen und -verkäufen von Vorstandsmitgliedern börsennotierter Aktiengesellschaften am Neuen Markt ist die von der Deutschen Börse seit 1. März 2001 eingeführte Meldepflicht. Hiernach haben ein Vorstand oder Aufsichtsrat, die mit der Aktie der eigenen Gesellschaft handeln, dies unverzüglich, spätestens drei Börsentage nach Geschäftsabschluss, der Deutschen Börse mitzuteilen[486]. Die Veröffentlichung der Insidertransaktionen ermöglicht den Marktteilnehmern entsprechende

---

nicht jedoch gegen die Organe selbst wie Vorstand oder Aufsichtsrat gerichtet sein können, Nieding, K., Anlegerschutz, Börsen-Zeitung Online, Internet, http://www.boersen-zeitung.com/online/redaktion/spezial/BZ200066.htm, 08.12.2001.

486 Diese Verpflichtung sollte indes dahingehend erweitert werdet, solcherartige Geschäfte bereits vor deren Durchführung entsprechend zu publizieren und zusätzlich nach erfolgter Transaktion beziehungsweise nicht erfolgter Transaktion zu bestätigen. Die Deutsche Börse, deren Sanktionsmöglichkeiten bei Fristüberschreitungen Abmahnungen, Geldstrafen bis zu Euro 100.000 oder auch das Delisting beinhaltet, veröffentlicht meldepflichtige Wertpapiergeschäfte sowie verspätet gemeldete Geschäfte auf ihrer Homepage im Internet unter „www.exchange.de“. Bekanntgemacht werden jedoch nicht die Volumina der Aktienkäufe und -verkäufe, sondern nur die einzelnen Transaktionen.

Schlussfolgerungen über das Vertrauen der Vorstände in die eigene Gesellschaft[487].

6.5.6 Zwischenergebnis – Unternehmenserfolg als Sorgfaltspflichtmaßstab

Mit seinem Ansatz zur Verbesserung der Kontrolle und Transparenz im Unternehmensbereich reagierte der Gesetzgeber auf die zweifelsfrei bestehende Misere einer willkürgeprägten Verhaltensweise bei einer Reihe deutscher Aktiengesellschaftsorgane und scheint den Versagensfällen deutscher Vorstände in der jüngeren Vergangenheit sogar zuvorgekommen zu sein. Er folgt indes mit diesem Schritt vornehmlich dem traditionell bestehenden Gedankenweg der Bestandssicherung. Der Grundsatz der Substanzerhaltung etwa durchzieht die gesamte Philosophie des Bilanz- und Aktienrechts seit je her. Insoweit indiziert das KonTraG nur vordergründig, weil halbherzig vorgenommen, die Absicht, auf die veränderten Bedürfnisse des globalisierten Kapitalmarkts einzugehen. Es weist nur ansatzweise das auch für die öffentliche Wahrnehmung förderliche Bekenntnis aus, welche Kräfte in welcher Weise gegenwärtig die Kultur und Rahmenbedingungen börsennotierter Aktiengesellschaft determinieren. Das Vorhandensein einer Aktiengesellschaft, das heißt der Unternehmensbestand und – wie im Gesetzeskern propagiert – dessen Erhaltung, bedeutet schließlich für einen international engagierten Investor lediglich die Minimalvoraussetzung für ein Investment.

---

487 Eine aufschlußreiche Auswertung von Verkäufen und Käufen von Insidern als Marktindikator findet sich in: Scheid, C., Chefs, Börse Online, 2001, S. 24 f.

Der Zuspruch, den die Regelungen des KonTraG auf seiten dieser Stakeholdergruppe finden dürften, bekräftigt die im Ansatz gutzuheißende Absicht des Gesetzgebers. In den Gesetzgebungsprozess scheint jedoch nicht nachhaltig ein über diese Minimalvoraussetzung hinausgehendes Bewusstsein Einfluss genommen zu haben, das dem kapitalmarktorientierten Rentabilitätsgedanken in aktienrechtlicher Sichtweise eine erkennbare Würdigung entgegenbringt. Ungewiss ist überdies, inwieweit die Gesetzesneuerungen im Vergleich zu den bisherigen, vermeintlich nicht hinreichend konkretisierten Normen[488] den Forderungen der Analysten und Aktionäre nach einer verstärkten Implementierung von Risikomanagementsystemen geeignet Rechnung tragen können. Eine Risikoberücksichtigung durch das Management im Sinne des Shareholder-Value-Gedankens dürfte vielmehr im Wege der direkten aktiven Einflussnahme jener Stakeholdergruppen suffizient Impuls erhalten, welcher durch die flankierenden Vorschriften des KonTraG eine sinnvolle Unterstützung erfährt. Die zu berücksichtigenden Chancen und Risiken sind zukünftig durch eine sorgsamere Veranschlagung von Bandbreiten und die Zerlegung des Planungszeitraums in Phasen unterschiedlicher Schätzungsgenauigkeit einzugrenzen. Die tatsächlichen Auswirkungen der neueren gesetzlichen Änderungen jedoch werden abzuwarten sein.

---

488 Siehe Vogler, M.; Gundert, M., Einführung von Risikomanagementsystemen, DB, 1998, S. 2377.

7 Ökonomische Effizienz des Überwachungsorgans – Aufsichtsrat: Überwachung ohne Gegenwert

7.1 Unternehmensüberwachung: Deutschland versus USA

In Abgrenzung zu dem monistischen anglo-amerikanischen, kapitalmarktorientierten – market based – und somit dem Investorenschutz stärker als dem Gläubigerschutz verpflichteten monistischen Board-System, das stärker von externen Kontrollmechanismen abhängig ist, basiert das in den kontinentaleuropäischen Ländern und Deutschland verankerte dualistische System formell in höherem Maße auf internen Überwachungsmechanismen. Im monistischen System der Unternehmensführungsverfassung werden beide Funktionen, Geschäftsführung und Überwachung, von einem Organ erfüllt, dem Board of Directors. Im Gegensatz dazu verteilen sich die Aufgaben beim dualistischen Modell auf zwei getrennte Organe, Vorstand und Aufsichtsrat.

Der Überwachungsfunktion des Board-Konzepts im US-amerikanischen Corporate-Governance-System wird eine wesentliche Bedeutung zugemessen. Das dabei zugrundegelegte Verständnis von Corporate Governance besteht darin, dass „. . . its key elements concern the enhancement of corporate performance via the supervision, or monitoring, of management performance ensuring the accountability of management to shareholders and other stakeholders“[489]. So repräsentierten die Board-Mitglieder direkt oder indirekt die wichtigsten Anteilseigner beziehungsweise sonstige, unternehmensrelevante Stakeholders. Die

---

[489] Keasey, K.; Wright, M., Corporate Governance, 1997, S. 2.

Monitoring-Funktion, die Überwachungsfähigkeit der Board-Mitglieder, wird maßgeblich durch die Board-Struktur und ihrer Position gegenüber dem Management, namentlich der für das Tagesgeschäft verantwortlichen Executive Officers, determiniert. Bei der Board-Struktur verfügen die sogenannten Outside Directors grundsätzlich über eine hohe Unabhängigkeit gegenüber dem Management und können mithin die Shareholder-Interessen vertreten.[490] Zurückführen lässt sich dies darauf, dass die US-amerikanische Rechtsordnung in Bezug auf die Ausgestaltung der Spitzenverfassung einer Aktiengesellschaft sichtlich weniger gesetzliche Vorschriften enthält als die deutsche. So kennt das US-amerikanische Recht beispielsweise keine so weitgehende Arbeitnehmermitbestimmung in den Überwachungsgremien. Damit scheint in den USA eine flexiblere Anpassung an die kapitalmarktbezogenen Notwendigkeiten weitaus unbehinderter möglich.

Das System der internen Überwachungsmechanismen, wie in der Rechtsordnung der Bundesrepublik Deutschland vorgesehen, hat zu einer Struktur geführt, in dem die Unternehmensführung externen Einflüssen, etwa seitens des Kapitalmarkts kaum ausgesetzt war. Tatsächlich mögen daher deutsche Aufsichtsräte lange kein wirkliches Interesse daran gehabt zu haben, ihre Rechte zur aktiven Ausübung von Monitoring-Funktionen wahrzunehmen und verhielten sich vorzugsweise passiv – offenkundig bestanden bislang nur ungenügend Anreize, den Vorstand auf ein wertorientiertes Handeln hin zu überwachen und gegebenenfalls zu disziplinieren.

490 Vgl. Otto, S.-S., Corporate Control-Mechanismen, ZfB-Ergänzungsheft, 1997, S. 47, 54.

Ebenso sind wissenschaftliche Untersuchungen, die eine ganzheitliche Sicht von Unternehmensperformance und Unternehmenskontrolle zum Ziel haben, anders als in den USA bislang im deutschsprachigen kaum vorzufinden[491]. Tatsächlich ergibt sich hierbei ein deutliches Nachholpotential, den Zwischenraum von aktienrechtlichen und finanzwirtschaftlichen Fragestellungen auszufüllen. Mit den nachfolgenden Überlegungen soll versucht werden, im Zusammenhang mit dem Shareholder-Value-Gedanken die Möglichkeiten effizienterer interner Kontrollmechanismen in börsennotierten Aktiengesellschaften und die Kapitalmarktaspekte zu integrieren.

Dieser Ansatz erscheint mittlerweile umso sinnvoller, als dass sich die Anzeichen vermehren, dass die Überwachungseffizienz des Aufsichtsrats vor dem Hintergrund der Entwicklungen der Kapitalmärkte im Wandel begriffen ist.

7.2 Gegenstand und Reichweite

Die Mitglieder des Aufsichtsrats werden durch die Hauptversammlung gewählt und abberufen[492], wobei ein Vorstand nicht zugleich Aufsichtsrat derselben Gesellschaft sein darf[493]. Der Aufsichtsrat wählt aus seiner Mitte einen Vorsitzenden, kann Unterausschüsse bestellen, die mit der Vorbereitung seiner Beschlüsse beauftragt werden oder deren Ausführung überwachen[494].

---

491 Vgl. etwa die US-amerikanische Untersuchung von Klein, A., Firm Performance, J. L. Econ., 1998, S. 275 ff.

492 §§ 101, 103 AktG.

493 § 105 Abs. 1 AktG.

494 § 107 AktG.

Zu den wesentlichen Aufgaben und Rechten des Aufsichtsrats, bei dem ihm unternehmerisches Ermessen und gleichermaßen Geschick zukommt, zählen die Auswahl-, Bestellungs- und Abberufungskompetenz bezüglich der Mitglieder des Vorstands[495], die Überwachung und Kontrolle der Unternehmensaktivität[496], der Zustimmungsvorbehalt zu einzelnen Vorstandsentscheidungen[497], die Prüfung und zusammen mit dem Vorstand die Feststellung des Jahresabschlusses[498], die Erstellung von Beschlussanträgen an die Hauptversammlung, die Beratung des Vorstands sowie die Ergreifung von Krisenmaßnahmen. Dazu nimmt der Aufsichtsrat die Berichte des Vorstands entgegen[499] und hat nötigenfalls das Recht auf selbständige Einsicht in Bücher, Schriften, Gesellschaftskasse, Wertpapiere und Waren[500].[501]

7.3 Effiziente Aufsichtsräte als internationales Qualitätserfordernis

7.3.1 Problematik der eignerzielkonformen Überwachungsaufgabe

Die Unternehmensaufsicht börsennotierter Aktiengesellschaften durch den Aufsichtsrat, letztlich das gesellschaftsrechtlich einzige den Vorstand überwachende Organ, ist seit einiger Zeit zunehmend ins kritische Visier geraten. Vor allem große internationale Anleger, die innerhalb ihrer weltweiten Ausrichtung vermehrt Fokus auf den deutschen Markt richten, beurteilen deutsche Aufsichtsgremien

---

495 § 84 AktG; siehe auch Pohle, K.; v. Werder, A., German Code of Corporate Governance, DB, 2001, S. 1104.
496 § 111 Abs. 1 AktG.
497 § 111 Abs. 4 S. 2 AktG.
498 § 172 AktG.
499 § 90 AktG.
500 § 111 Abs. 2 AktG.
501 Vgl. Hoffmann, D., Der Aufsichtsrat, 1994, S. 76, 95.

als wenig effizient. Auch Aktionärsvertreter, Unternehmensberater und Wissenschaftler hierzulande verweisen auf die Unzulänglichkeiten bei der Vorstandskontrolle: Aufsichtsräte widmen sich bekanntermaßen zu vielen Mandaten, jedoch mit minimalem Zeitaufwand und nur geringem Mitwirkungsgrad, verfügen aufgrund ihrer verschiedenen Verbindungen nicht über ausreichend Neutralität, sind häufig nicht zureichend qualifiziert und persönlich, auch gegenüber dem Vorstand oder dem Vorstandsvorsitzenden, zu verflochten,[502] um das erforderliche Durchsetzungsvermögen zu besitzen. Belege hierfür sind reichlich zu finden, und die bedeutenden Unternehmensskandale der vergangenen Jahre bekräftigen die Zweifel einer eignerzielkonformen Aufsichtsratsfunktion.

7.3.2 Aufsichtsratsperformance auf Basis unternehmerischen Entscheidungsermessen

Infolge der Globalisierung der Kapitalströme und Internationalisierung der Anlegerschaft werden deutsche Aufsichtsräte zunehmend an internationalen Standards gemessen. Der Hintergrund dafür kann in den veränderten Bedingungen anderer Rechts- und Wirtschaftsräume sowie der zunehmenden Intensität der Beziehungen börsennotierter Aktiengesellschaften in Deutschland zu einer internationalen Anlegerschaft gesehen werden. Insbesondere institutionelle US-amerikanische Investoren machen sich ein genaues Bild über die Unternehmensaufsicht, wenn die Investitionsentscheidung zugunsten eines deutschen Unternehmens fällt.

502 Vgl. Holzer, P.; Makowski, A., Corporate Governance, DB, 1997, S. 689; Keßler, J., Leitungsverantwortung, RIW, 1998, S. 614.

Wie Untersuchungen zu den Strukturen und Arbeitsweisen von Kontrollgremien zutage brachten, ähnelt sich die Aufsicht in den USA, Großbritannien, Frankreich, Schweden und den Niederlanden zunehmend. Bei der Frage nach der Effizienz steht demgegenüber die Unternehmenskontrolle in Deutschland weitgehend isoliert da. So werden die Aufsichtsratsbeurteilungen inhaltlich unterschiedlich gewichtet. Vor allem der Einführung einer formalen Beurteilung für die Arbeit des Vorstandsvorsitzenden wird seitens deutscher Aufsichtsgremien im Gegensatz zu ausländischen weit weniger Wert beigemessen. Hier sollte das erhebliche Potential zur Qualitätsverbesserung erkannt werden; die grundsätzlich wichtigste Aufgabe des Aufsichtsrats ist die Bestellung des richtigen Vorstands, wobei derartige Entscheidungen zu Personalbesetzungen im Top-Management so weit wie möglich zu versachlichen sind.[503]

Aktiengesellschaften, welche die Aufmerksamkeit internationaler Aktionäre gewinnen wollen, haben nationale Eigenheiten, die eine wirksame Unternehmenskontrolle hemmen, zu beseitigen. Um die shareholderorientierten Standards zu erfüllen, hat sich den Kapitalmarktakteuren ein unabhängiges und diskussionsfähiges Aufsichtsratsgremium mit einem hohen Maß an unternehmensbezogener Kompetenz zu präsentieren. Aktive Aufsichtsräte zeichnen sich durch kritikfähige Mitglieder aus. Es zeigt sich, dass international besetzte Aufsichtsräte aufgrund ihrer unterschiedlichen Herangehensweise Problemstellungen kritischer und konstruktiver erörtern, während den deutschen Aufsichtsräten mit nur geringer multinationaler Überwachungsqualifikation eine überwiegend konfliktvermeidende, zurückhaltende Handlungsweise – innerhalb des Gremiums und gegenüber

---

[503] Vgl. Reischauer, C., Über die Eitelkeit, Wirtschaftswoche, 1999, S. 77.

dem Vorstand – vorgeworfen wird: „Wenn deutsche Aufsichtsräte irren, dann meist einstimmig", so die Formel des Multiaufsichtsrats *André Leysen*[504].

In allen hochentwickelten Kapitalmärkten sind die Aufsichtsgremien mit internationalen Mitgliedern besetzt. Mit der fehlenden Internationalität besteht die Gefahr der Isolation deutscher börsennotierter Aktiengesellschaft in Bezug auf international agierende Investoren. Sinnvoll erscheinen hier in der gegenwärtigen Situation weniger nationale Gesetzgebungen, als international anerkannte Spielregeln für die Unternehmensaufsicht. Als eine Orientierungsgröße dienen hierbei zweifelsohne die Erfordernisse der globalen Kapitalmärkte.

Hinterfragt werden muss in diesem Zusammenhang die Effizienz des Aufsichtsorgans hinsichtlich der Mandatsanzahl, der Größe der Aufsichtsräte, der Effektivität ihrer Zusammensetzung sowie ihrer Sitzungsfrequenz.

7.3.3 Verflechtungsbeziehungen und Unternehmenserfolg

Ein häufig angeführter Missstand besteht in der kaum effizient zu bewältigenden Aufsichtsratstätigkeit aufgrund der überhöhten Anzahl von Aufsichtsratsmandaten, die parallel wahrgenommen werden, was zum einen eine aus Shareholder-Value-Gesichtspunkten nicht erwünschte Machtkonzentration auf wenige Personen mit sich zieht und zum anderen als eine verminderte Transparenz wahrgenommen wird. Der Gesetzgeber konnte sich nicht zur Beschränkung der Zahl der möglichen Mandate durchringen, hat hierauf aber punktuell reagiert, indem die

504 vgl. Reischauer, C., Über die Eitelkeit, Wirtschaftswoche, 1999, S. 78.

Mandate des Aufsichtsratsvorsitzenden bei der Berechnung der erlaubten ausgeübten Aufsichtsratsmandate doppelt gezählt werden[505].

Kapazitätsprobleme sind im Besonderen dann zu erwarten, wenn das Aufsichtsratsamt neben einem Posten als Mitglied des Vorstands ausgeübt wird[506]. Dabei sind in miteinander konkurrierenden Unternehmen eine unzureichende Verantwortlichkeit aufgrund der wettbewerbspolitischen Konfliktsituation und infolgedessen Missbräuche von Aufsichtsratsmitgliedern nicht von der Hand zu weisen.[507]

Als problematisch werden hier zudem die Verflechtungen der deutschen Großunternehmen durch die personellen Verflechtungen der Aufsichtsratsstellungen angesehen. Managern sei es gelungen mit der Errichtung von Verflechtungsnetzwerken sich der Kontrolle durch die Aktionäre zu entziehen. Denn mithilfe von gezielt eingesetzten Beteiligungskäufen würden durch Unternehmensverwaltungen im Konsens Abstimmungen so vorgenommen, dass außenstehende Privataktionäre keinen wesentlichen Einfluss mehr geltend machen können. Mit dem Vorhandensein von Verflechtungsbeziehungen werden so unter anderem das Fehlen von effizienzfördernden feindlichen Übernahmen und die Verhinderung des Wettbewerbs auf dem deutschen Markt für Unternehmenskontrolle in Zusammenhang gebracht. Mit der damit einhergehenden Etablierung einer fakti-

---

505 § 100 Abs. 2 S. 3 AktG. Die „Regierungskommission Corporate Governance – Unternehmensführung – Unternehmenskontrolle – Modernisierung des Aktienrechts" spricht sich jedoch dafür aus, dass „[. . .] Aufsichtsratsmitglied (einer börsennotierten) Gesellschaft nicht sein soll, wer in fünf anderen Aufsichtsräten einer (konzernexternen) Gesellschaft tätig ist", Baums, T., Regierungskommission Corporate Governance, 2001, S. 52.

506 Im europäischen Vergleich haben deutsche Kontrollgremien mit 65 % eine der höchsten Quoten an Aufsichtsratsmitgliedern, die ihre Ämter neben einem anderen Vollzeitjob ausüben, Reischauer, C., Über die Eitelkeit, Wirtschaftswoche, 1999, S. 77.

schen Handlungsfreiheit für Manager würde die Möglichkeit beschränkt, die maßgebliche Unternehmensführung selbst bei verheerendem Missmanagement zur Verantwortung zu ziehen, und mithin die Befugnisse der Aktionäre usurpiert.[508]

Ungeachtet der jüngsten Mängel im Unternehmensbereich ist dagegen zu bedenken, dass Verflechtungsbeziehungen potentielle Vorteile begründen können. Auch aus Shareholderperspektive sinnvolle Kooperationsstrategien lassen sich etwa auf personelle Verflechtungen zurückführen. Schließlich bilden Unternehmensnetzwerke eine wesentliche Grundlage für den Unternehmenserfolg, insbesondere unter Zugrundelegung reduzierter Transaktionskosten und hinsichtlich der Verminderung der Umweltunsicherheit. Parallel hierzu wird vorgebracht, dass sich für den dargelegten, negativen Einfluss der Ring- und Überkreuzverflechtungen kein empirischer Beleg finden lässt.[509]

7.3.4 Verringerung der Aufsichtsratsgröße

Parallel sind Überlegungen dazu anzustellen, inwieweit die Größe des Aufsichtsrats als Erfolgsfaktor für die Führung eines Unternehmens sich auch in der Bewertung der Gesellschaft am Kapitalmarkt widerspiegelt. Die Aufsichtsräte deut-

---

507 Vgl. Adams, M., Corporate Governance, ZfB-Ergänzungsheft, 1997, S. 25.

508 Vgl. zur Usurpation von Aktionärsbefugnissen mittels Ringverflechtungen, Beyer, J., Governance Structures, ZfB-Ergänzungsheft, 1996, S. 80 f.

509 Vgl. Beyer, J., Governance Structures, ZfB-Ergänzungsheft, 1996, S. 80, 82, 101; die Nähe von Vorstand und Aufsichtsrat nicht automatisch für schädlich hält etwa Christian Strenger, Aufsichtsrat der Deutsche-Bank-Fondsgesellschaft DWS, vgl. Mortsiefer, H., Machtkampf in den Unternehmen, Tagesspiegel, 2001.

scher Aktiengesellschaften werden vielfach als zu groß angesehen[510]. Aus diesem Grund wird dem Überwachungsorgan eine kaum hinreichende Arbeitsfähigkeit und Wahrung von Vertraulichkeit im Interesse der Anteilseigner attestiert[511]. Ein sogenannter Insiderhandel[512] kann so nicht ausgeschlossen werden.[513]

Zu ergründen ist insofern, ob die Kapitalmarkteilnehmer die Größe des Aufsichtsrats als Performance-Attribut wahrnehmen und davon ausgehend über die Perzeption des Markts die optimale Größe eines Aufsichtsrats abzuleiten wäre. Zur Beziehung zwischen der Mitgliederanzahl im Überwachungsgremium und der Steigerung des Marktwerts börsennotierter Aktiengesellschaften wurde bezogen auf die Situation in der Schweiz von *Grünbichler/Oertmann* eine umfassende Untersuchung durchgeführt. Im Gegensatz zu den deutschen aktienrechtlichen Regelungen ist das schweizerische System formal monistisch, das heißt der Verwaltungsrat ist grundsätzlich eine Einheit aus Geschäftsführungs- und Kontrollorgan und ähnelt damit dem US-amerikanischen Board-System. Die innere Organisation stimmt bei großen börsennotierten Unternehmen in der Schweiz indes weitgehend mit dem zweistufigen deutschen Trennsystem überein[514],

---

510 Siehe hierzu im Ergebnis indifferent Baums, T., Regierungskommission Corporate Governance, 2001, S. 49.

511 Nach betriebswirtschaftlichen Erkenntnissen sind bei Gruppengrößen von sieben und mehr Mitgliedern erfolgshemmende Erscheinungen innerhalb einer Gruppe dominierend. Dies resultiert aus der Tatsache, dass mit steigender Mitgliederzahl die Entscheidungsfindung regelmäßig mehr Zeit erfordert, die Kommunikationsmöglichkeit eingeschränkt ist, sich Untergruppen abspalten und ein höheres Konfliktpotential entsteht, Girnghuber, G., Das US-amerikanische Audit Committee, 1998, S. 207.

512 Hierbei handelt es sich um Transaktionen, insbesondere Wertpapierhandel, von Personen, die aufgrund ihrer Stellung einen zeitlichen Informationsvorsprung bezüglich kursrelevanter Umstände haben und dessen Ausnutzung zum Vorteil Dritter und damit zum Nachteil anderer führt.

513 Vgl. Adams, M., Corporate Governance, ZfB-Ergänzungsheft, 1997, S. 25.

514 Wichtige Unterschiede bestehen dennoch darin, dass die schweizerische Rechtsordnung keine so weitgehende Mitbestimmung von Arbeitnehmern im Verwaltungsrat kennt wie die deutsche; Verwaltungsratsdelegierte sind geschäftsführungsberechtigt und zugleich selbst Mitglieder des Überwa-

gleichzeitig ähneln sich im Wesentlichen die Branchengewichtung sowie die Kapitalmarktcharakteristik.[515] Die Ergebnisse dieser Studie können insoweit konstruktive Hinweise zur Verbesserung der Ausgestaltung des Überwachungsorgans börsennotierter Aktiengesellschaften in Deutschland liefern.

Im Rahmen einer repräsentativen Stichprobe wurden 24 Aktiengesellschaften der Schweiz aus den vier wichtigsten Branchen über den Zeitraum Januar 1988 bis September 1995 untersucht. Grundsätzlich lässt sich zunächst feststellen, dass mit zunehmender Unternehmensgröße und Börsenbewertung erwartungsmäßig die Größe des Aufsichtsgremiums ansteigt und somit tatsächlich eine Korrelation zwischen Marktwert und Mitgliederzahl im Überwachungsgremium festzustellen ist. In Abhängigkeit der Branche sind grundsätzlich deutlich unterschiedliche Kursentwicklungen bei verschiedenen Aufsichtsratsgrößen zu beobachten[516]. Um sich der Frage nach der optimalen Aufsichtsratsgröße zu nähern, sind in einer branchenübergreifenden Analyse der Kapitalmarktrenditen in einem weiteren Schritt Portfolios mit Aktienwerten nach drei Größenklassen eines Verwaltungsgremiums differenziert worden, wobei die Einteilung nach der Maßgabe vorgenommen wurde, dass jeder Aufsichtsratsgruppe nahezu eine gleiche Anzahl von Aktiengesellschaften zugeordnet werden konnte.

---

chungsgremiums und darin stimmberechtigt, was ein gewisses Konfliktpotential offenbart, Grünbichler, A.; Oertmann, P., Corporate Governance, ZfB-Ergänzungsheft, 1996, S. 33.

515 Vgl. Grünbichler, A.; Oertmann, P., Corporate Governance, ZfB-Ergänzungsheft, 1996, S. 29 ff.

516 So konnten Gesellschaften der Chemiebranche mit kleineren Überwachungsgremien eine überdurchschnittlich hohe jährliche Rendite aufweisen; konträr dazu überstieg die Rendite in Portfolios mit Bankwerten und Nahrungsmittelgesellschaften mit großen Aufsichtsgremien diejenigen, denen ein kleiner Aufsichtsrat charakteristisch war. Einschränkend zu den beiden letztgenannten Branchen ist jedoch anzumerken, dass es sich bei den untersuchten Unternehmen um sehr kleine Aktiengesellschaften handelt, deren Aktien in recht engen Märkten gehandelt werden, so dass deren Preisfindung nicht ganz unverzerrt sein könnte, siehe Grünbichler, A.; Oertmann, P., Corporate Governance, ZfB-Ergänzungsheft, 1996, S. 39.

Im Untersuchungszeitraum ließ sich eine unterschiedliche Kursentwicklung ermitteln für die in drei Kategorien differenzierte und wertgewichtete Aufsichtsrats-Portfolios (durchschnittliche Anzahl der Mitglieder je Aufsichtsrat): „klein" (0,0 bis 8,0), „mittel" (8,5 bis 12,5), „groß" (13,0 bis 23,5), bei denen Unternehmen mit großem Aufsichtsrat Gesellschaften mit einem mittelgroßen und einem kleinen Überwachungsgremium[517] gegenübergestellt wurden.

Der Befund des auf dieser Basis durchgeführten Vergleichs weist aus, dass Aktiengesellschaften mit einem Verwaltungsgremium mittlerer Größe branchenintern und branchenübergreifend höhere Wertsteigerungen am Kapitalmarkt erzielen. Um das jeweilige Branchenmittel bereinigt übersteigen die Aktien dieser Kategorie die Durchschnittswertsteigerungen um durchschnittlich 9,2 Prozent pro Jahr. Unternehmen mit der Charakteristik „Verwaltungsrat klein" kann ein signifikant negatives Performance-Maß attestiert werden, während sich im Fall großer Verwaltungsräte für Aktiengesellschaften weder Out- noch Underperformance ergibt. Im direkten Performancevergleich liegen jedoch Werte in den Klassen „Verwaltungsrat groß" bezogen auf die Aktien der Kategorie „Verwaltungsrat mittel" immerhin bei minus 2,9 Prozent. Aktiengesellschaften mit zu großen Kontrollgremien weisen damit nicht nur eine im Durchschnittsvergleich unauffällige Performance auf, sondern generieren darüber hinaus im Verhältnis zu Gesellschaften mit Überwachungsräten mittlerer Größe auf längere Sicht für ihre Shareholders deutlich weniger Wert.

[517] Die Aufsichtsrats-Klassifizierung erfolgte anhand der Aufsichtsrats-Größe (durchschnittliche Anzahl der Mitglieder je Aufsichtsrat): „klein" (0,0 bis 8,0), „mittel" (8,5 bis 12,5), „groß" (13,0 bis 23,5), Grünbichler, A.; Oertmann, P., Corporate Governance, ZfB-Ergänzungsheft, 1996, S. 46 f.

Im Fazit zeigt sich damit, dass eine überschaubare Größe eines Überwachungsgremiums einer Aktiengesellschaft von den Kapitalmarktteilnehmern vorherrschend positiv bewertet wird, womit die These zur optimalen Größe der Kontrollinstitution einer Unternehmung tendenziell bestätigt wird.[518]

Um seiner konstatierten Passivität und Unbeweglichkeit entgegenzuwirken, wird vorgeschlagen, den Aufsichtsrat der börsennotierten Aktiengesellschaft auf die optimale Größe von zehn bis zwölf Mitglieder zu verkleinern[519]. Der Forderung nach einer zwingenden Beschränkung der Größe und damit einer Effizienzsteigerung der Aufsichtsräte wurde vom KonTraG jedoch nicht verwirklicht, da die hierfür erforderliche politische Durchsetzbarkeit an der Problematik der Arbeitnehmermitbestimmung im Aufsichtsrat scheiterte[520].

7.4 Aktive Überwachung versus Haftung – erhöhter Sorgfaltsmaßstab

7.4.1 Umfang und Grenzen

Solange die ins kritische Visier geratene Unternehmensaufsicht eher als Routinesache behandelt wird, sich der Vorstandsvorsitzende häufig nur mit dem Aufsichtsratsvorsitzenden abstimmt ohne beide Gremien diskutieren zu lassen und ehemalige Vorstandsvorsitzende Mitglied des Aufsichtsrats werden, um über ihre vormalige Gefolgschaft zu wachen, kommt der überwachungsrelevante Leitgedanke des Aktienrechts zu selten zur Geltung.

---

518 Grünbichler, A.; Oertmann, P., Corporate Governance, ZfB-Ergänzungsheft, 1996, S. 46 f.

519 Vgl. Graf Lambsdorff, in: Feddersen, D.; Hommelhoff, P.; Schneider, U. H., Corporate Governance, 1996, S. 217 ff.; Dörner, D.; Oser, P., Aufsichtsrat und Wirtschaftsprüfer, DB 1995, S. 1085 ff.

520 Vgl. Girnghuber, G., Das US-amerikanische Audit Committee, 1998, S. 206.

Die Haftung des Aufsichtsrats ergibt sich, vergleichbar zur Haftung des Vorstands, aus einer möglichen Pflichtverletzung gemäß § 116 AktG in Verbindung mit § 93 AktG[521]. Insbesondere wird in dem hier betrachteten Zusammenhang eine Verletzung der Überwachungspflicht in Frage kommen. Dabei hat der Aufsichtsrat zu überwachen, inwieweit der Vorstand die ihm obliegenden Pflichten hinsichtlich der Einrichtung eines Frühwarnsystems erfüllt, wobei die Überwachungspflicht des Aufsichtsrats auch die Effektivität des Frühwarnsystems umfassen dürfte. Daher muss es auch im eigenen Interesse des Aufsichtsrats liegen, die Einrichtung eines Frühwarnsystems zu fordern und dieses durch den Wirtschaftsprüfer im Rahmen der Jahresabschlussprüfung prüfen zu lassen.[522]

7.4.2 Sitzungsfrequenz- und Effizienzsteigerung

Im Lichte der globalen Verzahnung der Kapitalmärkte und des zunehmenden Kapitalbedarfs müssen sich deutsche Aufsichtsräte einer internationalen Anlegerschaft stellen. Fällt eine Investitionsentscheidung zugunsten einer deutschen Aktiengesellschaft, richten vor allem US-amerikanische Anleger ihren Blick auf die Unternehmenskontrolle. So orientieren sich institutionelle US-Investoren bezüglich der Qualitätsbeurteilung des Aufsichtsrats an definierten Mindeststandards. Aktiengesellschaften hierzulande haben sich den von US-Unternehmen bei der Besetzung der so genannten Non-Executive Directors, der in keinem Beschäftigungsverhältnis mit der Gesellschaft stehenden Outside Directors, als Board-Mitglieder berücksichtigten Zusammenhang zwischen Unternehmenskontrolle und Shareholder Value zu vergegenwärtigen: US-Investoren bezahlen bis

---

521 § 116 AktG in Verbindung mit § 93 AktG.
522 Vogler, M.; Gundert, M., Einführung von Risikomanagementsystemen, DB, 1998, S. 2378.

zu elf Prozent mehr für Aktien von Unternehmen, die sie für gut kontrolliert halten, beziehungsweise ignorieren unzureichend kontrollierte[523].

Der deutsche Gesetzgeber hat mit den aktienrechtlichen Änderungen versucht, hier „zur Eliminierung identifizierter Schwachstellen“[524] beizutragen. Einzelne Reformbestimmungen des KonTraG sollen zielgerichtet auf eine Verbesserung der Überwachungsqualität der Aufsichtsräte hinwirken. Um die Überwachungsqualität der Aufsichtsräte zu erhöhen, hat der Aufsichtsrat ausreichend Zeit im Überwachungsbereich zu verwenden. Das KonTraG forciert eine zeitintensivere Befassung mit der Überwachungsaufgabe, indem es die Mindestanzahl der Sitzungen erhöht und so die Informationsversorgung zu verbessern versucht. Für den Aufsichtsrat einer börsennotierten Aktiengesellschaft sind nunmehr zwingend zwei Aufsichtsratssitzungen pro Kalenderjahr festgeschrieben[525]. Die Sitzungsfrequenz jedoch sagt wenig aus über die Qualität der Überwachungsaktivitäten. Im Krisenfall etwa sind tatsächlich weitaus häufigere Sitzungen erforderlich; nach den Grundsätzen des „German Code of Corporate Governance (GCCG)“ sollte der Aufsichtsrat im Regelfall sechsmal im Jahr zusammentreffen, bei außergewöhnlichen Ereignissen können häufigere Sitzungen erforderlich sein.

---

523 Bierach, B. Das Ende der Jasager, Wirtschaftswoche, 1997, S. 200.

524 Inwieweit es sich hierbei tatsächlich um zukunftsfähige Ansätze für die Wettbewerbsfähigkeit handelt, wird in Frage gestellt, vgl. o. V., Wirtschaftswoche, 1997, S. 204.

525 Artikel 1 Ziffer 11 KonTraG; Die Sitzungsfrequenz jedoch sagt wenig aus über die Qualität der Überwachungsaktivitäten. Im Krisenfall etwa sind tatsächlich weitaus häufigere Sitzungen erforderlich; nach den Grundsätzen des „German Code of Corporate Governance (GCCG)“ sollte der Aufsichtsrat im Regelfall sechsmal im Jahr zusammentreffen, bei außergewöhnlichen Ereignissen können häufigere Sitzungen erforderlich sein, Peltzer, M.; v. Werder, A., GCCG, AG, 2001, S. 11.

Um die Informationsversorgung und Qualifikation des Überwachungsgremiums zu verbessern, setzt das KonTraG zugleich auf eine engere Zusammenarbeit zwischen Aufsichtsrat und Abschlussprüfer. Nach dem Vorbild von in den USA und anderen angelsächsischen Ländern weit verbreiteten Audit Committees, konzipiert als ständiger Ausschuss, dem der Board of Directors vor allem die Überwachung des Finanz- und Rechnungswesens überträgt, sieht auch das KonTraG die Möglichkeit vor, Ausschüsse zu errichten, um zu einer Verbesserung der Aufsichtsratstätigkeit im Finanz- und Prüfungsbereich beizutragen. Beanstandet wird hierbei jedoch, dass dieser Reformansatz lediglich die bestehende Gesetzeslage aufgreift, nach der bereits der Prüfungsbericht des Abschlussprüfers ausschließlich an Mitglieder eines Ausschusses weitergeleitet werden kann[526]. Die Möglichkeit entsprechende Ausschüsse zu errichten, die von Aufsichtsräten bislang nur unzureichend zur Anwendung gekommen sind, wird durch das Gesetz somit nicht forciert, sondern unverändert den Aufsichtsräten selbst überlassen.[527]

7.4.3 Regressansprüche gegen Überwachungsorgane: Aufsichtsräte im Zwiespalt

Trotz verschiedener gesetzlicher Maßgaben sind Haftungsansprüche gegen Organe börsennotierter Aktiengesellschaften in Deutschland bislang eher selten durchgesetzt wurden[528]. Dies resultiert unter anderem aus einer latenten Interessenkollision des Aufsichtsrats. Bisher zogen es die meisten Aufsichtsräte zur

---

526 Artikel 1 Ziffer 24 KonTraG.
527 Vgl. Girnghuber, G., Das US-amerikanische Audit Committee, 1998, S. 202.
528 Schadenersatzansprüche der Aktiengesellschaft gegen Mitglieder des Vorstands sind grundsätzlich vom Aufsichtsrat geltend zu machen gemäß § 112 AktG.

Vermeidung einer negativen Publicity vor, von einer Durchsetzung eines Regressanspruchs gegen den Vorstand abzusehen. Gleichzeitig begünstigt das oft bestehende Naheverhältnis zwischen Vorstand und Aufsichtsrat nicht die Geltendmachung von Ansprüchen. Zu bedenken ist dagegen, dass für die Haftung der Mitglieder des Aufsichtsrats die gleichen Grundsätze gelten wie für den Vorstand. Sollte der Aufsichtsrat also Schadenersatzansprüche gegen die Mitglieder des Vorstands nicht durchzusetzen versuchen, so sind die Aufsichtsratsmitglieder ihrerseits persönlich für den daraus entstehenden Schaden der Gesellschaft verantwortlich[529].

Die bei dem Aufsichtsrat liegende Zuständigkeit, Ansprüche gegen das von ihm zu überwachende Organ geltend zu machen, hat mit der Einführung des KonTraG und der zeitnah 1997 ergangenen Entscheidung des BGH in der Sache *„ARAG/Garmenbeck"*[530] eine deutliche Akzentuierung erhalten. Um seiner pflichtgemäßen Überwachungstätigkeit Rechnung zu tragen und einer persönlichen Inanspruchnahme zu begegnen, ist die Möglichkeit konsequenter zu nutzen, im Falle einer Pflichtverletzung gegen den Vorstand Haftungsansprüche geltend zu machen.

---

529 Keßler, J., Leitungsverantwortung, RIW, 1998, S. 614.

530 BGH-Urteil vom 21.4.1997 – II ZR 175/95, BGHZ 135, 1998, S. 244 ff.; DB 1997, S. 1068; siehe zu Kommentierungen zu der Entscheidung etwa Horn, N., Haftung des Vorstands, ZIP, 1997, S. 1129; Kindler, P., Unternehmerisches Ermessen, ZHR, 1998, S. 101 ff.; Götz, H., Pflicht des Aufsichtsrats, NJW, 1997, S. 3275 ff.; Thümmel, R. C., Pflichten des Aufsichtsrats, DB 1997, S. 1117 ff.; Boujong, K., DZWir, 1997, S. 326; Priest, H.-J., „ARAG/Garmenbeck", EWiR, 1997, S. 677 ff.; Dreher, M., JZ, 1997, 1074 ff.; Heermann, P. W., Pflicht des Aufsichtsrats, AG, 1998, S. 201 ff.; zu beachten sind auch die neueren haftungsrechtlichen Überlegungen aus zivilrechtlichen Gesichtspunkten im Zusammenhang mit der Kommunikation gegenüber dem Kapitalmarkt gemäß § 15 Abs. 1 Wertpapierhandelsgesetz. Die hiernach geregelte Ad-hoc-Publizität verpflichtet Emittenten von Wertpapieren, neue, bisher nicht öffentlich bekannte Tatsachen unverzüglich zu veröffentlichen, Möllers, T. M. J.; Leisch, F. C., Haftung wegen fehlerhafter Ad-hoc-Meldungen, WM, 2001, S. 1648 ff.

Die Problematik, die sich aus der Geltendmachung von Haftungsansprüchen in Bezug auf die „Financial Community“ ergibt, besteht zum einen in der nicht leicht abzuschätzenden kapitalmarktseitigen Beurteilung der hieraus folgenden Auswirkungen auf die Unternehmensbewertung und führt deshalb zum anderen auf seiten des Aufsichtsrats in zweifacher Hinsicht zu einer Konfliktsituation:

Der Vorwurf einer Vorstandspflichtverletzung kann, wenn dies den Kapitalmarktakteuren gewahr wird, zu Reaktionen führen, die eine erhebliche Minderung des Unternehmenswerts mit sich zieht. Eine Geltendmachung von Schadenersatzansprüchen legt nämlich das grundsätzliche Strukturproblem der Unternehmensführung offen. Insofern hat der Aufsichtsrat aus Perspektive der Aktionäre darüber zu befinden, inwieweit er Shareholder-Value-wirksam die Vermögensinteressen der Anteilseigner wahrnimmt.

Die Schwierigkeit und Interessenkollision besteht darin, dass eine Anspruchsgeltendmachung vom Kapitalmarkt realisiert wird und dadurch eine entsprechende Minderung des Aktionärsvermögens zu erwarten sein könnte, andererseits das Unternehmen vor möglichem weiteren Schaden durch Handlungen des Vorstands bewahrt werden kann. Der Aufsichtsrat hat mithin im Vorfeld das mögliche Ausmaß und die Dauer der zu erwartenden Shareholder-Value-Vernichtung seiner Vorkehrungen einer aus Aktionärsperspektive positiven Wirkung gegenüberzustellen. Im Falle einer – nachhaltig wertmindernden – Entscheidung zu Lasten der Anteilseigner wären in der Folge möglichenfalls gegen den Aufsichtsrat Ansprüche zu benennen. Dies bedeutet letztlich, dass aus Shareholder-Value-Gesichtspunkten eine Verletzung einer Pflicht des Vorstands respektive des Aufsichtsrats dann konkretisiert ist, wenn sich hieraus in der Folge Beeinträchtigungen von Aktionärsinteressen ergeben oder aller Voraussicht nach eintreten werden[531]. Zukünftige, aus einer gegenwärtigen Entscheidung des Aufsichtsrats resultierende Ereignisse können bereits zum heutigen Zeitpunkt negative Auswirkungen auf den Shareholder Value haben, sofern sie von den Kapitalmarktakteuren antizipiert werden.

Parallel hierzu beinhaltet die Verfolgung der Ansprüche gegen den Vorstand den Nachweis eines Fehlers des Vorstands, so dass sich der Aufsichtsrat selbst dem Risiko aussetzt, wiederum seinerseits eine Pflichtverletzung, hier beispielsweise eine Überwachungspflichtverletzung, vorgeworfen zu bekommen.

7.5 Erfolgswertkonforme Anreizmechanismen der Überwachungsorgane

7.5.1 Ausgangslage

Es ist zu prüfen, inwieweit die Steigerung der Effizienz des Aufsichtsrats auch auf andere Weise als durch gesetzliche Vorgaben verwirklicht werden könnte. Ein erwägenswertes Mittel, um gleichmäßig positive Ergebnisse der Aufsichtsratstätigkeit zu erzielen, ist die Schaffung von positiven, also außerhalb von gesetzlichen Sanktionsmechanismen liegenden Tätigkeitsanreizen.

---

[531] Zukünftige, aus einer gegenwärtigen Entscheidung des Aufsichtsrats resultierende Ereignisse können bereits zum heutigen Zeitpunkt negative Auswirkungen auf den Shareholder Value haben, sofern sie von den Kapitalmarktakteuren antizipiert werden.

Zu überlegen wäre die Möglichkeit einer Erhöhung der Vergütung der Aufsichtsratsmitglieder. Diskussionswürdig ist dieser Ansatz umso mehr mit Blick auf die deutliche Disparität zwischen den Bezügen der Aufsichtsräte und denen der Vorstände[532]. Hierzu wird zunächst angeführt, dass eine bessere Bezahlung grundsätzlich keine Gewähr für einen höheren Arbeitseinsatz ist[533]. Werden die bislang bereits bestehenden Anforderungen an das unternehmensinteressengerechte Aufsichtsratsmandat zugrundegelegt, so kann auf Basis der bisherigen Vergütungspraxis tatsächlich kaum ein professionelles, engagiertes und unternehmerisch mitdenkendes Kontrollorgan in der börsennotierten Aktiengesellschaft erwartet werden.

Um aus Aktionärssicht zu einem effizienteren und besseren Corporate-Governance-System zu gelangen, ist darauf hinzuwirken, dass sich ein System von Berufsaufsichtsräten entwickeln kann, das einen Mehrwert liefert und insofern ein positives Beurteilungskriterium für Investorenentscheidungen darstellt. Zu folgen ist daher der Forderung nach einer zwingend erforderlichen leistungsgerechten Vergütung, und zwar grundsätzlich unabhängig von der Person und Funktion des einzelnen Aufsichtsratsmitglieds[534]. Der Stellenwert eines adäquat sowie stärker leistungsorientiert vergüteten Überwachungsorgans[535] und damit

---

532 Es ist auffallend, dass die durchschnittliche Entlohnung der Aufsichtsräte zwischen 1962 und 1992 um lediglich 30 % von gut Euro 6.600 auf knapp Euro 8.700 erhöht wurde, während im gleichen Zeitraum die Vorstandsbezüge um 350 % von im Durchschnitt Euro 48.000 auf Euro 214.700 angestiegen sind, vgl. Girnghuber, G., Das US-amerikanische Audit Committee, 1998, S. 204; in 1997 lag das durchschnittliche Einkommen aus einem Aufsichtsratsmandat bei Euro 45.250, wobei die Bandbreite von Euro 7.600 bei der Deutschen Lufthansa AG bis zu Euro 73.600 bei der Schering AG gereicht hat, Bierach, B., Gegenwert liefern, Wirtschaftswoche, 1999, S. 195, 197.

533 Vgl. Girnghuber, G., Das US-amerikanische Audit Committee, 1998, S. 204.

534 So Semler, J., Aufsichtsratsmitglieder, 1999, S. 681.

535 Nach den aktienrechtlichen Vorschriften gemäß § 113 Abs. 1 S. 2 AktG haben die Aufsichtsratsmitglieder deutscher Aufsichtsräte keinen Vergütungsanspruch; nach den Vorschriften des § 675

verantwortungsbewussten und haftungsbewehrten Engagements aller Mitglieder eines Aufsichtsrats[536] wird ersichtlich an den deutlich vermehrt zu beobachtenden Satzungsänderungen im Zusammenhang mit Aufsichtsratsvergütungen[537]. Wie der zeitliche Zusammenhang offenkundig demonstriert, wurden diese Änderungen der Vergütungsvorschriften für den Aufsichtsrat wesentlich bestimmt von den neuen Aktienrechtsvorschriften. Zur sichtbaren Verbesserung der Überwachungsqualität sind neben der Frage nach der Höhe im Folgenden die Art und Weise einer wertorientierten Vergütung[538] zu erörtern.

7.5.2 Unternehmenswertorientierte Vergütungsbestandteile

Nicht nur in der Unternehmenspraxis sondern auch in der Gesetzgebung scheint sich der Trend zu bestätigen, dass der Shareholder-Value-Ansatz an Bedeutung gewinnt, wie die Neuregelungen zu Aktienoptionsprogrammen, auch mit dem Anglizismus „Stock Options" bezeichnet, in deutschen Kapitalgesellschaften dokumentieren. Ein solcherart gestaltetes Incentivesystem, das auf die Börsenkursentwicklung abstellt, rückt die Steigerung des Unternehmenswerts als Ziel in den Vordergrund.

---

in Verbindung mit § 670 BGB haben sie lediglich einen Anspruch auf Auslagenersatz. Daneben wird mit dem § 113 Abs. 1 S. 3 AktG die absolute Höhe der Vergütung begrenzt.

536 Thümmel, R. C., Aufsichtsräte in der Pflicht?, DB, 1999, S. 885 ff.; Theisen, M. R., Vergütungen für den Aufsichtsrat, DB, 1999, S. 1665.

537 Siehe mit exemplarischen Beispielen hierzu Theisen, M. R., Vergütungen für den Aufsichtsrat, DB, 1999, S. 1666.

538 Nach einer empirischen Studie von insgesamt 201 Pflichtveröffentlichungen der Tagesordnungen für Hauptversammlungen im Bundesanzeiger vom 1. Januar 1999 bis 31. Mai 1999 beträgt die fixe Vergütungshöhe bei 41,8 % der untersuchten Gesellschaften weniger als Euro 5.000, bei 39,8 % der Gesellschaften zwischen Euro 5.000 und Euro 10.000 und bei 19,4 % der Gesellschaften mehr als Euro10.000, vgl. Theisen, M. R., Vergütungen für den Aufsichtsrat, DB, 1999, S. 1666 f.

Mit dem KonTraG wird der Einsatz von Stock Options für die stärker leistungsorientierte Vergütung von Mitgliedern der Unternehmensführung erleichtert[539]. Im Sinne des Shareholder Value dienen Stock Options als langfristig orientierter Anreiz für die Stärkung der Zielkongruenz zwischen Management und den Interessen der Anteilseigner[540]. Zugleich zielt diese am Marktwert der Aktiengesellschaft orientierte Entlohnung darauf ab, „principle-agent-Konflikte" zu überwinden, die mit der für Kapitalgesellschaften charakteristischen Trennung von Eigentümerschaft und Management verbunden sind[541].

539 Eingehend zu Stock-Option-Plans nach dem KonTraG siehe Weiß, D. M., Aktienoptionsprogramme, WM, 1999, S. 353-370; zu insiderrechtlichen Fragen vgl. Assmann, H.-D.; Schneider, U., Wertpapierhandelsgesetz, 1999, S. 326 ff.; Fürhoff, J., Insiderrechtliche Behandlung von Aktienoptionsprogrammen, AG, 1998, S. 83 ff.; von Rosen, R., Aktienoptionen, WM, 1998, S. 1810; zur steuerrechtlichen Regelung vgl. Portner, R., Mitarbeiter-Optionen, DStR, 1997, S. 786 ff.; Haas, W.; Pötschan, H., Aktienoptionen, DB 1998, S. 2138 ff.; Herzig, N., Stock Options, DB, 1999, S. 1 ff.; Kau, W. M., Mitarbeiterbeteiligung, BB, 1998, S. 2269 ff.; Jacobs, O. H., Behandlung von Stock Option Plans, in: Dörner, D.; Menold, D.; Pfitzer, N., Reform des Aktienrechts, 1999, S. 101 ff.; o. V., Besteuerung von Aktienoptionen, AG, 2001, S. 471 f.; zur rechtlichen Zulässigkeit von Aktienoptionsprogrammen siehe LG Braunschweig, 22 O 234/97, in: AG, 1998, S. 289-294; OLG Braunschweig, 3 U 75/98, in: AG, 1999, S. 84 ff.; LG Stuttgart, 5 KfH O 96/96, in: AG, 1998, S. 41-45; siehe auch Schmidt, M., Stock Options, Personal, 1998, S. 76 ff.

540 Zur Ausgestaltung und Finanzierung von Stock-Options-Plänen siehe Kallmeyer, H., Aktienoptionspläne, AG, 1999, S. 97 ff; Bernhardt, W.; Witt, P., Stock Options, ZfB, 1997, S. 86 ff.; Schwetzler, B., Stock Option Plans, DBW, 1999, S. 332 ff.; zu den Gefahren des Einsatzes von Aktienoptionen, wie etwa Übervergütung, Zufallsgewinne (windfall profits), „Selbstbedienung" des Managements, Anteilsverwässerung der Altaktionäre sowie der Kursmanipulation siehe Kühnberger, M.; Keßler, J., Stock option incentives, AG, 1999, S. 455 ff.; Paefgen, W. G., Eigenkapitalderivate bei Managementbeteiligungsmodellen, AG, 1999, S. 67 ff.; zu den besonderen Risikoaspekten und daraus folgenden Motivationsanreizen siehe die Einschätzung von Wenger, E.; Knoll, L.; Kaserer, C., Stock options, WiSt, 1999, S. 35 f.; die Eignung von Stock Options als Vergütungsinstrument wird kritisch hinterfragt von Elkart, W.; Schmusch, M., Stock Options und Shareholder Value, in: Dörner, D.; Menold, D.; Pfitzer, N., Reform des Aktienrechts, 1999, S. 88 ff.; zu der Problematik der Liquiditätsbelastung von Aktiengesellschaften infolge von Stock-Option-Plänen, vgl. o. V., stock options, The Economist, 1999, S. 11 f., 18 ff., 69.

541 Nach dem principal-agency-Ansatz haben Unternehmensführungen vor allem großer börsennotierter Aktiengesellschaften, bei denen sie nicht in nennenswertem Umfang am Eigenkapital beteiligt sind, einen Anreiz zu ihrem eigenen Vorteil, beispielsweise zur Ausweitung ihres Machtbereichs oder zur Erhöhung ihres Prestiges, Handlungen vorzunehmen, die den Aktionärsinteressen entgegenstehen, da sie den Wert des Unternehmens für die Aktionäre reduzieren. Die principal-agency-Theorie dient insofern als theoretischer Bezugsrahmen des Shareholder-Value-Modells und der kapitalmarktbezogenen Managervergütung, um sicherzustellen, dass die Unternehmensführung im

Insbesondere auch international agierende Investoren werden infolge dieser positiv zu bewertenden Entwicklungen gesteigerte Erwartungen an das deutsche Corporate-Governance-System haben. Die Gleichrichtung der Interessen von Aktionären und Unternehmensführung ist für zahlreiche institutionelle Anleger eine wichtige Voraussetzung, überhaupt in die betreffende Aktie zu investieren. Denn wie die Situation in den USA bereits vor Augen führt[542], dürfte der Standpunkt von *Keasey* und *Wright* zutreffen, dass „[. . .] executive remuneration, especially if it involves increasing the ownership stake of directors may be one means of motivating good behavior"[543]. Wenn nämlich „[g]ood corporate governance is [. . .] as much concerned with correctly motivating managerial behavior towards improving the business, as directly conducting the behavior of managers"[544], so ist die Einrichtung dieses finanziellen Anreizsystems für Manager ein Schritt in die richtige Richtung, da „stock option in particular may constitute a variable element in remuneration that closely reflects company performance"[545].

Die Neuerungen des KonTraG zur Einführung von Aktienoptionsplänen gestatten erhebliche Motivations- und Bindungswirkungen[546]. Die vorgesehenen Regelun-

---

Aktionärsinteresse handelt, vgl. Kühnberger, M.; Keßler, J., Stock option incentives, AG, 1999, S. 453 ff.; Schwalbach, J.; Graßhoff, U., Managervergütung und Unternehmenserfolg, ZfB, 1997, S. 203-217; Gedenk, K., Agency-Theorie, DBW, 1998, S. 22 ff.; Winter, S., Anreizsysteme für Führungskräfte, DBW, 1997, S. 615 ff., Oviatt, B. M., Manager-Shareholder Relationship, A. Man. Rev., 1988, S. 214 ff.

542 80 % der 500 größten US-Unternehmen sollen Stock-Options-Pläne eingeführt haben, vgl. Schneider, U. H., Aktienoptionen, ZIP, 1996, S. 1769 f.; Kohler, K., Stock Options, ZHR, 1997, S. 246, 249 f.

543 Keasey, K.; Wright, M., Corporate Governance, 1997, S. 2 f.

544 Keasey, K.; Wright, M., Corporate Governance, 1997, S. 6.

545 Keasey, K.; Wright, M., Corporate Governance, 1997, S. 6.

546 Die erfolgsabhängige Vergütung durch Aktienoptionspläne stellt andererseits nicht zwingend eine vereinfachte erfolgsabhängige Vergütung bedeutet. Denn ebenso wie mit dieser Anreizwirkung die Gewinnung qualifizierte Führungskräfte erleichtert wird, können an der Aktienkursentwicklung angelehnte Vergütungselemente in Zeiten starker Kursrückgänge – allein auch kapitalmarktbedingte,

gen indes kommen nur für die Mitglieder des Vorstands und leitende Angestellte unterhalb des Vorstands einschließlich von Geschäftsführungsorganen zur Anwendung[547]. Inwieweit auch der Aufsichtsrat dadurch stärker zu motivieren ist, die Interessen der Aktionäre zu verfolgen, indem ihm anreizkompatible Vergütungsbestandteile wie etwa Aktienoptionen eingeräumt werden, ist zumindest nach der Maßgabe des KonTraG fraglich.[548] Mit der Begründung, dass nur diejenigen in den Genuss eines Stock-Options-Programms kommen sollen, die direkt zum Unternehmenserfolg beigetragen haben, lehnt etwa die *Deutsche Schutzvereinigung für Wertpapierbesitz e. V. (DSW)* die Beteiligung des Aufsichtsrats an diesem variablen Vergütungsmodell kategorisch ab. Die für Kontrolltätigkeit ausreichende Distanz zum Vorstand könne durch eine vergütungsmäßige Gleichstellung beider Organe gefährdet werden[549]. Zutreffend ist, dass der Aufsichtsrat nur kontrollierende und beratende, nicht jedoch operative Funktionen wahrzunehmen hat. Dessenungeachtet ist die Position der *DSW* abzulehnen, im Rahmen der Vergütung des Aufsichtsrats „Anreizeffekte" zu verbieten, um die Interessen des Kontrollorgans und der Anteilseigner aneinander anzunähern[550].

abseits der fundamentalen Unternehmensentwicklung – entgegengesetzt auch zu Demotivationseffekten führen.

547 Vgl. Bundesrat-Drucksache, 872/97, 1997, S. 60.

548 Vgl. Bundesrat-Drucksache, 872/97, 1997, S. 60.

549 So auch die Governance-Standards für den Aufsichtsrat gemäß des „German Code of Corporate Governance (GCCG)", vgl. Peltzer, M.; v. Werder, A., GCCG, AG, 2001, S. 12.; gegen Stock Options, aber für eine Erhöhung des variablen Anteils Baums, T., Regierungskommission Corporate Governance, 2001, S. 64. Wenn auch berechtigte, aber den Unternehmenserfolg tendenziell reduzierende Überwachungsaktivitäten infolge dieses Funktionszusammenhangs reduziert beziehungsweise zeitlich verschoben vorgenommen werden könnten, wäre die Ergebnisabhängigkeit einer leistungsgerechten Vergütung aus systematischer Sicht als dysfunktional anzusehen, Theisen, M. R., Vergütungen für den Aufsichtsrat, DB, 1999, S. 1665.

550 Vgl. o. V., Keine Stock Options für den Aufsichtsrat, Das Wertpapier, 1999, S. 74; in der Praxis hat zunehmend bereits in unterschiedlichen Ausprägungen eine an die Höhe der Dividenden gekoppelte Zusatzvergütung des Aufsichtsrats Einzug erhalten, vgl. Theisen, M. R., Vergütungen für den Aufsichtsrat, DB, 1999, S. 1666 f.; zu beachten ist jedoch, dass positive bilanzielle Überschüsse

Zu Aktienoptionen, welche keineswegs nur eine geeignete oder die einzige Methode zur erfolgsorientierten Vergütung darstellen, bieten sich Alternativen, um die Aufsichtsratsentlohnung mit Kapitalmarktgrößen zu kombinieren. Die Bestimmungen des Aktiengesetzes zur Vergütung des Aufsichtsrats nach § 113 AktG stehen erfolgsbasierten Vergütungsbestandteilen nicht entgegen[551], wobei hier im Wesentlichen eine Beteiligung am Jahresüberschuss beziehungsweise am Bilanzgewinn vorgesehen ist. Statt einer Barvergütung ließen sich leistungsabhängige Bezüge in Form von Aktien auszahlen. In Analogie zur Konzeption der Belegschaftsaktie könnten Aktienpakete zur Verfügung gestellt werden, die aufgrund ihres vorteilhaften Bezugspreises zusätzlichen Anreiz bieten. Um eine Steigerung des Unternehmenswerts auf lange Sicht zu bewirken und zugleich nicht kurzfristigen kapitalmarktbedingten Entwicklungen ausgesetzt zu sein, ist mit solchen Vergütungsmodellen zweckmäßigerweise eine Frist festzulegen, innerhalb der die Veräußerung der entsprechenden Aktien nicht vorgenommen werden kann.[552] Um den Wertgedanken in die Aufsichtsratsvergütung zu implementieren, ließe sich dazu ein variabler Teil der Vergütung an die Entwicklung des Börsenkurses knüpfen. Überdies können als anreizkompatible Vergütungskomponenten dem Aufsichtsrat Wandelschuldverschreibungen[553] oder Optionsanleihen[554] eingeräumt werden. Diese bereits vor Inkrafttreten des Kon-

---

nicht unmittelbar und zwingend mit der Steigerung des Shareholder Value korrelieren und daher nicht mit Wertzuwächsen für die Anteilseigner gleichbedeutend sind.

551 Börsenkursabhängige Tantieme als aktienrechtlich zulässig erachtet etwa Mäger, S., Vergütung des Aufsichtsrats, BB, 1999, S. 1392.

552 Vgl. Bernhardt, W.; Witt, P., Stock Options, ZfB, 1997, S. 97 f.

553 Wandelschuldverschreibung: Anleihe einer Aktiengesellschaft, die dem Inhaber neben dem Recht auf Zahlung eines festen Zinses die Möglichkeit geben, die Schuldverschreibung zu einem bestimmten Zeitpunkt in einem festen, im voraus festgelegten Verhältnis, in Aktien umzutauschen.

554 Optionsanleihe: Schuldverschreibung einer Aktiengesellschaft, die neben dem Recht auf Zahlung des vereinbarten Zinssatzes sowie der Rückzahlung des Nennwerts am Ende der Laufzeit auch noch das Recht beinhaltet, eine bestimmte Anzahl von Aktien des betreffenden Unternehmens zu einem festen Preis innerhalb einer bestimmten Frist zu erwerben.

KonTraG in der Praxis angewendeten Verfahren sind insbesondere im Hinblick auf die Mitwirkungsrechte der Aktionäre an eine Reihe von Voraussetzungen gekoppelt[555].

Die Schaffung vorgenannter vergütungsbezogener Anreizeffekte für den Aufsichtsrat begünstigen die Zielsetzung, die Überwachungstätigkeit anreizkompatibel an der Aktienperformance auszurichten.

7.5.3 Zwischenergebnis – Aufsichtsorgan als interaktiver Wertsteigerungsgenerator

Um den von *Hommelhoff* erwarteten „Qualitätssprung" durch eine intensivere Überwachungstätigkeit des Aufsichtsrats[556] zu verwirklichen, ist es zwingend erforderlich, dass sich die Aufsichtsräte ernsthaft mit den von ihnen kontrollierten Unternehmen befassen. Hierbei haben sie zu beachten, dass sie bei Untätigkeit grundsätzlich haftbar sind, wonach sich der Umfang der Haftung des Aufsichtsrats auch auf Pflichtverletzungen des Vorstands erstreckt. Prinzipiell haben sich zugleich die Möglichkeiten der Inanspruchnahme des Aufsichtsrats erhöht, da schon eine Minderheit von fünf Prozent der Aktionäre Ersatzansprüche gegen

---

555 Diese mitunter als verhältnismäßig umständlich angesehene Gestaltungsweise ist verbunden mit einer bedingten Kapitalerhöhung gemäß § 192 Abs. 2 Nr. 1 i. V. m. § 221 AktG, die zwingend einen Bezugsrechtsausschluss der Aktionäre in Verbindung mit einem Hauptversammlungsbeschluß mit einer qualifizierten Mehrheit von mindestens drei Viertel des vertretenen Grundkapitals nach §§ 221 Abs. 4 S. 2, 186 AktG erfordert, siehe hierzu ausführlich Kühnberger, M.; Keßler, J., Stock option incentives, AG, 1999, S. 458 f.

556 Siehe Tödtmann, C., Wer nicht handelt, Wirtschaftswoche, 1998, S. 98.

den Vorstand und den Aufsichtsrat einer Gesellschaft geltend machen lassen kann (§ 147 Abs. 3 AktG)[557].

Obgleich die Rechtsprechung zu einer Ausweitung der jeweiligen Pflichtenkreise tendiert und für den Aufsichtsrat festgestellt hat, dass sich seine Überwachungsaufgabe insgesamt auf die Rechtmäßigkeit, Ordnungsmäßigkeit, Wirtschaftlichkeit und Zweckmäßigkeit der Unternehmensführung beziehe, was explizit eine in die Zukunft gerichtete Kontrolle der Unternehmensführung beinhalte, bestehen bei dieser Vorgabe beträchtliche Interpretationsspielräume.

Positiv zu beurteilen ist, dass sich im Hinblick auf die drohenden – persönlichen – Risiken Mitglieder des Aufsichtsrats notwendig zu einem verbesserten Informationsstand gelangen werden. Vorstand als auch Aufsichtsrat werden so forciert zum Handeln im Aktionärsinteresse aufgefordert sein, da mögliches Fehlverhalten – auch für die Anteilseigner – offenkundiger wird.

Die neue Haftungsverschärfung führt indes zu einer Zuspitzung des ohnehin bestehenden Engpassproblems bei besonders qualifizierten Unternehmenskontrolleuren[558]. Zum einen sind die in Frage kommenden Unternehmerpersönlichkeiten regelmäßig in eigene Geschäftsführungspositionen eingebunden, zweitens sind effizient und aktiv agierende Aufsichtsratsmitglieder ohnedies schon der Auffassung, nicht mehr als drei Aufsichtsratsposten sinnvoll ausfüllen zu können, und drittens wird angesichts des persönlichen Haftungspotentials die Annahme eines Aufsichtsratsmandats kritischer geprüft. Ferner ist fraglich, ob

---

557 Siehe hierzu § 147 Abs. 3 AktG.

schon deshalb, weil ein schärferes Haftungsrecht gilt, Aufsichtsräte zu mehr Aktivität angehalten werden können. Auch kann der gesetzliche Zwang zu einer intensiveren Aufsichtsratstätigkeit nicht schon per se eine Verbesserung der Überwachungsqualität bewirken. Dies gilt etwa für den Fall, wenn die einzelnen Aufsichtsratsmitglieder möglicherweise nur die doppelte Anzahl ritualisierter Sitzungen absolvieren und sich wie bisher nur zurückhaltend mit der Materie befassen. Andererseits dürfte die gestiegene Verantwortlichkeit auch zu einer Aufwertung des Überwachungsorgans an sich führen und damit wünschenswert zu einer steigenden Reputation der Funktion. Im Ergebnis könnte damit das notwendige Vertrauen seitens bedeutender internationaler Investoren in dieses wichtige Unternehmensorgan erhöht werden.

Die Unternehmensführung der börsennotierten Aktiengesellschaft sollte sich vermehrt darüber bewusst werden, dass sich der Vorstand die Funktion des Aufsichtsrats für den Unternehmenserfolg zunutze machen kann. Das Potentials der Beaufsichtigungsfunktion ließe sich erschließen, indem Aufsichtsräte nicht nur dafür stehen, dass sie die Handlungen des Vorstands überwachen, sondern dafür, als Träger des Unternehmensinteresses tatsächlich eigenständig Shareholder Value zu schaffen. Aufsichtsräte, welche in entscheidenden und auch diffizilen Unternehmensangelegenheiten mitwirken, verknüpfen gemeinsam ihre Erfahrung mit der des Vorstands. Hierdurch kann ein kollektives Verständnis für die Situation geformt und somit die Qualität der Managemententscheidung verbessert werden. Ein aktionärsorientierter Vorstand akzeptiert eine intensive Zu-

[558] Im Zuge der zunehmenden Anzahl der Aktiengesellschaften in Deutschland haben hauptsächlich kleine und mittlere Unternehmen erheblichen und steigenden Bedarf an geeigneten Aufsichtsräten.

sammenarbeit im Vorstands-Aufsichtsrats-Gefüge als Grundlage des „value-adding-Board“[559].[560]

Im Gleichklang darf erwartet werden, dass der Aufsichtsrat seine Funktion weitergehend als die traditionelle Rolle betrachtet, das Vorstandshandeln lediglich zu überwachen und die Einhaltung der Vorstandspflichten sicherzustellen. Wenn der Aufsichtsrat als Coach an der Seite des Vorstands verstanden wird, lässt sich die Kapazität und die Effizienz der Unternehmensführung insgesamt erweitern und so dem Unternehmen ein Wettbewerbsvorteil am Markt verschaffen. Der Aufsichtsrat sollte sein Amt darin sehen, den Unternehmenswert zu steigern, indem dieser dem Vorstand als wertschaffende Ressource zur Verfügung steht, den Vorstand in seinen Einschätzungen und Entscheidungen unterstützt und dafür Sorge trägt, dass die Gesellschaft den richtigen Vorstand hat und im Einklang mit ihrer strategischen Ausrichtung geführt wird.[561]

---

559 Vgl. Charan, R., Boards at work, 1998, S. 28.
560 Vgl. Charan, R., Boards at work, 1998, S. 3.
561 Vgl. Charan, R., Boards at work, 1998, S. 27 ff.

8 Resümee

Eine an der Steigerung des Unternehmenswerts ausgerichtete Unternehmensführung ist als eine der entscheidenden Aufgaben eines modernen Managements der börsennotierten Aktiengesellschaft zu betrachten. Zugleich bedeutet die verstärkte Fokussierung auf die Bedürfnisse der Anteilseigner, mithin die nachhaltige Steigerung des Aktionärsvermögens, eine manageriale Herausforderung und ebenso anspruchsvolle wie unverzichtbare Aufgabe von beträchtlicher Dimension. Zum einen ist der Vorstand insbesondere in der großen Publikumsaktiengesellschaft gezwungen, bei seinen Handlungen vielfältige und nicht selten divergierende Interessen verschiedener, für den Unternehmenserfolg relevanter Unternehmensbeteiligter zu würdigen. Der Begriff „Shareholder-Value" bildet in der öffentlichen Wahrnehmung insofern Anlass zu kontroverser Diskussion, bei der vornehmlich im deutschsprachigen Raum der scheinbare Gegensatz zwischen den vermeintlich einseitigen Aktionärsinteressen und den übrigen Stakeholders hervorgehoben wird. Hierbei ist bei genauer Betrachtung festzustellen, dass insbesondere auch aus Shareholderperspektive eine vollständige Differenzierung in Shareholder-Value-Ansatz und Stakeholder-Value-Ansatz nicht realitätskonform vorgenommen werden kann. Vielmehr ergänzen sich beide Konzepte aufgrund ihrer gemeinsamen Schnittmengen.

Die Steigerung des Unternehmenswerts ist im Wettbewerb, auch um die Gunst der Aktionäre, zum Maßstab für die erfolgreiche Unternehmensführung geworden, der im Vergleich zum US-amerikanischen Wirtschaftsraum auch in Deutschland zunehmende Bedeutung erlangt hat, jedoch eine noch deutlich verbesserte Akzeptanz erfahren muss. Von überdurchschnittlicher, kontinuierlicher Wertschaffung profitieren längst nicht nur die Aktionäre, sondern auch Management und Mitarbeiter. Der Shareholder-Value-Ansatz bildet somit ein Instrumentarium direkter Eigentümerkontrolle, um sicherstellen, dass eine marktwertoptimierende Unternehmenspolitik nicht nur zu einer einzelwirtschaftlich, sondern auch zu einer gesamtwirtschaftlich optimalen Allokation im Interesse aller Stakeholders führt.

Shareholder Value bedeutet in diesem Sinne gleichsam eine kontinuierliche, grundsätzlich längerfristig ausgerichtete, beständige Wertsteigerung des Aktionärsvermögens als Daueraufgabe. Börsentypische Schwankungen der Unternehmensbewertung und Kapitalmarktentwicklungen kurzfristiger Art sollten vom Management durchaus mit respektabler Aufmerksamkeit wahrgenommen werden, können sie doch Hinweise für die Befindlichkeiten der Kapitalmarktakteure liefern. Auf der Grundlage der unterschiedlichen Bewertungsbilanz muss sich die Unternehmensführung der Chance der richtigen Deutung dieser Aktienmarktsignale gewahr werden. Als grundlegender Indikator gleichwohl für die erfolgreiche Schaffung von Shareholder Value sind mehrperiodige Unternehmenswertentwicklungen zugrundezulegen.

Es zeigt sich, dass in jeder börsennotierten Aktiengesellschaft die Instrumente verfügbar sind, um eine Steigerung des Shareholder Value zu erzielen. Die Leistung des Managements besteht darin, die Potentiale dieser „Werthebel“ der Gesellschaft nutzbar zu machen, um eine erfolgswertorientierte Unternehmensentwicklung zu generieren. Der Shareholder-Value-Ansatz bildet ein geeignetes Fundament, hierzu auf Basis moderner Cash-flow-basierter Rechenverfahren adäquate Analyse- und Steuerungsmethoden für die Unternehmensführung bereitzustellen.

Den Gedanken einer verbesserten Transparenz hat der Gesetzgeber mit der Verabschiedung des KonTraG aufzunehmen versucht. Neben der Informationsoptimierung gilt das Interesse dem Gefüge und der Effizienz von Aufsichtsrat, Vorstand und Hauptversammlung beziehungsweise Investoraktionären. Eine solcherart mit klaren Strukturen versehene, verantwortliche, auf langfristige Wertschöpfung ausgerichtete Corporate Governance haben insbesondere international agierende Investoren in Deutschland bislang nicht hinreichend vorgefunden. Wird hierfür als Indikator die Wertschaffung deutscher und US-amerikanischer Unternehmensführungen im Vergleich herangezogen, so lässt sich bei den US-Gesellschaften ein signifikant höherer Total Shareholder Return ermitteln.

Es ist absehbar, dass die Mitwirkung an der Unternehmensentwicklung durch die bedeutenden Aktionäre im Wege einer aktiven Einflussnahme auf die Unternehmensführung zunehmen wird. Der im deutschen Aktienrecht zugewiesenen Funktion der Hauptversammlung kommt damit zugleich eine abnehmende Bedeutung zu. Den gegenwärtigen Kapitalmarkterfordernissen kann die Hauptversammlung, die den aktiven Aktionären nur beschränkt die heute geforderte Aktionsmöglichkeit gewährt, kaum mehr gerecht werden.

Um der Zielsetzung näher zu kommen, das deutsche Governance-System wesentlich effizienter und so geeignet zu gestalten, um ausländische Investoren zu überzeugen, hat sich der Aufsichtsrat seine Kontrollfunktion als unternehmerische Aufgabe und Wertsteigerungspotential zu vergegenwärtigen. Insbesondere die präventive Interaktion mit dem Vorstand kann zur Vermeidung von Unternehmensrisiken und -krisen beitragen. Ein vorausschauend agierender Vorstand und Aufsichtsrat können dergestalt im Ernstfall eine eintretende Unternehmenskrise vorbereitet und intelligent in Chancen verwandeln und effizient nutzen, um möglichenfalls eine fundamentale Erneuerung herbeizuführen.

Im Lichte der sich verändernden Markt- und Kapitalmarktentwicklungen, namentlich der internationalisierten Anlegerschaft, ist überdies zu diskutieren, inwieweit die seit 1976 geltenden Regelungen der Mitbestimmung auch einer Anpassung bedürfen. Hier wäre es zielführend, eine verstärkte Hinwendung in Richtung der Eigentümerinteressen vorzunehmen, um gleichzeitig die regelmäßige Bildung von zwei Fraktionen innerhalb des Aufsichtsrats entbehrlich werden zu lassen. Der im deutschen Rechtssystem zunehmend Teil des Sozialausgleichsystems gewordene Aufsichtsrat sollte sich künftig überwiegend seiner eigentlichen Aufgabe verpflichtet sehen – der Funktion der Kontrolloptimierung.

Das Aktienrecht, wie es zuletzt in 1998 reformiert wurde, ist primär auf die jüngsten Entwicklungen in der börsennotierten Aktiengesellschaft eingegangen, namentlich auf unternehmerische Schieflagen infolge von Versagensfällen der Unternehmensführung. Diese Vorkehrungen erscheinen sicherlich geeignet, sind jedoch kaum mehr als eine Erwiderung auf vergangene Fehler und weniger direkt auf den Zukunftserfolgswert in Deutschland ansässiger börsennotierter Aktiengesellschaften gerichtet. Der Zukunftsbedarf im Aktienrecht richtet sich indes zugleich verstärkt auf Fragen der Optimierung der Eigenkapitalversorgung durch Förderung des Aktienerwerbs sowie des steuerlich begünstigten Aktienkaufs beispielsweise in Bezug auf die Alterssicherung. Damit einhergehend erhielte der Wertsteigerungsgedanke auf der Ebene der börsennotierten Aktiengesellschaft fraglos einen deutlich höheren Stellenwert.

Wichtige Schritte zur Vermeidung von Informationsdisparitäten und der Erhöhung der Vertrauensbildung sind noch umzusetzen. In erster Linie hat dies aus dem Selbstverständnis der Leitungsorgane der jeweiligen Unternehmen ihren Aktionären gegenüber zu erfolgen. Angesichts eklatanter Fehlentwicklungen vor allem in kleineren börsennotierten Aktiengesellschaften, in denen die Aktien sich nur in vergleichsweise geringem Streubesitz externer Aktionäre befinden und häufig zu einem bedeutenden Teil vom Management gehalten werden, sind zugleich aber auch die Börsen aufgefordert, höhere Standards in Bezug auf die Börsennotierung einer Aktiengesellschaft festzulegen. Hinsichtlich aus Investorensicht wichtiger Kriterien, wie die von der Unternehmensführung abgegebenen Zukunftsprognosen und -erfolgszahlen zur Unternehmensentwicklung ist ein signifikant verlässlicherer Qualitätsmaßstab zu erreichen.

Eine Absage zu erteilen ist an Aktionärsinteressen berührende Gesetzesvorschläge zur Beeinflussung kapitalmarktinhärenter Mechanismen, die aus rein nationalen beziehungsweise politischen Überlegungen heraus vorgenommen werden. Im Kontext etwa mit den weltweit stattfindenden Übernahme- und Fusionserscheinungen würde eine Beschränkung von Investorenaktivitäten die Weiterentwicklung des deutschen Kapitalmarkts und die erforderliche Etablierung des Shareholder-Value-Gedankens beeinträchtigen. Aktiengesetz und Börsengesetz insofern als wesentliche Standortbedingung und -qualität verstanden, sind Entscheidungsparameter für international agierende Investoren und zielen bislang zu wenig in diese Richtung.

Die Unternehmensführungsorgane der börsennotierten Aktiengesellschaft sind somit aufgefordert, kraft ihrer Handlungen einen erhöhten kapitalmarktorientierten Qualitätsmaßstab herzustellen. Nach den gesetzlichen Vorgaben hat der Vorstand bei der Leitung der börsennotierten Aktiengesellschaft erwerbswirtschaftlichen Prinzipien zu folgen. Die rechtlichen Vorschriften, namentlich das Aktiengesetz und das Handelsgesetz sowie das Grundgesetz, liefern durchaus

Anhaltspunkte dafür, dass Vorstand und Aufsichtsrat als Richtschnur ihres Handelns dem Shareholder-Value-Gedanken Beachtung entgegenzubringen haben. Obgleich nicht explizit vorgesehen, steht der Umsetzung des Shareholder-Value-Konzepts damit qua Rechtsordnung nichts im Wege. Die zunehmende Globalisierung, der damit einhergehende bedeutende Einfluss institutioneller Investoren und erhöhte Flexibilitätsgrad in Bezug auf die Standortwahl einer Aktiengesellschaft führen dazu, dass sich die jeweiligen Rechtsordnungen hinsichtlich ihrer Relevanz gegenüber den Aktionären im Wettbewerb zueinander befinden.

Wenn die Implementierung wertorientierter Unternehmensführung in der Aktiengesellschaft im Kontext der ökonomischen Entwicklungen eines der Gebote für nachhaltigen Unternehmenserfolg darstellt, sind hierauf die gesetzlichen Rahmenbedingungen flankierend auszurichten. Zukünftige Gesetzesreformüberlegungen zur Konkretisierung der Organpflichten in börsennotierten Aktiengesellschaften haben insoweit Versäumnisse der Vergangenheit zu vermeiden, indem sie Markt und Wettbewerb deutlich mehr Aufmerksamkeit entgegenbringen und den Stellenwert der Kapitalmarktzusammenhänge akzentuierter berücksichtigen.

Literaturverzeichnis

Abeltshauser, Thomas E.: **Leitungshaftung** im Kapitalgesellschaftsrecht, Köln u. a., 1998, S. 14, 28, 29 f., 32, 152, 201.

Abt, Hansjörg: Auf der Suche nach einer neuen **Balance der Macht**, Der Schweizer Treuhänder, Nr. 12, 1995, S. 1024 f.

Achleitner, Ann-Kristin; Bassen, Alexander: **Entwicklungsstand des Shareholder Value-Ansatzes** in Deutschland – Empirische Befunde, ebs finance group, 2000, S. 2 ff.

Adams, Michael: **Corporate Governance**: Vertragen sich die deutsche Unternehmensverfassung und das Shareholder-Prinzip, ZfB-Ergänzungsheft, 1997, S. 25.

Albach, Horst; Brockhoff, Klaus: ZfB-Ergänzungsheft, Nr. 4, 1997, S. VII.

Albrecht, Thomas: Die Vereinbarkeit der **Value-at-Risk-Methode in Banken** mit anteilseignerorientierter Unternehmensführung, ZfB, Nr. 3, 1998, Fn. 9, S. 268.

Altmeppen, H.: **Die Auswirkungen des KonTraG** auf die GmbH, ZGR, 1999, S. 292.

Ambachtsheer, Keiht; Capelle, Ronald; Scheibelhut, Tom: Improving **Pension Fund Performance**, Financial Analysts Journal, 10/11, 1998, S. 20.

Amihud, Yakov; Mendelson, Haim; Uno, Jun: Number of **Shareholders and Stock Prices**: Evidence from Japan, J. Fin., Nr. 3, 1999, S. 1182.

Ammann, René; Sommer, Christiane: Die **Größen-Ordnung**, in: brand eins, 07/2001, S. 71.

Assmann, Heinz-Dieter; Schneider, Uwe: Wertpapierhandelsgesetz, Köln, 1999, S. 326 ff.

Azzola, Axel: Kommentar zum Grundgesetz, Neuwied u. a., 1989, S. 1088, 1103.

Backes-Gellner, Uschi; Pull, Kerstin: **Betriebliche Sozialpolitik** und Maximierung des Shareholder Value: ein Widerspruch?, ZfB, 1999, 69. Jahrgang, Nr. 1, S. 51 f.

Baden, Kay: Manager Magazin, Nr. 5, 1992, S. 186.

Badura, Peter: Der **Eigentumsschutz** des eingerichteten und ausgeübten Gewerbebetriebes gegenüber der staatlichen Intervention im Bereich der Wirtschaft, in: Wilke, Dieter, Festschrift zum 125jährigen Bestehen der **Juristischen Gesellschaft** zu Berlin, 1984. S. 1 ff, 14.

Ballwieser, Wolfgang: Aktuelle Aspekte der **Unternehmensbewertung**, WPG, Nr. 4-5, 1995, S. 123.

Balzer, Arno; Nölting, Andreas: Die schiere Macht, manager magazin, Nr. 8, 1997, S. 72 ff.

Barz, Carl Hans, Meyer-Landrut, Joachim; Schilling, Wolfgang, Aktiengesetz: Berlin u. a., 1973, S. 587.

Baums, Theodor (Hrsg.): Bericht der **Regierungskommission Corporate Governance** – Unternehmensführung – Unternehmenskontrolle – Modernisierung des Aktienrechts, 2001, S. 5, 18, 48 f., 52, 64, 248.

Baums, Theodor: „Wir brauchen mehr **Transparenz**", Das Wertpapier, Nr. 6, 2001, S. 8 f.

Bea, Franz Xaver: Shareholder Value, WiSt, Nr. 10, 1997, S. 541.

Bea, Franz Xaver: Globalisierung, WiSt, Nr. 8, 1997, S. 419 ff.

Becker, Gernot M.: **Shareholder Value Analysis** als Instrument der strategischen Planung, WISU, Nr. 2, 1995, S. 124.

Becker, Michael: Verwaltungskontrolle durch Gesellschafterrechte, Tübingen, 1997.

Behr, Giorgio: Corporate Governance, Der Schweizer Treuhänder, Nr. 12, 1995, S. 1018 f.

Beinert, Stefanie: Die **Konzernhaftung** für die satzungsgemäß abhängig gegründete GmbH, Köln, 1995, S. 32 ff.

Bernhardt, Wolfgang; Witt, Peter: **Stock Options** und Shareholder Value, ZfB, 1997, S. 86 ff., 94.

Bernhardt, Wolfgang; Witt, Peter: **Unternehmensleitung** im Spannungsfeld zwischen Ressortverteilung **und Gesamtverantwortung**, ZfB, 1999, S. 825 ff.

Beyer, Jürgen: **Governance Structures** - Unternehmensverflechtungen und Unternehmenserfolg in Deutschland, ZfB-Ergänzungsheft, Nr. 3, 1996, S. 80 f., 82, 101.

BGHZ, 1952, 6. Band, S. 270.

BGHZ, 1962, 36. Band, S. 296, 306, 310.

BGHZ, 1975, 64. Band, S. 325, 330

BGHZ, 1978, 69. Band, S. 207 ff., 213 ff.

BGHZ, 1992, 116. Band, S. 359, 370 f.

BGHZ, 1993, 120. Band, S. 141, 151.

BGHZ, 1998, 135. Band, S. 244 ff.

Bierach, Barbara: Das Ende der Jasager, Wirtschaftswoche, Nr. 46, 1997, S. 200.

Bierach, Barbara: M+W Unternehmenskontrolle – **Gegenwert liefern**, Wirtschaftswoche, 1999, Nr. 10, S. 195, 197.

Black, Andrew; Wright, Philip; Davies, John: in search of **shareholder value** – managing the drivers of performance, London u. a., 2001, S. 57 ff., 324 f.

Blair, Margaret M.: **Wealth Creation** and Wealth Sharing: A Colloquium on Corporate Governance and Investments in Human Capital, Washington, D. C., 1996, S. 18 ff.

Blake, David; Timmermann, Allan: **Mutual Fund Performance**: Evidence from the UK, E. Fin. Rev., Nr. 2, 1998, S. 75.

Blankart, Charles Beat: **Öffentliche Finanzen** in der Demokratie, München, 1994, S. 55-57.

Blum, Catherine Anne: **Integration nicht-traditioneller Asset Classes** in die Vermögensverwaltung von High Net Worth Individuals, Bern, Stuttgart, Wien, 1997, S. 260 ff.

bmp Aktiengesellschaft: Vollständiger Verkaufsprospekt, Börsenzulassungsprospekt 1999, S. 12.

Böcking, Hans-Joachim: Zum Verhältnis von Rechnungslegung und Kapitalmarkt: Vom „financial accounting“ zum **„business reporting“**, zfbf Sonderhaft, Nr. 40, 1998, S. 17 ff.

Böer, Björn Peter: **Großanleger** bauen auf persönliche Kontakte, FAZ, 1998, S. 23.

Böer, Björn Peter: Noten für **Fondsgesellschaften** – Treuhänder-Rating zur Orientierung in Europa, FAZ, 14. April 1998, S. 34.

Bolton, Patrick; v. Thadden, Ernst-Ludwig: Blocks, Liquidity, and Corporate Control, J. Fin., 1998, Nr. 2, S. 2.

Boujong, Karlheinz: BGH, Urt. v. 21.4.1997 – II ZR 175/95, DZWir, 1997, S. 326.

Boulton, Richard; Libert, Barry; Samek, Steve: **Value Code** – Werte schaffen in der Neuen Wirtschaft, München, 2001, S. 54 f.

Brancato, Carolyn Kay: **Institutional Investors** and Corporate Governance – Best Practices for Increasing Corporate Value, Chicago u. a., 1997, S. xiv, xv, xvi, xx, xxi, 5.

Brealey, Richard A.; Myers, Stewart C.: Principles of **Corporate Finance**, New York u. a., 1991, S. 23, 79, 397, 465 ff.

BT-Drucksache, 13/9712 vom 28.1.1998, S. 15.

Bughin, Jacques; Copeland, Thomas E.: The Virtuous Cycle of **Shareholder Value Creation**, The McKinsey Quarterly, 1997, Nr. 2, S. 156, 167.

Bühner, Rolf: Lean Management und Shareholder Value: **Ein starkes Paar!**, Gablers Magazin, 1994, Nr. 2, S. 21.

Bühner, Rolf: **Shareholder Value** schuldlos am Pranger? Mitbestimmung, Nr. 11, 1997, S. 14.

Bühner, Rolf: Shareholder Value, DBW, 1993, S. 749 ff.

Bühner, Rolf; Tuschke, Anja: **Zur Kritik am Shareholder Value** - eine ökonomische Analyse, BFuP, Nr. 5, 1997, S. 499 ff, 502 f., 505, 514.

Bundesaufsichtsamt für das Kreditwesen: Anlage zum Rundschreiben Nr. 11, 1999, S. 2.

Bundesrat-Drucksache 872/97, Gesetzesentwurf der Bundesregierung, Entwurf eines Gesetzes zur Kontrolle und Transparenz im Unternehmensbereich (KonTraG), 1997, S. 36 f., 60.

Busch, Andreas; Henry, Andreas: Wirtschaftswoche, Nr. 8, 1997, S. 84.

Busse v. Colbe, Walther: Das **Rechnungswesen** im Dienste einer kapitalmarktorientierten Unternehmensführung, WPG, 1995, S. 714 ff.

Busse von Colbe, Walther: **Shareholder Value** aus betriebswirtschaftlicher Sicht, ZGR, 1997, S. 273.

BVerfGE, 1952, 1. Band, S. 277 f.

BVerfGE, 1963, 14. Band, S. 292 f.

BVerfGE, 1965, 18. Band, S. 131.

BVerfGE, 1969, 24. Band, S. 367 ff.

BVerfGE, 1969, 25. Band, S. 112 ff.

BVerfGE, 1973, 34. Band, S. 103, 111 f., 146 ff.

BVerfGE, 1974, 35. Band, S. 276 ff., 361.

BVerfGE, 1975, 37. Band, S. 132 ff.

BVerfGE, 1977, 42. Band, S. 294.

BVerfGE, 1979, 50. Band, S. 340 f.

BVerfGE, 1980, 51. Band, S. 218, 221.

BVerfGE, 1980, 52. Band, S. 1 ff., 30 ff.

BVerfGE, 1980, 53. Band, S. 292 ff.

BVerfGE, 1981, 56. Band, S. 249 ff.

BVerfGE, 1988, 77. Band, S. 118.

Charan, Ram: **Boards at work**. how corporate boards create competitive advantage, San Francisco, 1998, S. 3, 27, 28 ff.

Chittur, Krishnan: The Corporate Director's Standard of Care, 10 Del. J. Corp. L., 1985, S. 505.

Clark, Robert C.: Corporate Law, Boston u. a., 1986, S. 124.

Clarke, R. N.; Conyon, M. J.; Peck, S. I.: Corporate Governance and **Directors' Remunieration**: Views from the Top, Bus. Strat. Rev., 1998, Nr. 4, S. 26.

Claussen, Carsten P.: Wie ändert das **KonTraG** das Aktiengesetz, DB, 1998, S. 178.

Coenenberg, Adolf G.: Das **Shareholder Value-Konzept** in der Kritik?, BFuP, Nr. 5, 1997, S. 536, 544, 551, 561.

Coenenberg, Adolf G.: Jahresabschluß und Jahresabschlußanalyse, Landsberg am Lech, 1997, S. 623, 679, 749 ff.

Coenenberg, Adolf G.; Pohle, Klaus: **Internationale Rechnungslegung** – Konsequenzen für Unternehmensführung, Rechnungswesen, Standardsetting, Prüfung und Kapitalmarkt, 2001, S. VII.

Cohen, Harlow B.: The performance paradox, Academy Management Executive, Nr. 3, 1998, S. 31 f.

Copeland, Thomas E.; Weston, J. Fred: **Financial Theory** and Corporate Policy, Reading u. a., 1992, S. 20.

Copeland, Tom; Koller, Tim; Murrin, Jack: **Unternehmenswert**: Methoden und Strategien für eine wertorientierte Unternehmensführung, Frankfurt u. a., 2002, S. 89, 174, 176 f., 206, 210 ff.

Copeland, Tom; Koller, Tim; Murrin, Jack: **Valuation**: Measuring and Managing the Value of Companies, New York u. a., 1995, S. 93 ff., 249.

Corsten, Hans: Lexikon der Betriebswirtschaftslehre, München u. a., 2000, S. 839.

Crutchley, Claire E.; Hudson, Carl D.; Jensen, Marlin R. H.: **Shareholder Wealth Effects** of CalPERS' Activism, Fin. Serv. Rev., Nr. 7 (1), 1998, S. 9.

Damodaran, Aswath: **Applied Corporate Finance**: A User's Manual, New York u. a., 1999, S. 45.

Daumke, Michael; Keßler, Jürgen: **Gesellschaftsrecht**: Intensivkurs, München u. a., 2000, 126 f.

David, Parthiban; Kochhar, Rahul; Levitas, Edward: The Effect of **Institutional Investors** on the Level and Mix of CEO Compensation, A. Man. J., Vol. 41, Nr. 2, 1998, S. 200.

Day, George S.; Fahey, Liam: Putting Strategy into **Shareholder Value Analysis**, Harv. Bus. Rev., März/April 1990, S. 156 ff.

de Pury, David: **Corporate Governance** – Herausforderung für die Unternehmensführung, Der Schweizer Treuhänder, Nr. 12, 1995, S. 1031.

Dennis, A. Gioia: Practicability, Paradigms, and Problems in **Stakeholder Theorizing**, A. Man. Rev., 1999, 24. Jahrgang, Nr. 2, S. 228 ff.

Deutsch, Christian: Stochern im Nebel, Wirtschaftswoche, 26, 1996, S. 86.

Deutsche Börse AG: Internet, www.deutsche-boerse.com.

Deutsches Aktieninstitut: Factbook 2000.

Donaldson, T.; Preston, Lee E.: **The Stakeholder Theory of the Corporation**: Concepts, Evidence, and Implications, in: A. Man. Rev.: 1995, 20. Jahrgang, Nr. 1, S. 65.

Dörner, Dietrich; Oser, Peter: Erfüllen **Aufsichtsrat und Wirtschaftsprüfer** ihre Aufgaben?, DB 1995, S. 1085 ff.

Dreher, Meinrad: JZ, 1997, S. 1074 ff.

Dreier, Horst; Bauer, Hartmut: Grundgesetz Kommentar, Tübingen, 1996, S. 858.

Drukarczyk, Jochen; Schwetzler, Bernd: Unternehmensbewertung, München, 2001, S. 2.

DSW: Vorschläge für eine bessere **Kontrolle der Gesellschaften**, Das Wertpapier, 1995, Nr. 20, S. 66 f.

Dürr, Heinz: BM, Internet, http://www.berliner-morgenpost.de/bin/bm/search/suche_ archiv.cgi, 02.11.1999.

Dyllick, Thomas: Das **Anspruchsgruppen-Konzept**: Eine Methodik zum Erfassen der Umweltbeziehungen der Unternehmung, io-Management-Zeitschrift, Nr. 2, 1984, S. 74 ff.

Eckardt, Ulrich; Geßler, Ernst; Hefermehl, Wolfgang; Kropff, Bruno: Aktiengesetz, München, 1984, S. 24.

Edenfeld, Stefan; Neufang, Sebastian: Die Haftung der Arbeitnehmervertreter im Aufsichtsrat, AG, 1999, S. 51.

Ehren, Harald; Nölting, Andreas: Neue Macht, manager magazin, Nr. 5, 1997, S. 138 ff.

Eilenberger, Guido: Betriebliche Finanzwirtschaft – Einführung in Investition und Finanzierung, Finanzpolitik und Finanzmanagement von Unternehmungen, München u. a., 1997, S. 167.

Elkart, Wolfgang; Schmusch, Matthias: **Stock Options und Shareholder Value** vor dem Hintergrund der Reform der §§ 192, 193 AktG durch das KonTraG, in: Dörner, Dietrich; Menold, Dieter; Pfitzer, Norbert: Reform des Aktienrechts, der Rechnungslegung und Prüfung: KonTraG – KapAEG – EuroEG – StückAG, Stuttgart, 1999, S. 84 f., 88 ff.

Elschen, Rainer: Gegenstand und Anwendungsmöglichkeiten der **Agency-Theorie**, ZfbF, 1991, S. 1001, 1006.

Englert, Joachim; Scholich, Martin: **Unternehmensführung** auf der Basis eines umfassenden Shareholder Value-Management-Konzepts, BB, 1998, S. 684.

Enzweiler, Tasso: **Rauchende Köpfe** sind wichtiger als qualmende Schlote, Financial Times Deutschland, 11. April 2000, S. 1.

Esser, Klaus: Das **Shareholder Value-Konzept** in der Kritik?, BFuP, Nr. 5, 1997, S. 561.

Fama, Eugene F.; French, Kenneth R.: Cross-Section of Expected Stock Returns, J. Fin., 1992, S. 427 ff.

Faust, Martin; Richard, Jörg: **Shareholder-value-Ansatz**: neue Aspekte zur Privatisierung von Öffentlich-rechtlichen?, Zeitschrift für das gesamte Kreditwesen, Nr. 7, 1998, S. 326.

FAZ.NET Investor, Internet, http://www.boersenlexikon.de/amtliche.htm.

FAZ.NET Investor, Internet, http://www.boersenlexikon.de/easdaq.htm.

FAZ.NET Investor, Internet, http://www.boersenlexikon.de/freiverk.htm.

FAZ.NET Investor Internet, http://www.boersenlexikon.de/nasdaq.htm.

Fechtel, Achim; Stelter, Daniel: Umsetzung wertorientierten Managements, T & M, Nr. 2, 1997, S. 32.

Feddersen, Dieter; Hommelhoff, Peter; Schneider, Uwe H.: **Corporate Governance**: Optimierung der Unternehmensführung und der Unternehmenskontrolle im deutschen und amerikanischen Aktienrecht, Köln, 1996, S. 2 f., 33 f., 217 ff., 234 ff.

Felten, Robert F.; Hudnut, Alec; van Heeckeren, Jennifer: Putting a value on Corporate Governance, in: The McKinsey Quarterly, 1996, Nr. 4, S. 171.

Figge, Frank; Schaltegger, Stefan: Shareholder value durch Umweltschutz?, NZZ Online Dossiers, Internet, http://www.nzz.ch/online/02_dossiers/shareholder/share 970711figge.htm, 02.10.1999.

Fleck, Hans-Joachim: Zur Beweislast für **pflichtwidriges Organhandeln**, GmbHR, 1997, S. 237 ff.

Forster, Karl-Heinz: **Abschlußprüfung** nach dem Regierungsentwurf des KonTraG, WPG 1998, S. 4.

Franke, Günter; Hax, Herbert: Finanzwirtschaft des Unternehmens und Kapitalmarkt, 4. Aufl., Berlin u. a., 1999, S. 2 ff.

Franz, Hermann: „Das ist pervers", manager magazin, Nr. 8, 1996, S. 84.

Frei, Norbert; Schlienkamp, Christoph: **Aktie im Fokus**: von der Analyse zum going public, Wiesbaden, 1999, 102 f.

FritzRoy, Felix R.; Kraft, Kornelius: Economic Effects of Codetermination, Scandinavian J. Econ., 1993, S. 365 ff.

Frooman, Jeff: Stakeholder Influence Strategies, A. Man. Rev., 1999, 24. Jahrgang, Nr. 2, S. 191 ff.

Frühauf, Martin: **Geschäftsleitung** in der Unternehmenspraxis, ZGR, 1998, S. 407.

Fürhoff, Jens: **Insiderrechtliche Behandlung von Aktienoptionsprogrammen** und Management Buy-Outs, AG, 1998, 83 ff.

Füser, Karsten; Gleißner, Werner; Meier, Günter: **Risikomanagement** (KonTraG) – Erfahrungen aus der Praxis, DB, 1999, S. 753, 758.

G. S.: Verteufelter Shareholder value, NZZ Online Dossiers (Kommentar), Internet, http://www.nzz.ch/online/02_dossiers/shareholder/share240896.htm, 30.09.1999.

Gedajlovic, Eric R.; Shapiro, Daniel M.: **Management** And Ownership **Effects**: Evidence From Five Countries, Strat. Man. J., 1998, Vol. 19, S. 533 f.

Gedenk, Karen: **Agency-Theorie** und die Steuerung von Geschäftsführern – Paradebeispiel oder Problemfall? –, DBW, 1998, S. 22 ff.

Geisberg, Ralf: **Börsengang und Beschäftigungspolitik** – Analyse deutscher Börsengänge der Jahre 1987-1997, Studien des Deutschen Aktieninstituts, Heft 10, 2000.

Gerke, Wolfgang: Arbeitslosigkeit und Aktienkurse, DBW, 1998, Nr. 6, S. 695 ff.

Gesellschaft zur Förderung der schweizerischen Wirtschaft: Mehr Cash ohne Mensch?, Internet, http://www.wf-online.ch/pd.d/do/do9536.html, 30.09.1999.

Giersberg, Georg: Coca-Cola zeigt den Mitarbeitern morgens den **Börsenkurs** – In Deutschland spricht man anstatt vom Shareholder Value lieber von der wertorientierten Unternehmensführung, FAZ-Redaktionsbeilage, 8. Juli 1997, S. B10.

Girnghuber, Gudrun: **Das US-amerikanische Audit Committee** zur Vermeidung von Defiziten bei der Überwachungstätigkeit der deutschen Aufsichtsräte, Frankfurt am Main u. a., 1998, S. 202, 204, 206 f.

Göbel, Elisabeth: **Der Stakeholderansatz** im Dienste der strategischen Früherkennung, ZP, Nr. 1, 1995, S. 59.

Gollnick, Jörg: Die Beurteilung der **Vorstandsleistung** durch den Aufsichtsrat, Frankfurt am Main, 1997, S. 21 f.

Götz, Heinrich: Die **Pflicht des Aufsichtsrats** zur Haftbarmachung von Vorstandsmitgliedern, NJW, 1997, S. 3275 ff.

Götz, Heinrich: Leitungssorgfalt und **Leitungskontrolle der Aktiengesellschaft** hinsichtlich abhängiger Unternehmen, ZGR, 1998, S. 524.

Gres, Joachim: **Aktienförderung in Deutschland**: Was kann man von Bonn überhaupt noch erwarten?, Kreditwesen, 1996, S. 10 ff.

Groothuis, Ulrich: Wirtschaftswoche, Nr. 42, 1999, S. 234 ff.

Großmann, Adolf: **Unternehmensziele** im Aktienrecht, Köln u. a., 1980, S. 39, 61, 71 f., 86, 125, 257 ff.

Grünbichler, Andreas; Oertmann, Peter: **Corporate Governance**: Schweizer Erfahrungen, ZfB-Ergänzungsheft, 1996, S. 29 ff., 33, 39, 46 f.

Gutenberg, Erich: Grundlagen der Betriebswirtschaftslehre, 1. Bd., Die Produktion, 22. Aufl., Berlin u. a., 1976, S. 140.

Gutenberg, Erich: Unternehmensführung, Wiesbaden, 1962, S. 60.

Gutman, Karoly Sziklas: **Tender Offer Defensive Tactics** And the Business Judgement Rule, 58 N. Y. U. L. Rev., 1983, S. 621, 650.

Haas, Werner; Pötschan, Hermann: Ausgabe von **Aktienoptionen** an Arbeitnehmer und deren lohnsteuerliche Behandlung, DB 1998, S. 2138 ff.

Habib, Michel A.: **Monitoring**, Implicit Contracting, and the Lack of Permanence of Leveraged Buyouts, E. Fin. Rev., Nr. 1, 1997, S. 140, 145.

Hachmeister, Dirk: Die Abbildung der Finanzierung im Rahmen verschiedener **Discounted Cash Flow-Verfahren**, zfbf, Nr. 48, 1996, S. 266.

Haller, Axel; Dietrich, Ralph: **Intellectual Capital Bericht** als Teil des Lageberichts, DB, 2001, S. 1045 ff.

Hamel, Gary; Prahalad, C. K.: Competing for the Future, Boston, Massachusetts, 1994, S. 136 f., 184 f.

Hamerle, Alfred; Rösch, Daniel: Das Surrogatproblem bei „multivarianten" **CAPM-Tests**, zfbf, 1997, Nr. 10, S. 858 ff.

Hansen, Herbert: AG-Report, Nr. 3, 1999, S. R 67 f.

Hart, Oliver: **Firms**, Contracts, and Financial Structure, New York, 1996, S. 73 ff.

Hartmann, Ulrich: Das **Shareholder Value-Konzept** in der Kritik?, BFuP, 1997, S. 539, 551, 562 f.

Hass, Jeffrey J.: **Directorial Fiduciary Duties** in a Tracking Stock Equity Structure: The End for a Duty of Fairness, Mich. L. Rev., 1996, S. 2145.

Heermann, Peter W.: Wie weit reicht die **Pflicht des Aufsichtsrats** zur Geltendmachung von Schadenersatzansprüchen gegen Mitglieder des Vorstands?, AG, 1998, S. 201 ff.

Henn, Günter: Handbuch des Aktienrechts, Heidelberg, 1998, S. 9, 241, 243, 347, 755, 769 f., 774, 908.

Henry, Andreas; Spegel, Hubert: Mit **Thermoskanne und Henkelmann**, Wirtschaftswoche, Nr. 17, 1998, S. 210 ff.

Hergeth, Armin: Pflicht zur **Berücksichtigung des Börsenkurses** bei aktienrechtlichen Abfindungsansprüchen, DStR, 1999, S. 1408 f.

Herrmann, Rüdiger: Funktion, Kontrolle und **Haftung der Leitungsorgane** von Aktiengesellschaften in Deutschland, der Schweiz, Australien und den USA, Frankfurt am Main, 1996, S. 12.

Herzig, Norbert: Steuerliche und bilanzielle Probleme bei **Stock Options** und Stock Appreciation Rights, DB, 1999, S. 1 ff.

Heuring, Rainer: Zur Anwendung und Angemessenheit verschiedener **Unternehmenswertverfahren im Rahmen von Umwandlungsfällen** (Teil II), DB, Nr. 18, 1997, S. 890 f.

Heuskel, Dieter: Manager Magazin, Sonderdruck aus Heft 12, 1996, S. 11.

Hill, Wilhelm: **Der Shareholder Value** und die Stakeholder, Die Unternehmung, Nr. 6, 1996, S. 415, 418.

Hinterhuber, Hans Hartmann: Strategische Unternehmungsführung, Berlin u. a., 1996, S. 11 ff.

Hoffmann, Dietrich: **Der Aufsichtsrat**: Ein Handbuch für die Praxis, 1994, S. 76, 95.

Hoffmann-Becking, Michael: Zur rechtlichen Organisation der Zusammenarbeit im **Vorstand der AG**, ZGR, 1998, S. 497.

Hofmann, Rolf: Kapitalgesellschaften auf dem Prüfstand, 1992, S. 7, 265.

Höfner, Klaus; Pohl, Andreas: **Deutsche Unternehmen**: Die drei großen Schritte ins Jahr 2000, in: AG-Report, 1994, S. 116.

Höfner, Klaus; Pohl, Andreas: Wer sind die **Werterzeuger**, wer die Wertvernichter **im Portfolio**?, Harv. Bus. Man., Nr. 1, 1993, S. 58.

Hölscher, Reinhold: Marktorientiertes Investitionscontrolling, WiSt, Nr. 2, 1997, S. 60.

Holtzmann, Hans-Dieter: NZZ Online Dossiers, Internet, http://www.nineties.com/freie- zeiten/03-07-97/share.html, 30.09.1999.

Holzer, Peter; Makowski, Andreas: Corporate Governance, DB, 1997, S. 689.

Hommelhoff, Peter: Die qualifiziert faktische **Unternehmensverbindung**: ihre Tatbestandsmerkmale nach dem TBB – Urteil und deren rechtsdogmatisches Fundament, ZGR, 1994, S. 395, 403.

Hommelhoff, Peter: ZfB-Ergänzungsheft, 1997, S. 17, 18.

Hommelhoff, Peter; Mattheus, Daniela: **Corporate Governance** nach dem Kon-TraG, AG, 1998, S. 249.

Hommelhoff, Peter; Mattheus, Daniela: **KonTraG** – Mehr Kontrolle und Transparenz?, BFuP, 4/1999, S. 437.

Horn, Norbert: Die **Haftung des Vorstands** der AG nach § 93 AktG und die Pflichten des Aufsichtsrats, ZIP, 1997, S. 1129.

Horsey, Henry R.: **The Duty of Care** Component of the Delaware Business Judgement Rule, 19 Del. J. Corp. L., Wilmington, Delaware 1994, S. 976, 980.

Hostettler, Stephan: «Economic Value Added», Der Schweizer Treuhänder, Nr. 4, 1995, S. 309, 311 f.

Hostettler, Stephan: Führen mit EVA!, Organisator, Nr. 3, 1996, S. 36.

Hubbard, R. Glenn: **Capital-Market Imperfections** and Investment, J. Econ. Lit., 1998, 34. Jahrgang, Nr. 1, S. 193 f.

Hüffer, Uwe: AktG, München, 1995, S. 303, 312, 383.

Hussla, Gertrud: Die Stimme aus New York - **Heilsamer Schock**, Handelsblatt, Nr. 69, 2000, S. 35.

Hüttemann, Rainer: **Börsenkurs** und Unternehmensbewertung, ZGR, 2001, S. 454 ff.

Jacobs, Otto H.: Das KonTraG und die steuerliche **Behandlung von Stock Option Plans** in Deutschland, in: Dörner, Dietrich; Menold, Dieter; Pfitzer, Norbert: Reform des Aktienrechts, der Rechnungslegung und Prüfung: KonTraG – KapAEG – EuroEG – StückAG, Stuttgart, 1999, S. 101 ff.

Jagannathan, Ravi; Wang, Zhenyu: **The Conditional CAPM** and the Cross-Section of Expected Returns, J. Fin., 1996, Nr. 1, S. 3 ff.

Jahn, Thomas; Hübner, Rainer: Brennpunkt Globalisierung - **Kniefall vor den USA**, Capital 12/1997, S. 8 ff.

Jonas, Martin: **Unternehmensbewertung**: Zur Anwendung der Discounted-Cash-flow-Methode in Deutschland, BFuP, Nr. 1, 1995, S. 85.

Jones, Thomas M.; Wicks, Andrew C.: Convergent Stakeholder Theory, A. Man. Rev., 1999, 24. Jahrgang, Nr. 2, S. 206 ff.

Kahn, Charles; Winton, Andrew: **Ownership Structure**, Speculation, and Shareholder Intervention, J. Fin., Nr. 1, 1998, S. 99 ff., 121.

Kallmeyer, Harald: **Aktienoptionspläne** für Führungskräfte im Konzern, AG, 1999, S. 97 ff.

Kast, Günter: Kämpfen für die **Kleinaktionäre**, Börse Online, Nr. 33, 2000, S. 116.

Katz, Casimir: Ist „**Share Holders Value**" das Maß aller Dinge, Der Betriebswirt, Nr. 1, 2000, S. 8 f.

Kau, Wolfgang M.: **Haftung von Vorstands- und Aufsichtsratsmitgliedern** bei Pflichtverletzungen nach dem Aktiengesetz, BB, 2000, S. 1046.

Kau, Wolfgang M.: **Mitarbeiterbeteiligung** und leistungsgerechte Vergütung durch Aktien-Options-Pläne, BB, 1998, S. 2269 ff.

Keasey, Kevin; Wright, Mike: **Corporate Governance**: Responsibilities, Risks and Remuneration, S. 2 f., 6, 10.

Keller, Roland: Aktie wird zum Markenartikel, w&v werben und verkaufen, 1999, Heft 26, S. 72 ff.

Kelly, Gavin; Kelly, Dominic; Gamble, Andrew: Stakeholder Capitalism, New York, 1997, S. 23.

Kersting, Mark Oliver: Der **Neue Markt** der Deutsche Börse AG, AG, Nr. 5, 1997, S. 222 f.

Keßler, Jürgen: Leitungskompetenz und **Leitungsverantwortung** im deutschen, US-amerikanischen und japanischen Aktienrecht, RIW, 1998, S. 614.

Kessler, Manfred H.: Interessen- und **Kompetenzkonflikte in einer Aktiengesellschaft** aus juristischer und betriebswirtschaftlicher Sicht, AG, Nr. 6, 1993, S. 253 f., 272.

Kindler, Peter: **Unternehmerisches Ermessen** und Pflichtenbindung, ZHR, 1998, S. 101 ff.

Kirsch, Hans-Jürgen; Krause, Clemens: Kritische Überlegungen zur **Discounted Cash Flow-Methode**, ZfB, Nr. 7, 1996, S. 794.

Klein, April: **Firm Performance** and Board Committee Structure, J. L. Econ., 1998, S. 275 ff.

Klein, Hans-Dieter: Börse Online, Nr. 34, 1998, S. 20.

Klien, Wolfgang: **Wertsteigerungsanalyse** und Messung von Managementleistungen: Technik, Logik und Anwendung, Wiesbaden, 1995, S. 24 f.

Kochhar, Rahul; David, Parthiban: **Institutional investors** and firm innovation: A test of competing hypotheses, Strat. Man. J., Nr. 17, 1996, S. 73 ff.

Kohler, Klaus: **Stock Options** für Führungskräfte aus Sicht der Praxis, ZHR, 1997, S. 246, 249 f.

Kromschröder, Bernhard; Lück, Wolfgang: für den Arbeitskreis „Externe und Interne Überwachung der Unternehmung" der Schmalenbach-Gesellschaft für Betriebswirtschaftslehre e. V.: Grundsätze risikoorientierter **Unternehmensüberwachung**, DB, 1998, S. 1573 ff.

Kropff, Bruno; Semler, Johannes: Münchener Kommentar zum **Aktiengesetz**, Band 8 §§ 278-328, München, 2000, S. 640.

Kübler, Friedrich: Gesellschaftsrecht, Heidelberg, 1998, S. 82, 164.

Kugler, Friedrich; Hanusch, Horst: Subjektive **Kurserwartungsbildung auf Aktienmärkten**, JNS, 1995, S. 195 f., 208.

Kuhl, Karin; Nickel, Johann-Peter: **Risikomanagement im Unternehmen** – Stellt das KonTraG neue Anforderungen an die Unternehmen?, DB, 1999, S. 133, 135.

Kühn, Uli: Europas Wachstumsstars, Focus-Money, Nr. 14, 2000, S. 96.

Kühnberger, Manfred; Keßler, Jürgen: **Stock option incentives** – betriebswirtschaftliche und rechtliche Probleme eines anreizkompatiblen Vergütungssystems, AG, 1999, S. 453 ff.

Küller, Hans-Detlev: Das **Shareholder Value-Konzept** aus Gewerkschaftssicht, BFuP, Nr. 5, 1997, S. 518.

Kurth, Thomas: **Aktionärsschutz und öffentliche Kaufangebote**, Neuere Entwicklungen im Recht der USA, Köln, 1987, S. 125 f., 130.

Küting, Karlheinz; Hütten, Christoph; Lorson, Peter: Shareholder-Value: **Grundüberlegungen zu Benchmarks** der Kommunikationsstrategie in der externen Berichterstattung (Teil I), DStR, 1995, S. 1805.

Küting, Karlheinz; Lorson, Peter: Erfolgs(potential)orientiertes Konzernmanagement, BB, Beilage 8, 1997, S. 21.

Lammers, Brigitte: **Verhaltenspflichten von Verwaltungsorganen** in Übernahmeauseinandersetzungen, Frankfurt am Main u. a., 1994, S. 36.

Lammerskitten, Mark; Langenbach, Wilm; Wertz, Boris: **Operationalisierungsprobleme** des Shareholder Value-Ansatzes, ZP, 1997, S. 222.

Laux, Frank: Die Lehre vom Unternehmen an sich, 1998, S. 35.

Laux, Manfred: **Pensions-Sondervermögen** zur Abrundung des Altersvorsorgesystems, Kreditwesen, 1996, S. 12 ff.

Leisinger, Klaus M.: **Unternehmensethik**: globale Verantwortung und modernes Management, München, 1997, S. 96 ff., 101, 181 ff., 186.

Leisner, Walter: **Eigentum**: Schriften zu Eigentumsgrundrecht und Wirtschaftsverfassung 1970-1996, Berlin, 1996, S. 117, 128.

Lewis, Thomas G.; Lehmann, Steffen: Überlegene **Investitionsentscheidungen durch CFROI**, BFuP, 1992, Nr. 1, S. 9 f.

Lewis, Thomas G.; Stelter, Daniel: **Mehrwert** schaffen mit finanziellen Ressourcen, Harv. Bus. Man., Sonderdruck aus Heft 4, 1993.

Lezius, Michael: **Arbeitnehmer-Shareholder-Value** für mehr Partnerschaft, Der Betriebswirt, Nr. 1, 2000, S. 10.

Lieber, Ronald B.: Who are the real **wealth creators**, Fortune, 9. Dezember 1996, S. 61 ff.

Lingemann, S.; Wasmann, D.: Mehr Kontrolle und Transparenz im Aktienrecht: Das **KonTraG** tritt in Kraft, BB, 1998, S. 853 f., 859.

Loistl, Otto: Computergestütztes Wertpapiermanagement, München, 1992, S. 144.

Lutter, Marcus; Krieger, Gerd: Rechte und Pflichten des Aufsichtsrats, Freiburg im Breisgau, 1993, S. 35.

Mäger, Stefan: **Vergütung des Aufsichtsrats** – welchen Spielraum gibt das Aktienrecht?, BB, 1999, S. 1392.

Marr, Rainer: Betrieb und Umwelt, in: Bitz, Michael: Vahlens Kompendium der Betriebswirtschaftslehre, 1993, Bd. 1, 3. Aufl., München, S. 87.

Marsh, John: A Stake in Tomorrow, London, 1998, S. 27 f.

Maug, Ernst: **Large Shareholders as Monitors**: Is There a Trade-Off between Liquidity and Control, J. Fin., Nr. 1, 1998, S. 65.

Maute, Hanspeter: **Börsenfähigkeit** mittelständischer Unternehmen – Empirische Studie am Neuen Markt Frankfurt und Prädikatsmarkt München, DStR, Nr. 16, 1999, S. 687 ff.

McCrory, Francis V.; Gerstberger, Peter G.: The New Math of **Performance Measurement**, J. Bus. Strat., March/April 1992, S. 33.

Menn, Bernd-Joachim: Das **Shareholder Value-Konzept** in der Kritik?, BFuP, 1997, S. 552, 563.

Merkt, Hanno: US-amerikanisches Gesellschaftsrecht, Heidelberg, 1991, S. 55, 398 f.

Merrill Lynch/Cap Gemini Ernst & Young: German Wealth Report 2000, 2001, S. 6.

Mertens, Hans-Joachim: Aufsichtsrat und **Organhaftung**, AG, Sonderheft, Die Aktienrechtsreform, 1997, S. 71.

Mertens, Hans-Joachim: **Kölner Kommentar** zum Aktiengesetz, Band 2, Köln u. a., 1996, S. 19 f., 22, 26 f., 124, 296 ff., 304 f., 311, 318.

Mestmäcker, Ernst-Joachim: Verwaltung, Konzerngewalt und **Rechte der Aktionäre**, Karlsruhe 1958, S. 13 f.

Michael, B. M.: „Unternehmen müssen Marken werden", Capital, 6/1998, S. 289.

Möllers, Thomas M. J.: **Anlegerschutz durch Aktien- und Kapitalmarktrecht** – Harmonisierungsmöglichkeiten nach geltendem und künftigem Recht –, ZGR, 1997, S. 334, 337.

Möllers, Thomas M. J.; Leisch, Franz Clemens: **Haftung** von Vorständen gegenüber Anlegern **wegen fehlerhafter Ad-hoc-Meldungen** nach § 826 BGB, WM, 2001, S. 1648 ff.

Möllers, Thomas M. J.: Kapitalmarkttauglichkeit des deutschen Gesellschaftsrechts, AG, 1999, S. 434.

Monks, Robert A. G.: What Will be the Impact of **Active Shareholders?** A Practical Recipe for Constructive Change, Long Range Planning, Nr. 1, 1999, S. 20 f.

Mortsiefer, Henrik: **Machtkampf in den Unternehmen** – Corporate Governance: Kapitalmarkt und Steuerreform zwingen Vorstände und Aufsichtsräte zum Umdenken, Tagesspiegel, 18. Februar 2001.

Mülbert, Peter O.: **Shareholder Value** aus rechtlicher Sicht, ZGR, 1997, S. 129 f., 141, 147 ff.

Müller, Welf: Die Entscheidungsspielräume der **Verwaltung einer Aktiengesellschaft** im Verhältnis zu ihren Aktionären, in: Bierich, Marcus; Hommelhoff, Peter; Kropff, Bruno: **Unternehmen und Unternehmensführung** im Recht, Festschrift für Johannes Semler zum 70. Geburtstag am 28. April 1993, Berlin u. a., 1993, S. 212 f.

Neuvo, Yrjö; Ruohtula, Samppa; Schwalbach, Joachim: **Governance of a Company** in a Fast Changing Business and Technology Environment, in: Schwalbach, Joachim: **Corporate Governance** – Essays in Honor of Horst Albach, 2001, S. 14.

Nieding, Klaus: Kein großer Wurf für den **Anlegerschutz**, Börsen-Zeitung Online, Ausgabe 200, 17.10.2001, Internet, http://www.boersen-zeitung.com/online/redaktion/spezial/BZ200066.htm, 08.12.2001.

Nitschke, Ralf: **Reichmacher** und Geldvernichter, Capital, Nr. 4, 1999, S. 339.

Nowak, Thomas: Faktormodelle in der Kapitalmarkttheorie, Köln, 1994, S. 27.

o. V.: „Billige“ **Aktienförderung** gesucht, Kreditwesen, 1996, S. 2.

o. V.: „Gradmesser für den Erfolg ist der **Börsenkurs**“, Süddeutsche Zeitung, Nr. 139, 1996, S. 17.

o. V.: AG, 1967, S. 264.

o. V.: AG, 2001, BayObLG, Beschl. v. 21.3.2001 – 3Z BR 318/00, S. 425 f.

o. V.: AG, 2001, S. 469 f.

o. V.: **Auskunftsanspruch des Aktionärs** über Beteiligungsbesitz einer vermögensverwaltenden AG („Kötitzer Ledertuch“), ZIP, 2001, S. 1200.

o. V.: Besteuerung von Aktienoptionen: EStG §§ 8, 11,13, 38; DBA-Großbritannien, AG, 2001, S. 471 f.

o. V.: Börse Online, 2000, S. 127.

o. V.: Corporate Governance, Das Wertpapier, Nr. 5, 1999, S. 65.

o. V.: Das Shareholder-value-Konzept in der Praxis, NZZ Online Dossiers, Internet, http://www.nzz.ch/online/02_dossiers/shareholder/share241096.htm, 30.09.1999.

o. V.: DB, 2001, S. 969.

o. V.: Die Unternehmen entdecken endlich die **Interessen der Aktionäre**, WISU, Nr. 7, 1996, S. 607.

o. V.: Entschädigung von Minderheitsaktionären – Berücksichtigung des Börsenkurses bei der **Unternehmensbewertung**? – BVerfG, Beschluß vom 27.4.1999 – 1 BvR 1613/94, BB, 1999, S. 1781.

o. V.: **Entschädigung von Minderheitsaktionären** – Berücksichtigung des Börsenkurses bei der Unternehmensbewertung?, BB, 1999, S. 1781.

o. V.: Fed. Sec. L. Rep. (CCH) 1998, S. 857, 93, 146.

o. V.: Handelsblatt, 3.12.1998, S. 61.

o. V.: Kammergericht, Beschl. v. 15. 2. 2001 – 2 W 3288/00, DB, 2001, S. 1080 ff.

o. V.: Kapitalgeber machen Druck, Der Tagesspiegel, 18. November 1999, S. 34.

o. V.: M&A Review, Transaktionszahlen in Deutschland leicht rückläufig, Nr.1, 2001, S. 3.

o. V.: Mobilcom – Keine Stock Options für den Aufsichtsrat, Das Wertpapier, Nr. 6, 1999, S. 74.

o. V.: **Moderne Formel** - Wie die Ökoperformance den Shareholder-Value beeinflusst, manager-magazin, Internet, http://www.managermagazin.de/magazin/artikel/fs/0,1153, 35444,00.html, 25.09.1999.

o. V.: NJW, 1967, S. 175.

o. V.: NZG, OLG Celle: **Unternehmensbewertung** für Ausgleichszahlung und Abfindungsangebot bei der AG, 1998, S. 987, 988.

o. V.: **Philipp Holzmann** einigt sich mit Altvorständen – Versicherung zahlt 38 Millionen DM / Verzicht auf Pensionsansprüche, FAZ, 9. November 2001, S. 22.

o. V.: Qualität ist Trumpf, manager-magazin, Internet, http://www.managermagazin. de/magazin/artikel/fs/0,1153,304,00.html, 27.09.1999.

o. V.: Shareholder Value als langfristiges Bewertungskonzept, AGR, Nr. 8, 1996, S. 358.

o. V.: Shareholder Value, Kreditwesen, 19, 1997, S. 5.

o. V.: the trouble with **stock options**, The Economist, 7. August 1999, S. 11 f., 18 ff., 69.

o. V.: Wirtschaftswoche, Nr. 46, 1997, S. 204.

o. V.: WM, 1967, S. 479 f.

o. V.: Zur **Haftung der AG** für die Veröffentlichung unrichtiger Bilanzzahlen: AktG §§ 91, 93, 400; BGB §§ 823, 826; HGB §§ 238 ff., 331; StGB §§ 263, 264 a; „Refugium Holding AG", AG, 2001, S. 484 ff.

OECD-Report: Corporate Governance, 1998, S. 6 f., 34, 53, 68, 83, 92 f., 94.

Olfert, Klaus: Finanzierung, Ludwigshafen, 1997, S. 367.

Ostrovsky, Arkady: Europa überholt USA bei **Börsengängen**, Financial Times Deutschland, 3. Juli 2000, S. 1.

Otto, Silke-Susann: **Corporate Control-Mechanismen** und Stakeholder Relations in Japan im Wandel, ZfB-Ergänzungsheft, 1997, S. 47, 54.

Oviatt, Benjamin M.: Agency and Transaction Cost Perspectives on the **Manager-Shareholder Relationship**: Incentives for Congruent Interests, A. Man. Rev., 1988, S. 214 ff.

Paefgen, Walter G.: Struktur und **Aufsichtsratsverfassung der mitbestimmten AG**, Köln u. a., 1982, S. 87 f.

Paefgen, Walter G.: **Eigenkapitalderivate bei** Aktienrückkäufen und **Managementbeteiligungsmodellen**, AG, 1999, S. 67 ff.

Passow, Richard: Der **Strukturwandel der Aktiengesellschaft** im Lichte der Wirtschaftsenquête, Jena, 1930, S. 3.

Pedrina, Vasco: «**Führen in Verantwortung**» - aus gewerkschaftlicher Sicht, Der Schweizer Treuhänder, Nr. 12, 1995, S. 1037 ff.

Peltzer, Martin; v. Werder, Axel: Der „German Code of Corporate Governance (**GCCG**)" des Berliner Initiativkreises, AG, 2001, S. 1, 6, 11 f., 14.

Perridon, Louis; Steiner, Manfred: Finanzwirtschaft der Unternehmung, München, 1997, S. 551 ff.

Peschke, Michael A.: Wertorientierte Strategiebewertung, Wiesbaden, 1997, S. 64 ff., 77.

Picot Gerhard; Land, Volker: **Going Public** – Typische Rechtsfragen des Ganges an die Börse, DB 1999, 570 ff.

Picot, Gerhard; Land, Volker: **Going Public** – Typische Rechtsfragen des Ganges an die Börse, DB 1999, 570 ff.

Pohle, Klaus; v. Werder, Axel: Die Einschätzung der Kernthesen des **German Code of Corporate Governance** (GCCG) durch die Praxis – Ergebnisse einer Befragung der DAX 100-Unternehmen –, DB, 2001, S. 1101, 1104 f.

Portner, Rosemarie: **Mitarbeiter-Optionen** (Stock Options): Gesellschaftsrechtliche Grundlagen und Besteuerung, DStR, 1997, 786 ff.

Prantl, Heribert: Die Kirche des Kapitals, Süddeutsche Zeitung, Nr. 275, 1999, S. 17.

Priest, Hans-Joachim: Aufsichtsrat, Schadenersatzansprüche gegen Vorstandsmitglieder/**„ARAG/Garmenbeck“**, EWiR, 1997, S. 677 ff.

Raiser, Thomas: Recht der Kapitalgesellschaften, München, 2. Aufl., 1992, S. 77, 88.

Rappaport, Alfred: Shareholder Value, Stuttgart, 1999, S. 15 ff., 82.

Reischauer, Claudia: Über die Eitelkeit, Wirtschaftswoche, Nr. 6, 1999, S. 78 f.

Richter, Frank; Simon-Keuenhof, Kai: **Bestimmung durchschnittlicher Kapitalkostensätze** deutscher Industrieunternehmen – eine empirische Untersuchung –, BFuP, Nr. 6, 1996, S. 699 f.

Riechers, Arndt: Das »Unternehmen an sich«, Tübingen, 1996, S. 9, 23, 69, 73, 89.

Riester, Walter: Wirtschaftswoche, Nr. 26, 1996, S. 88.

Röthig, Iris: Lizenz zum Gelddrucken, DM, Nr. 4, 2000, S. 118 ff.

Rowley, Timothy J.: Moving Beyond Dyadic Ties: A Network Theory of **Stakeholder Influences**, A. Man. Rev., 1997, 22. Jahrgang, Nr. 4, S. 887 ff.

Rüppel, Werner: **Neuer Markt** „Unsaubere“ Praxis, Börse Online, Nr. 33, 1999, S. 26.

Sloan, R. G.: **Free-Cash-flow**, in Rutterford, Janette: **Financial Strategy**: Adding Stakeholder Value, Chichester u. a., 1998, S. 234.

Saitz, Bern; Braun, Frank: Das **Kontroll- und Transparenzgesetz**, Wiesbaden, 1999, S. 102, 106, 113, 210 ff.

Salz, Jürgen; Schnitzler, Lothar: Multikulti im Grossraumbüro, Wirtschaftswoche, Nr. 3, 1999, S. 37 ff.

Schäfer, Annette: Erhebliche Vorbehalte, Wirtschaftswoche, Nr. 16, 2000, S. 140.

Schaltegger, Stefan: Bildung und Durchsetzung von **Interessen zwischen Stakeholdern** der Unternehmung, Die Unternehmung, Nr. 1, 1999, S. 5.

Schätzle, Rainer J.: Shareholder-Value-Konzept: **Alle Macht den Aktionären?**, Gablers Magazin, Nr. 8, 1996, S. 45.

Scheid, C.: Neuer Markt – **Chefs** mit glücklichen Händchen, Börse Online, Nr. 51, 2001, S. 24 f.

Schilling, Wolf Ulrich: **Shareholder Value** und Aktiengesetz, BB, 1997, S. 374 f., 380.

Schiltknecht, Kurt: Prosperität durch **Shareholder-Orientierung**, NZZ Online Dossiers, Internet, http://www.nzz.ch/online/02_dossiers/shareholder/share 100796.htm, 30.09.1999.

Schlenger, Christian: Value-Added at Risk, Die Bank, Nr. 12, 1997, S. 726 ff.

Schmid, Frank A.; Seger, Frank: **Arbeitnehmermitbestimmung**, Allokation von Entscheidungsrechten und Shareholder Value, ZfB, 1998, 15 f., S. 455 ff., 468.

Schmid, Stefan: Nicht **Shareholder-Orientierung**, sondern Stakeholder-Orientierung!, 1996, S. 6.

Schmidbauer, Rainer: **Risikomanagement** im Kontext wertorientierter Unternehmensführung, DB, 2000, S. 158.

Schmidt, Karsten: Gesellschaftsrecht, Köln u. a., 1997, S. 601, 812 f.

Schmidt, Monika: »**Stock Options**« aus rechtlicher Sicht, Personal, Heft 2, 1998, S. 76 ff.

Schmidt-Bleibtreu, Bruno; Klein, Franz: Kommentar zum Grundgesetz, Neuwied u. a., 1999, S. 377.

Schmidt-Leithoff, Christian: Die Verantwortung der Unternehmensleitung, Tübingen, 1989, S. 154, 217 f.

Schmittmann, Stefan; Penzel, Hans-Gert; Gehrke, Norman: **Integration des Shareholder Value** in die Gesamtbanksteuerung, Die Bank, 11/1996, S. 648.

Schmulewitz, Maximilian: Die **Verwaltungsaktie** – Herrschafts- und Vorrechtsaktie – ihre Richtlinien und wirtschaftlichen Grundlagen, Berlin, 1927, S. 1.

Schneider, Uwe H.: **Aktienoptionen** als Bestandteil der Vergütung von Vorstandsmitgliedern – Vertragsrechtliche, gesellschaftsrechtliche und kapitalmarktrechtliche Probleme, ZIP, 1996, S. 1769 f.

Schneider, Uwe H.; Strenger, Christian: Die „**Corporate Governance-Grundsätze**" der Grundsatzkommission Corporate Governance (German Panel on Corporate Governance), AG, 2000, S. 109 f.

Scholz, Franz; Emmerich, Volker: GmbHG, 9. Auflage, Köln, 2000, S. 1846.

Schön, Wolfgang: Der **Einfluß öffentlich-rechtlicher Zielsetzungen** auf das Statut privatrechtlicher Eigengesellschaften der öffentlichen Hand: – Gesellschaftsrechtliche Analyse –, ZGR, 1996, S. 440.

Schrempp, Jürgen E.: „Einige haben Probleme", Wirtschaftswoche, Nr. 48, 1996, S. 94.

Schwalbach, Joachim; Graßhoff, Ulrike: Managervergütung und Unternehmenserfolg, ZfB, 1997, S. 203-217.

Schwenker, Burkhard: **Shareholder Value-Konzept** in der Kritik?, BFuP, Nr. 5, 1997, S. 553.

Schwetzler, Bernhard: Shareholder Value Konzept, Managementanreize und **Stock Option Plans**, DBW, 1999, S. 332 ff.

Scott, Cornelia: Von der **Gewinnmaximierung** zur Marktwertmaximierung, b & b, 1998, S. 63, 65.

Semler, Johannes: Arbeitshandbuch für **Aufsichtsratsmitglieder**, München, 1999, S. 124, 681.

Semler, Johannes: Die Überwachungsaufgabe des Aufsichtsrats, 1996, S. 11.

Semler, Johannes: **Leitung und Überwachung** der Aktiengesellschaft, Köln u. a., 1996, S. 6 ff., 25 ff., 33 f., 36, 62.

Short, Helen; Keasey, Kevin: **Corporate Governance**: Responsibilities, Risks and Remuneration, 1997, S. 23 f., 25 f., 27, 29 f.

Siegert, Theo: Böhme, Markus; Pfingsten, Florian; Picot, Arnold, zfbf, 1997, S. 472.

Siegert, Theo: Shareholder-Value als Lenkungsinstrument, zfbf, Nr. 47, 1995, S. 580 ff.

Simon, Hermann: Manager Magazin, Nr. 12, 1996, S. 164.

Simon, Hermann: Transatlantica, manager-magazin, Internet, http://www.managermagazin.de/magazin/artikel/0,1113,35427,00.html, 27.09.1999.

Sondak, Harris: **Unternehmensführung als moralische Herausforderung** – Die Rolle der Ethik im Management und in der Ausbildung von Managern, Internet, http://www. nzz.ch/online/02_dossiers/shareholder/share280996.htm, 03.01.2000.

Speckbacher, Gerhard: Shareholder Value und Stakeholder Ansatz, DBW, Nr. 57, 1997, S. 633.

Spremann, Klaus: Wirtschaft, **Investition und Finanzierung**, München, u. a., 1996, S. 459.

Spremann, Klaus; Zur, Eberhard (Hrsg.): Controlling, 1992, Wiesbaden, S. 365.

Statistisches Bundesamt (Hrsg.): **Statistisches Jahrbuch** 2000 für die Bundesrepublik Deutschland, Wiesbaden, 2000, S. 134.

Stelter, Daniel: Die **Wertschaffung in Unternehmen**: Die Besten der Besten, FAZ, Nr. 177, 1998, S. 29.

Stenzel, Stefan; Voth, Hans-Joachim: **Aktiensparpläne**: Förderung ohne Steuerausfälle, Die Bank, 1997, S. 732.

Strenger, Christian: Corporate Governance – The Viewpoint of a **Large Institutional Investor**, in: Schwalbach, Joachim: **Corporate Governance** – Essays in Honor of Horst Albach, 2001, S. 163.

Strenger, Christian: Corporate Governance, Die Bank, 1999, S. 823.

Sundaramurthy, Chamu: **Corporate Governance** within the Context of Antitakeover Provisions, Strat. Man. J., 1996, S. 377, 381.

The Boston Consulting Group: New Perspectives on **Value Creation** – A Study of the World`s Top Performers, BCG Report, 2000, S. 10 f.

The Boston Consulting Group: **What Goliath can learn from David** – The Hidden Role Models in Value Creation and Entrepreneurship, BCG Report, 2000, S. 13 f., 23, 25, 29, 35 ff.

Theisen, Manuel René: Zusammensetzung und Struktur der **Vergütungen für den Aufsichtsrat** nach dem KonTraG, DB, 1999, S. 1665 ff.

Thielemann, Ralf: Shareholder Value, Going Public, Sonderausgabe „Praxis", 1999, S. 105, 107.

Thümmel, Roderich C.: **Aufsichtsräte in der Pflicht?** – Die Aufsichtsratshaftung gewinnt Konturen, DB, 1999, S. 885 ff.

Thümmel, Roderich C.: **Manager- und Aufsichtsratshaftung** nach dem Referentenentwurf zur Änderung des AktG und des HGB, DB, 1997, S. 262.

Thümmel, Roderich C.: Zu den **Pflichten des Aufsichtsrats** bei der Verfolgung von Haftungsansprüchen gegenüber dem Vorstand der AG, DB 1997, S. 1117 ff.

Thümmel, Roderich C.; Sparberg, Michael: **Haftungsrisiken der Vorstände**, Geschäftsführer, Aufsichtsräte und Beiräte sowie deren Versicherbarkeit, DB 1995, S. 1013, 1015.

Tietmeyer, Hans: Geld und Kapital, Beilage der Süddeutschen Zeitung, Nr. 143, 1998, S. 1.

Tieves, Johannes: Der **Unternehmensgegenstand der Kapitalgesellschaft**, Köln, 1998, S. 34 f., 36 f., 39, 92.

Titzrath, Alfons: **Corporate Governance**: Vertragen sich die deutsche Unternehmensverfassung und das Shareholder Value-Prinzip?, ZfB-Ergänzungsheft, Nr. 4, 1997, S. 34 f., 37 f.

Tödtmann, Claudia: **Wer nicht handelt** . . . haftet, Wirtschaftswoche, Nr. 35, 1998, S. 98.

Tönnies, Michael: Balanced Scorecard („Ausgewogener Berichtsbogen"): **Strategien** langfristig umsetzen, b & b, Nr. 2, 1999, S. 65.

Trockels, Friedrich: „**Business Judgement Rule**" und „Corporate Takeovers", AG, 1990, S. 139 f.

Vetter, Eberhard: **Börsenkurs** und Unternehmensbewertung – Anmerkung zum Beschluss des BGH vom 12.3.2001, DB 2001 S. 969 – (DAT/Altana) –, DB, 2001, S. 1345 f.

Vogler, Matthias; Gundert, Martin: Einführung von Risikomanagementsystemen - Hinweise, DB, 1998, S. 2377 f.

Volkart, Rudolf: Begriff und **Informationsgehalt des Cash-Flow**, Der Schweizer Treuhänder, Nr. 1-2, 1994, S. 23 ff.

Volkart, Rudolf: Shareholder Value Management, Der Schweizer Treuhänder, Nr. 12, 1995, S. 1065.

Volkart, Rudolf: **Wertkommunikation**, Aktienkursbildung und Managementverhalten, Die Unternehmung, Nr. 2, 1997, S. 125.

v. Mangoldt, Hermann; Klein, Friedrich; Starck, Christian: Das **Bonner Grundgesetz** - Kommentar, München, 1999, S. 1698, 1718, 1727.

v. Rosen, Rüdiger: **Aktienförderung** in der Europäischen Union, Kreditwesen, 1996, S. 20 ff.

v. Rosen, Rüdiger: **Aktienoptionen** für Führungskräfte und Insiderrecht, WM, 1998, S. 1810.

v. Rosen, Rüdiger: **Mehr Aktienkultur** heißt weniger Arbeitslose, Bayerischer Monatsspiegel, Sonderausgabe 1/1999, S. 32 f.

v. Rosen, Rüdiger; Wittkowski, Bernd: Aktionäre über alles?, Internet, http://www.dai.de/veroeffentlichungen/presse/shareholdervalue.htm, 30.09.1999.

v. Werder, Axel: **Corporate Governance**: Vertragen sich die deutsche Unternehmensverfassung und das Shareholder Value-Prinzip?, ZfB-Ergänzungsheft, Nr. 4, 1997, S. 14 f.

v. Werder, Axel; Feld, Christa: **Sorgfaltsanforderungen der US-amerikanischen Rechtsprechung** an das Top Management, RIW, 1996, S. 481 ff.

v. Werder, Axel: German Code of Corporate Governance (**GCCG**): Konzeption, Inhalt und Anwendung von Standards der Unternehmensführung, Stuttgart, 2000, S. 21, 79 f.

v. Werder, Axel: **Grundsätze ordnungsmäßiger Unternehmensleitung** in der Arbeit des Aufsichtsrats, DB, 1999, S. 2221 f., 2224.

v. Werder, Axel: **Shareholder Value-Ansatz** als (einzige) Richtschnur des Vorstandshandelns?, ZGR, 1998, S. 71, 77-79, 80 ff.

Vorwold, Gerhard: **Gewinn-Management** in den USA – Beobachtungen aus deutscher Sicht –, DB, 1999, S. 2321 ff.

Wagner, Franz W.: **Shareholder Value**: Eine neue Runde im Konflikt zwischen Kapitalmarkt und Unternehmensinteresse, BFuP, Nr. 5, 1997, S. 475, 486, 491 f.

Wagner, Franz W.: Allokative und distributive Wirkungen der **Ausschüttungskompetenzen** von Hauptversammlung und Verwaltung einer Aktiengesellschaft – eine ökonomische Analyse des Art. 50 des Entwurfs einer 5. EG-Richtlinie –, ZGR, 1988, S. 210 ff.

Weber, Manfred: Das **Shareholder Value-Konzept** in der Kritik?, BFuP, 1997, S. 565.

Weiß, Daniel M.: **Aktienoptionsprogramme** nach dem KonTraG, WM, 1999, S. 353-370.

Welge, Martin K.: Al-Laham, Andreas, **Planung**: Prozesse – Strategien – Maßnahmen, Wiesbaden, 1992, S. 51 ff.

Wellkamp, Ludger: Vorstand, Aufsichtsrat und Aktionär, Bonn, 1998, S. V, 2, 5.

Wenger, Ekkehard; Knoll, Leonhard; Kaserer, Christoph: Stock options, WiSt, 1999, S. 35 f.

West LB: Neuer Markt Favoriten, Internet, http://www.aktiencheck.de, 20.09.1999.

Westphal, James D.; Zajac, Edward J.: The Symbolic Management of Stockholders: **Corporate Governance Reforms** and Shareholders Reactions, Administrative Science Quarterly, Nr. 43, 1998, S. 127.

Wetzel, Daniel: „Natürlich haben wir eine Abwehrstrategie“ – Schering kauft für 500 Millionen Aktien zurück / Finanzvorstand Klaus Pohle über Expansion, Übernahmen und den Druck der Analysten, Der Tagesspiegel, 30. April/1. Mai 1997, S. 24.

Wiedmann, Harald: Was bewirkt das **KonTraG**, in: Coenenberg, Adolf G.; Pohle, Klaus: **Internationale Rechnungslegung** – Konsequenzen für Unternehmensführung, Rechnungswesen, Standardsetting, Prüfung und Kapitalmarkt, Stuttgart, 2001, S. 222.

Winter, Stefan: Möglichkeiten der Gestaltung von **Anreizsystemen für Führungskräfte**, DBW, 1997, S. 615 ff.

Wipfli, Cyril; Hauser, Markus: Schaffung von **Shareholder Value durch umweltbewusstes Verhalten**, Der Schweizer Treuhänder, Nr. 12, 1998, S. 1389-1394.

Wirtschaftswoche heute: Shareholder Value im Blick, Internet, http: //www.wiwo.de/cgi-bin/wwo5.exe?FN=WIWO-SERVICE&SFN=recherche&PAGE=artikel&ttextid=43448&sWort0=Shareholder%20value&sWort1=&sWort2=&starter=0&verkn1=and&verkn2=and&typ=profi&timedef=no&monthstart=01&yearstart=1999&monthend=01&yearend=1999&searchtitel=3&search exakt=2, 26.08.1999.

Wittkowski, Bernd: Aktionäre über alles?, Internet, http://www.dai.de/veroeffentlichungen/presse/shareholdervalue.htm, 30.09.1999.

Zechner, Josef: **Comment on 'Monitoring**, Implicit Contracting, and the Lack of Permanence of Leveraged Buyouts', E. Fin. Rev., Nr. 1, 1997, S. 165 f.

Zhang, Guochang: **Ownership concentration**, risk aversion and the effect of financial structure on investment decisions, European Econ. Rev., Nr. 42, 1998, S. 1752.

Zimmermann, Gebhard; Wortmann, André: Der **Shareholder-Value-Ansatz** als Institution zur Kontrolle der Führung von Publikumsgesellschaften, DB, 2001, S. 289 ff.

Zimmermann, Gebhard; Jöhnk, Thorsten: **Shareholder-Value- oder Stakeholder-Ansatz** als Zielkonzeption für öffentlich-rechtliche Kreditinstitute?, Kreditwesen, 1998, S. 31.

Franca Ruhwedel

Eigentümerstruktur und Unternehmenserfolg

Eine theoretische und empirische Analyse deutscher börsennotierter Unternehmen

Frankfurt am Main, Berlin, Bern, Bruxelles, New York, Oxford, Wien, 2003.
XXXIV, 408 S.
Bochumer Beiträge zur Unternehmungsführung und Unternehmensforschung.
Herausgegeben vom Direktorium des Instituts für Unternehmungsführung und Unternehmensforschung der Ruhr-Universität Bochum. Bd. 68
ISBN 3-631-51735-1 · br. € 68.50*

Der Einfluss von Großaktionären auf die Unternehmenspolitik wird unter dem Stichwort *Deutschland AG* bereits seit langem diskutiert und gewinnt im Zuge der aktuellen Corporate-Governance-Diskussion erneut an Bedeutung. Die Wirkung von Kapital- bzw. Stimmrechtsblöcken auf den Unternehmenswert ist bisher jedoch weder theoretisch noch empirisch eindeutig geklärt. Franca Ruhwedel nimmt vor diesem Hintergrund eine umfassende theoretische und empirische Analyse des Zusammenhangs zwischen Eigentümer- bzw. Stimmrechtsstruktur deutscher Aktiengesellschaften und dem Unternehmenserfolg vor. Sie analysiert zunächst die Anreizstrukturen von Großaktionären mithilfe eines agencytheoretischen Instrumentariums. Die abgeleiteten Hypothesen überprüft die Autorin anschließend im Rahmen einer empirischen Untersuchung, die den Einfluss der Eigentümer- und Stimmrechtsstruktur auf den Unternehmenserfolg für 238 CDAX-Unternehmen im Zeitraum von 1997 bis 2000 analysiert.

Aus dem Inhalt: Eigentümerstruktur als Element der Corporate Governance · Relevanz der Eigentümerstruktur für den Unternehmenserfolg · Auswirkungen divergierender Stimm- und Cash-Flow-Rechte · Empirische Untersuchung

Kolibri 360 GmbH
Ferdinand-Jühlke-Straße 7
99095 Erfurt, Deutschland
produktsicherheit@kolibri360.de

Druck:
CPI Druckdienstleistungen GmbH
im Auftrag der
Kolibri 360 GmbH
Ferdinand-Jühlke-Str. 7
99095 Erfurt